JN303557

エコ＆ヒーリング・ランドスケープ
環境配慮と癒しの環境づくり

環境造園家
豊田幸夫

鹿島出版会

はじめに　「景観設計から環境配慮設計、造園から環境造園へ」

1990年に植栽と日本庭園の設計に関係した「建築家のための造園設計資料集」（誠文堂新光社）を、1997年に一般外構と噴水や池などの水系施設、テニスコートなどのスポーツ施設の詳細図など掲載した「建築家のためのランドスケープ設計資料集」（鹿島出版会）の本を書きました。しかしながら、「建築家のための造園設計資料集」と「建築家のためのランドスケープ設計資料集」は景観設計のための設計資料集で、いまの深刻な環境問題やバリアフリーなど新たに生じた社会的なニーズに対応した内容が欠如していました。

そこでこのたび、「建築家のための造園設計資料集」の改定を考慮するとともに、環境への配慮と自然との共生を図った計画・設計、施工、維持管理することが重要と考え、環境配慮と癒しの環境づくりの手引きとなるように「エコ&ヒーリングランドスケープ」の本を書きました。

構成としては、
1. 設計打ち合わせなどでイメージとして使えるようなカラー写真の掲載。
2. 造園の変革期時代になっていることを考えていただくための「デザインから見た造園略史」。
3. 深刻な環境問題への対応するための設計手法の「環境配慮設計」
4. リサイクルやリユース、地下水の滋養、エコマテリアルなどの「環境に配慮した外構」
5. 植物の健全な生育の基礎となる「土壌と植栽基盤」
6. 植物の用途、植栽の仕方、密度・間隔、森づくり、栽培しやすい植物などの基礎知識としての「植栽」
7. 都市緑化で重要な「屋上緑化」「室内緑化」「壁面緑化」
8. 自然との共生で重要となる「ビオトープ」
9. ストレス社会への対応や園芸療法、バリアフリーなどに関係した「ヒーリングガーデン」
10. モダン和風や精神的な庭、狭い場所の庭などを考慮した「和の庭」
11. エコロジカルな維持管理を考慮した維持管理の基礎知識としての「エコ・ガーデニング」
12. 防災緑地や農業と福祉施設・環境を考慮したランドスケープの提案の「エコ&ヒーリングランドスケープの計画」
13. その他として「植栽工事のチェック項目」「植物の形状寸法表」「メーカー」を掲載しました。

現在の深刻な環境問題を解決するには、人々の意識の変革と、自然界の物質循環・エコシステムを活かすことなくしてありえません。自然・緑の保全・復元・創出が非常に重要で、「環境配慮設計」「環境への配慮と自然との共生を図った環境造園」「緑による癒しの環境づくり」の必要性はより高まるものと考えます。

本書が、少しでも環境への配慮と自然との共生を図った癒しの環境づくりの参考になれば幸いです。また、本書を書くに当りご指導していただいた方々、写真や資料を協力していただい方々に心よりお礼申しあげます。

2005.10
豊田幸夫

エコ＆ヒーリング・ランドスケープ　目次

はじめに ……………………………………………… 2

カラー口絵写真 ……………………………………… 9

舗装1
舗装2
ウッド系
縁石
擁壁
擁壁・壁・柵
階段
和の庭
住宅の庭
植栽1
植栽2
ビオトープ
ヒーリングとリハビリ
屋上緑化
屋内緑化
壁面緑化

A　デザインの視点から見た造園略史 …… 26

B　環境配慮設計 ……………………………… 30

1　環境問題への取り組み姿勢　30
2　環境共生・環境造園　31
3　環境配慮設計とチェックシート　32

C　環境に配慮した外構 ……………………… 36

1　舗装の分類　36
2　平滑系舗装　38
3　ブロック系舗装　42
4　透水性舗装　45
5　ウッド系舗装とウッドデッキ　49
6　縁石　52
7　側溝　54
8　ウォール　56
9　フェンス・柵・竹垣　58
10　擁壁・石積み・土留め　60
11　雨水浸透施設　63
12　雨水貯留施設　66
13　自然エネルギーの利用　69

目次

D 土壌と植栽基盤 ･･････････････････ 70
1 土壌と土壌調査　70
2 植栽基盤と客土　72
3 土壌と植栽基盤改良　74

E 植栽 ･･･････････････････････････ 78
1 植栽計画と樹木の選定・指定　78
2 樹木の保存と移植　80
3 根囲い保護材と植え桝の大きさ　82
4 樹木の支柱　84
5 植栽密度・間隔　86
6 苗木植栽による森づくり　88
7 法面緑化・植栽　92
8 芝生と芝生の原っぱ　94
9 小住宅と植栽樹木　96
10 自然風・洋風の庭と植栽樹木　97
11 植込み・グランドカバーの植物　98
12 並木や生垣と植栽樹木　99
13 日陰地の植栽樹木　100
14 海岸埋立地の植栽樹木　101
15 寒冷地と沖縄の植栽樹木・植物　102
16 湿地・やせ地等と植栽樹木　103
17 四季を彩る植物　104
18 紅葉と葉の美しい植物・芳香植物等　106
19 主なハーブ　107
20 管理の容易な多年草草花　108
21 管理の容易な1年草草花と有毒植物　109

F 屋上緑化 ･･････････････････････ 110
1 屋上緑化の効果効用と大地の緑化との違い　110
2 屋上緑化の調査項目　112
3 既存建物の屋上緑化　113
4 荷重条件　114
5 資材・土壌の重さ　115
6 屋上緑化に使用する土壌　116
7 屋上緑化の排水基盤　118
8 屋上緑化の植栽基盤断面　119
9 屋上緑化での漏水防止対策　120
10 屋上緑化での風対策　122
11 屋上緑化での潅水設備　124
12 セダム緑化　126
13 薄層緑化工法　128

目次

- 14 屋上緑化での植栽　130
- 15 屋上菜園　132
- 16 バルコニー緑化　133
- 17 屋上緑化での安全対策　134
- 18 屋上緑化に使用する土留め材と床材　135

G 屋内緑化　138
- 1 屋内緑化の留意点　138
- 2 屋内緑化の手法と植物　140

H 壁面緑化　142
- 1 壁面緑化の手法と留意点　142
- 2 壁面緑化に適したつる植物　144

I ビオトープ　146
- 1 ビオトープを計画・設計する上での留意点　146
- 2 ビオトープの池　148
- 3 主な水辺の植物　152
- 4 屋上のビオトープの池　153
- 5 野鳥が訪れる緑地　156
- 6 小動物や蝶などが訪れる緑地　157

J リハビリ&ヒーリングガーデン　158
- 1 いろいろな植物療法　158
- 2 薬草となる身近な薬草　159
- 3 園芸療法　160
- 4 園芸療法の効果　161
- 5 園芸療法の内容とプログラムの組立て方例　162
- 6 病院や老人健康施設の屋外空間　164
- 7 ヒーリングガーデン　166
- 8 リハビリガーデン　170

K バリアフリー　172
- 1 ユニバーサルデザイン・対象者の行動特性　172
- 2 バリアフリーでの基本寸法　173
- 3 バリアフリーの計画・設計でのポイント　174

L 和の庭　176
- 1 敷砂・敷砂利・景石・石組み　176
- 2 飛び石・つくばい・灯篭　178

目次

 3 滝・流れ 180
 4 池 182
 5 和風庭園の詳細 184

M エコ・ガーデニング 186

 1 植栽地の維持管理と年間維持管理表 186
 2 雑草との共生 188
 3 刈込み・剪定と有効利用 190
 4 施肥・肥料・堆肥 194
 5 病虫害防除と自然農薬 198
 6 ハーブの栽培 202
 7 家庭果樹 205
 8 野菜栽培とコンパニオンプランツ 206
 9 土壌の酸性度と植物 209

N エコ&ヒーリングの計画 210

 1 エコグリーン・コミュニティパーク 210
 2 ヒーリング・エコファーム 212

O その他 214

 1 植栽工事のチェック項目 214
 2 樹木の形状寸法表 216
 3 メーカーリスト 229

Paving 1
舗装 1

脱色アスファルト舗装

御影石舗装

斑岩とコンクリート舗装（ドイツ）

デザインされた各種仕上げ材の舗装

自然石乱張りの園路

屋上の自然石乱張り舗装

多彩な仕上げの商業施設の舗装

老人ホームのゴムマット舗装

Paving 2
舗装 2

保水透水性リサイクルレンガブロック舗装

御影石石敷き舗装

御影石石敷きのテラス

擬石平板と透水性を考慮した砂利の目地

洗出し平板とタマリュウの目地

芝目地の自然石石敷き

透水性芝生舗装（イタリア）

透水性芝生舗装（ドイツ）

Wood Deck
ウッド系

ウッドデッキ

ウッドデッキの広場

屋上のウッドデッキ

屋上の浮床式のウッドデッキ

ウッドデッキと植栽

ボードウォーク

ウッドチップ舗装の園路

伐採枝のウッドチップ敷き

Curbs
縁石

御影石の縁石と並木

既存樹木とコンクリート縁石

自然石縁石のロータリー

蛇カゴの縁石(ドイツ)

車道と歩道の見切りとスリット側溝

ステンレス製のエッジ材

池とウッドデッキの縁.

池の縁

Retaining Walls
擁壁

現地発生材を使用した土留め

石積みとベンチ

石積みと流れ

石積みと植栽

石積みのステージ

白河石の切石の土留め

乱積みと滝

小端積みの滝

Retaining walls / Walls / Fences
擁壁・壁・柵

擁壁を利用した滝

蛇カゴの土留め（写真提供：吉田健一）

コンクリートの土留め

吹付け仕上げのコンクリート土留め

コンクリートの化粧ウォール

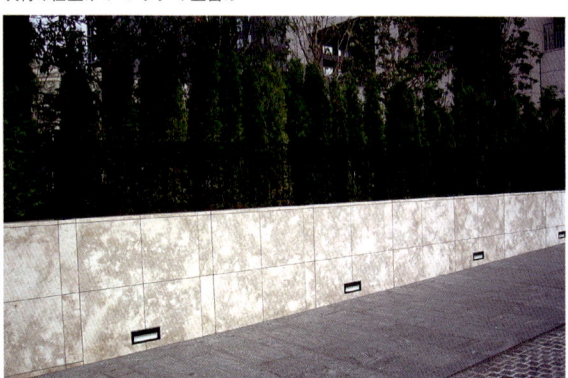

石張りの擁壁とアイアンワークのフェンス

木塀（ドイツ）

木塀とフェンスの組合せ

Stairs
階段

御影石と立ち上がり

水盤とベンチ

階段とベンチ（ドイツ）

沓脱ぎ石を使用したベンチ

自然石の階段

レンガの階段

自然石の階段と豆砂利り敷き

木杭の階段

Garden of the Japanese-Style
和の庭

浜名湖花博のモダン和風の庭

ステンレスを加工した石を据えた屋上の石庭

モダン灯篭の風呂場前の坪庭

旧屋敷の瓦を使用した風呂場前の坪庭

中国産の六方石を使用した屋上の坪庭

玄関脇の坪庭

旧屋敷の瓦を使用した床材

ダイスギとワイビスケの屋上の坪庭

Garden of a House
住宅の庭

住宅地の外構

開放的な小住宅の前庭

アメリカの住宅の前庭

ドイツの菜園のある住宅の庭

目隠しを考慮した住宅の植栽

リニューアルした住宅の駐車場

住宅の主庭

水盤のある住宅の庭

Planting 1
植栽 1

リゾート地の植栽（北海道）

苗木による森づくり（17年後）

雑木の庭

タブノキの防風植栽

緑陰となる並木（ベルリン）

ベニスモモの列植

屋上の四季を彩る庭

広大な芝生（ベルリン）

Planting 2
植栽 2

ガーデンチャペルの植栽

ハクチョウゲとグランドカバープランツ類の列植.

植栽直後の密な混植

植栽1年後の混植の状態

カラーリーフ主体の混植

タマリュウと潅木類混植

ラベンダーとローズマリー

斑入りのグランドカバープランツ類の植栽

Biotope Ponds
ビオトープ

雨水貯留と自然の浄化機能を考慮した池（ベルリン）

自然との共生を図った都心の池（ベルリン）

自然の浄化機能を活かした池（ベルリン）

既存プールのビオトープ化（原宿の丘ビオトープ）

環境共生住宅のビオトープ

現地発生材使用のビオトープの池

水深30cmの屋上ビオトープ

自然側溝を兼ねたビオトープの流れ

Healing and Rehabilitation
ヒーリングとリハビリ

ベンチのある病院の庭（札幌市立札幌病院）

リハビリを考慮した多様な舗装のある庭（和佐の里）

ボランティア手作りのハーブ園（日赤医療センター）

環境共生住宅の屋上のヒーリングガーデン

五感を刺激する植物とガーデニングテーブル

車椅子対応の花壇の立上り

小さなレイズドベッド

置き式のパーゴラ

Roof Landscapes
屋上緑化

芝屋根(ドイツ)

バードバスのある環境共生住宅の屋上ガーデン(撮影:矢野勝偉)

中国料理店の屋上庭園

マンションの屋上ガーデン

風呂場前のガラスブロックと屋上庭園

風対策をした荷重条件のよいバルコニーの庭

屋上の光庭

Indoor Landscapes
屋内緑化

シェルターとコンテナの竹（ドイツ）

アーケードの植栽（ベルリン）

アトリウム（KIビル）

アトリウムの流れ（KIビル）

アトリウム内のガーデンチャペルの植栽（ホテルモントレ）

室内のヒーリングガーデン（ユアサ商事）

最上階のアトリウムのガーデン（ホテルモントレ）

Wall Landscapes
壁面緑化

ヤシ繊維のパネルの補助材を使用した壁面緑化

下垂補助資材とヘデラ

パンチングメタルと壁面緑化

緑化のカセット取付による壁面緑化

アルミの格子を使用した壁面緑化（写真提供：鮫島康弘）

登はんタイプの壁面緑化（ドイツ）

小店舗の壁面緑化

エコ & ヒーリング・ランドスケープ
環境配慮と癒しの環境づくり

A　デザインの視点から見た日本の造園略史

社会状況・情勢の中、庭園や公園、外部環境がどのようにつくられていったか、デザインの視点からみた日本の造園の変遷。

1）飛鳥時代〜江戸時代

年代・社会情勢等	代表的な庭園・公園等	概要	制度・政策・その他
古代（350〜1150）〈貴族社会〉飛鳥時代 天平時代 貞観時代 藤原時代	飛鳥寺庭園跡 平等院庭園 中尊寺庭園 毛越寺庭園等	中国の浄土思想との影響を受け、所有者・利用者である貴族自らの手により、極楽浄土を具象した華麗荘厳な庭園（浄土庭園）がつくられた。また、海のかなたに不老不死の「蓬莱ヶ島」があるという中国の神仙思想により、海を模倣した池や島などがつくられた。	寝殿造り 平安時代「前栽秘抄（作庭記）」が編纂される。
中世（1151〜1550）〈武家社会〉鎌倉時代 室町時代	南禅寺庭園 西芳寺庭園 天竜寺庭園 鹿苑寺庭園 竜安寺石庭 大仙院庭園 慈照寺庭園等	禅宗の影響を強く受け、清浄無垢な仏土を想起させるような簡素で抽象的な石組（三尊石等）の庭園が、支配階級の指示により、禅僧によってつくられるようになった。また、盆石（現在の盆栽）の流行から枯山水などの石庭がつくられた。	禅宗建築 武家造り、書院造り 禅僧の夢窓国師が作庭で活躍する（室町）。
近世前期（1551〜1650）〈武家社会の成熟〉安土桃山時代 江戸時代（寛永文化）	表千家不審庵路地 二条城二之丸庭園 桂離宮 仙洞御所庭園 詩仙堂庭園 孤蓬庵庭園等	茶庭の発展、路地の完成。権力者の指示のもと、威厳を示すような巨大な庭石や青石などを使用した庭がつくられた。また、皇族の離宮、山荘建設に伴い回遊式庭園などがつくられた。	武人で茶人の小堀遠州たちが作庭で活躍する（江戸）。
近世後期（1650〜1850）〈武家・封建社会の崩壊〉江戸時代（元禄文化〜文化・文政）	修学院離宮 小石川後楽園 円通寺庭園 岡山後楽園 六義園 栗林園 兼六園 偕楽園 向島百花園等	皇族や徳川家、藩主の離宮や山荘建設に伴い、回遊式庭園や借景庭園などが、石立僧などにより大庭園がつくられた。また、町民などに戸外レクリエーションの要求が現れるに伴い、管理地を開放し、花見などが楽しめるようにした。	「築山庭造伝（上・下）」が編纂される。 町民のための行楽地ができる。 園芸の流行。

竜安寺石庭

修学院離宮

円通寺庭園

参考図書　「体系農業百貨辞典第Ⅶ巻・日本の造園」宮崎元夫著／「NHK人間大学・庭園との対話・1996」野田正彰著・日本放送出版会

A　デザインの視点から見た日本の造園略史

2）明治期（1850年）～高度成長期（1972年）

年代・社会情勢・国策	代表的な庭園・公園等	概要	制度・政策・その他
明治前期（1850～1900） ウィーン万国博覧会73 日清戦争（94～95） 「殖産興業、富国強兵」	清澄庭園 京都無鄰庵 横浜山手公園 神戸海岸遊園 芝公園 函館公園 上野公園等	財閥や政界の山荘建設に伴い、芝生を取り入れた庭園が造られた。また、外国人居留者を考慮した公園が造られるようになると同時に、公園制度開設に伴い、各地に花見などが楽しめる大公園が造られはじめた。	公園制度が開かれる（73） 造園業の小川治兵衛（植治）が活躍。始めて「造園」が公式に使われる。
明治後期～大正中期（1900～1922） 日露戦争（04～09） 日英博覧会（10） 「大都市への人口集中と経済発展に対応」	日比谷公園 井之頭恩賜公園 多磨霊園 明治神宮 新宿御苑等	ヨーロッパ風公園のさきがけとなる日比谷公園が開園。また、皇室から井之頭公園が恩賜された。神社林の形成を考慮した明治神宮の植栽が行われた。この工事は植木業から造園業への変化、造園技術の向上をもたらした。	旧都市計画法の制定
大正後期～昭和初期（1923～1945） 第一次世界大戦（14～18） 関東大震災23） 第二次世界大戦（39～49） 「帝都復興、国防国家」	明治神宮外苑競技場 明治神宮外苑 隅田公園 山下公園等	公園の防災機能および避難地としての効果より、公園が重要な都市施設の一部として認知される。大規模緑地が防空緑地として整備される。また、国民の心身鍛練と国威発揚のために運動公園の整備が行われた。	帝都復興事業（土地区画整理事業、広幅員街路） 国立公園法公布（31） 防空緑地整備 グリーンベルトの設置
昭和中前期（1945～1955） 〈戦後復興期〉 終戦 国際造園家連盟（IFLA）国際大会が開催（48） 「戦後復興」	新宿御苑の開放 京都御苑の開放 広島平和記念公園等	アメリカ文化の影響を強く受ける。進駐軍関連施設の造園工事や芝張りから、しだいに民間施設の庭園工事が出てきた。また、公園では砂場、ブランコ、すべり台を持つ児童公園が造りだされた。	公庫、公営、公団の創設 農地解放 超緊縮財政政策の発令（ドッチライン） 公園施設整備基準策定（51）
昭和中後期（1956～1972） 〈高度成長期〉 オリンピック東京（64） 日本万国博覧会開催70） 日本列島改造論発表（72） 「高度成長基盤の整備」	国立代々木競技場 代々木公園 昭和記念公園 大阪万博 多摩動物公園 北の丸公園等	体育、スポーツおよびレクリエーション普及策の一環として、河川敷を一般の利用に供することが決定される。緑地用地の買収が国庫補助対象となるなど緑の量の拡大も図られる。また、59年に上級職国家公務員試験に造園職が設けられ、造園工事業が独立した業種となる。	都市公園法の制定（56） 自然公園法公布（57） レクリエーション都市整備要綱策定（70） 自然環境保全法公布（72） 新都市基盤整備法公布（72）

京都無鄰庵庭園 　　　明治神宮 　　　代々木公園

参考図書　「体系農業百貨辞典第Ⅶ巻・日本の造園」宮崎元夫著／「NHK人間大学・庭園との対話・1996」野田正彰著・日本放送出版会／機関誌「公園緑地」（社）日本公園緑地協会

A　デザインの視点から見た日本の造園略史

3）安定成長期（1973年）～20世紀終わり（1999年）

年代・社会情勢・国策	代表的な庭園・公園等	概要	制度・政策・その他
昭和後期（1973～1985）〈安定成長期〉オイルショック(73)沖縄国際海洋博覧会(75)「緑の3倍増構想」提唱(84)筑波国際科学技術博覧会(85)「環境保全、ゆとり、うるおいの追求」	海の中海浜公園国営武蔵丘陵森林公園国営沖縄記念公園国営飛鳥歴史公園横浜開港広場伊勢崎モール超高層ビルのプラザ東京ディズニーランドその他	安全や快適な基盤整備に関連して、都市公園整備の必要性が盛り込まれる。さらに、景観に配慮した都市緑化や、緑豊かな地域社会づくりに向けて緑化の推進と計画が策定されるなど、緑の量と質の確保が課題となる。また、環境影響評価制度が創設され、環境保全が大きなテーマとなる。住民参加による「ふるさとの森づくり」などの動きがでてきた。	都市緑地保全法公布(73)工場立地法改正(73)緑道整備事業の実施(75)都市公園法改正(76)カントリーパーク事業実施(80)環境影響評価制度の創設(81)全国都市緑化フェアの設定(83)
昭和後期～平成初期（1986～1993）〈バブルとその崩壊〉ブラジル地球サミット開催(92)世界の文化遺産及び自然遺産保護に関する条約公布(92)「ゆたかさの追求、国際化、情報化」	国際花と緑の博覧会・鶴見緑地ハウステンボス幕張新都心その他	健康運動施設整備事業、防災緑地緊急整備事業、自然生態観察公園整備事業、リゾートパークおよびイベントパーク整備事業、ふるさと公園整備事業、オートキャンプ場およびガーデンパーク整備事業、地域活性化拠点公園（テーマパーク）整備事業、多機能交流拠点整備事業、ふれあい交流施設整備事業などの事業が実施される。	総合保養地域整備法公布(87)市民農園整備促進法公布(90)リサイクル法公布(91)環境基本法公布(93)生物多様性に関する条約公布
20世紀終わり（1994～1999）阪神淡路大震災(95)地球温暖化防止京都会議(97)冬期オリンピック長野大会(98)ダイオキシン、環境ホルモン問題、土壌や水質汚染問題「活力と美しい環境の創造」	関西新空港臨空タウンドームサッカー場フラワーパーク淡路景観園芸学校開校その他	環境基本法の制定を受け、環境政策大綱に「環境の創造と継承」「環境の保全」「地球環境問題への対応等」の3つが国土形成における環境政策の理念となる。また、市民農園整備事業やいきいきふれあい公園（福祉施設と一体となった公園）、防災公園、環境共生住宅やビオトープ、屋上緑化、バリアフリー化などが計画されるようになる。民間ではガーデニングブームが起こる。さらに住民参加型の公園づくりなども推進される。	環境政策大綱を策定(94)PL法成立(94)高齢社会対策基本法公布(95)環境影響評価法公布(97)

伊勢崎モール　　　新宿三井ビル55広場　　　丸亀駅前広場

参考図書　機関誌「公園緑地」(社)日本公園緑地協会

A デザインの視点から見た日本の造園略史

4) 2000年～2005年

年代・社会情勢・国策	代表的な庭園・公園等	概要	制度・政策・その他
2000年～2005年 介護保険制度スタート リストラと雇用環境の悪化、財政難と公共事業の見直し。 愛知万博計画の見直し 都市のヒートアイランド現象が深刻化。 愛知万博の開催(2005) 「自然との共生を図った健康で快適な持続可能な循環型社会への移行」	淡路花博 第1回東京ガーデニングショー ユニバーサルスタジオジャパン 札幌モエレ沼公園 六本木アークヒルズ 難波パークス 浜名湖花博 愛知万博 その他	緑豊かな都市空間の創出、総合的な緑地の確保、公園・河川・道路等の連携による緑のネットワークの形成など環境緑化重視に転換。また、ストレス社会において癒しが求められる。 景観法案（景観緑三法）が創設される。「景観法、この法律は我が国の都市、農山漁村等における良好な景観を促進するため、景観計画の策定その他の施策を総合的に講ずることにより、美しく風格のある国土の形成、潤いのある豊かな生活環境の創造及び個性的で活力のある地域社会の実現を図り、もって、国民生活の向上並びに国民経済及び地域社会の健全な発展に寄与することを目的とする」	循環型社会形成推進基本法の成立(2000) 建設工事に係る資材の再資源化等に関する法律の成立。 屋上緑化の義務化。 都市再生基本方針を定める。自然再生基本方針を定める。(2003) 剪定しない街路樹への取り組み。(2003) 景観法案閣議決定(2004)

札幌モエレ沼公園*

六本木アークヒルズ

難波パークス

愛知万博

愛知万博・バイオラング

愛知万博・日本庭園

参考図書 機関誌「公園緑地」(社)日本公園緑地協会
*写真提供:ライブ環境計画・酒井裕司

B1　環境問題への取り組み姿勢

1）持続可能な循環型の経済社会構築への対応

現在、大量生産・大量消費・大量廃棄型の経済社会システムおよび社会活動、生活様式が環境への負荷の増大をもたらし、人類の生存を脅かされる状況にあるこのため、国民が自らの暮しぶり（社会活動、生活様式と価値観）を環境の視点から見直し、環境への負荷が少ない持続可能な循環型の経済社会構築することが求められている。

そして、グリーン庁舎の建設の推進、屋上緑化の義務化、環境共生住宅づくり、エコシティ構想の推進、リサイクル法、省エネ法、廃棄物処理法などの強化が進められているとともに、将来的には、環境税導入や人工化学物質の規制強化、環境報告書公表義務化などの法制化が予想される。

世の中は経済性評価とともに環境負荷評価へと急速に変わりつつある。製造業では製品の環境影響評価を定量的に決定しようと試みられているし、また、建築においては環境共生の推進や、建物の設計・建設・運用・廃棄における環境負荷の軽減に努めるように急速に変わってきている。そのような社会の動向にたいして、ランドスケープにおいても豊かな環境、景観づくりだけではなく、環境負荷軽減に努め、自然との共生を図る必要がある。

2）「人間は自然生態系の一部」

「人間は自然生態系の一部」であり、自然から多くの恵みを受けている。また、自然界には不要なものは一切なく、生態系の中で何らかの役割をし、健全な生態系を維持している。

自然界は生物的環境要素である「野生生物」と、非生物的環境要素である「土壌」「水」「大気」「太陽の光」の5つの要素から成り立っている。また、野生生物においては分解者（微生物等）、生産者（植物）、消費者（動物）、高次消費者（人間等）の生態系ピラミッドを形成しているのと同時に、非生物環境要素を含めて物質循環システムが働いている。生態系が機能する豊かな自然環境は、潤いや安らぎ感をもたらすほか、経済活動や日常生活によって生じる廃棄物や廃熱などの環境への様々な負荷を低減化し、清浄な空気やきれいな水をつくりだすなど多面的な環境浄化機能がある。

現在の深刻な環境問題を解決するには、人々の意識の変革と、自然界の物質循環、エコシステムを活かすことなくしてありえない。環境に配慮した計画・設計が強く望まれる。

```
環境要素 ─┬─ 非生物的環境要素 ：「土壌」「水」「大気」「太陽の光」
          └─ 生物的環境要素   ：「野生生物」
```

3）環境問題に対する基本姿勢

建築物は、その資材調達・生産―建設―運用（改修）―解体・廃棄というライフサイクルを通じて、資源消費、フロン類の放出、エネルギー消費、排水・排気、廃棄物発生など環境に大きな影響を与えている。

そして、自然の破壊、資源枯渇、野生生物種の減少、熱帯雨林の破壊、オゾン層の破壊、地球温暖化、砂漠化、広域大気汚染、酸性雨、河川・海洋汚染、有害廃棄物の拡散、廃棄物処分場の枯渇など深刻な地球環境・地域環境問題を起こしている。

したがって、建築物の設計、建設、運用、廃棄にあたっては、建築物と環境との関連を充分考慮し、環境負荷の軽減及び削減に努める必要があり、下記のような地球環境問題に対する基本姿勢をとることが重要となる。

「次世代に貴重な資源を残し、自然が浄化できる以上に環境を汚染しない」
1　資源消費の最小化
2　資源再利用の最大化
3　再生（リサイクル）可能な資源の活用
4　自然環境の保全・復元・創出
5　健康で無害な環境の創造
*（鹿島におけるLCAの取り組みからの資料を一部加筆して引用）

B2　環境共生・環境造園

1）環境共生*
「環境共生とは、地球環境保全を推進するという観点から、環境への負荷低減・軽減に配慮するとともに、自然との共生および地域環境との調和を図った、安全・健康でアメニティのある環境づくりに配慮すること」などと定義され、下記の要件を満たすものをさす。

- LOW IMPACT ：省資源・省エネルギー、自然エネルギーの活用等により地球環境保全について適切に配慮されていること
- HIGH CONTACT ：自然環境、地域社会等の周辺について適切に配慮されていること
- HEALTH & AMENITY ：住居内の居住環境の健康性、快適性等の実現について適切に配慮されていること

2）環境造園とは
「造園とは、人の生活上実用慰安その他生活活動を充足させるため、自然材料をもって土地および環境を整備造成する技術をいう。(**「造園大辞典」上原敬二編・加島書店より引用－一部加筆)」と定義され、昔は単に庭園だけが対象であったが、現在はひろく公共緑地を内包している。
一方、アメリカ造園家協会では「ランドスケープ・アキーテクイチャー（造園）は技術であり、科学である。それは、空間と客体とを伴いながら、安全・効果的で保健的で、快適な人間の利用のための土地を編成することである。(***「造園施工管理・技術編」(社)日本公園緑地協会より引用)」と定義されている。
造園もランドスケープ・アキーテクイチャーのいずれも、豊かな環境づくりがメインで、深刻な環境に対するランドスケープの重要性がうたわれていない。そこで、現代の環境問題に対して、新たに「環境造園」を提案したい。
「環境造園とは、持続可能なよりよい環境を創ることを目的として、技術や科学、経験などを元とし、植物や土や石などの景観材料を利用して、環境への負荷低減と自然との共生を図った、安全で、健康でアメニティのある外部空間・環境を保全・復元・創出することである。」(作成:豊田)

3）環境造園の「A・B・C・E」4つのチェック項目
環境への負荷軽減と自然との共生を図った、安全で、健康でアメニティのある環境造園またはランドスケープを計画・設計する上で「A・B・C・E」の4つのチェック項目が考えられる。

- A（Amenity）
安全性、機能性、快適性、バリアフリー等に留意して計画・設計する。
- B（Beauty）
地域景観の保全や調和、建物との調和などを考慮するとともに、長期の使用にたえる飽きのこないデザインとし、廃棄物量の発生を抑え、かつLCCO$_2$を抑制する必要がある。
- C（Cost）
建設コストのみならず、維持管理コスト、廃棄処理まで考慮した計画・設計とする。高耐久性の材料やローメンテナンス材料の使用、再使用や再利用可能な材料を選ぶ。
- E（Ecology）
自然界の物質循環・エコシステムを壊さず、活かすような環境に配慮した計画・設計とする。多様な生物生息環境の保全・復元・創出、地下水の滋養と雨水の有効利用、自然エネルギーや未利用エネルギーの活用、リサイクル可能な材料やリサイクルされた材料、自然親和性に富んだ材料、再生可能資源から作られた材料などの使用、リユース・リサイクルしやすい設計など。

---

*引用文献 　　「環境共生住宅A-Z」環境共生住宅推進協議会編集・ビオシティより加筆して引用。
**引用文献 　　「造園大辞典」上原敬二編・加島書店より一部加筆して引用。
***引用文献 　　「造園施工管理・技術編」(社)日本公園緑地協会より引用。

B3　環境配慮設計とチェックシート

1）環境負荷軽減・削減のための計画・設計*

深刻な環境問題に対応して、基本的なニーズである立地条件、経済条件、機能性、価値の向上に対して、地球環境問題、地域との共生、長寿命化、省エネルギーなど新たな社会的ニーズが発生、ライフサイクル性能を総合評価（ライフサイクルアセスメント等）をして、ライフサイクルでの環境負荷削減のための総合計画をすることが重要となる。また、消費者も環境に配慮した物が望まれるようになってきており、そのニーズに合ったリサイクル可能な材料やリサイクルされた材料などのエコマテリアルの使用と設計、建設が必要となってきている。エコマテリアルとは環境に配慮した材料で、リサイクル可能な材料、リサイクルされた材料、生分解性材料、高耐久性材料、自然親和性に富んだ材料、再生可能資源から作られた材料などを言う。

2）環境配慮設計とライフサイクル評価

環境への負荷が少ない持続可能な循環型の経済社会構築時代では、ライフサイクルインパクトとライフサイクルコストを低くし、かつデザイン性の高い計画・設計が求められる。ライフサイクルインパクトを評価する手法に、LCA（ライフサイクルアセスメント）がある。また、LCAにはLCCO$_2$、LCWなどの評価手法がある。

ライフサイクルインパクト	二酸化炭素排出量、材料使用量、エネルギー使用量、毒性、資源枯渇等、生涯環境影響の重み付け総和。
ライフサイクルコスト	:原材料コスト、建設コスト、維持管理コスト、リサイクルコスト、廃棄処分コスト等、建設から運営、廃棄までを考慮したコストで、長期的な視野に立った経済的評価。
LCA（ライフサイクルアセスメント）	その製品や構造物などについて、資源の採取から製品の生産・製造段階、輸送過程、建設の段階、使用段階、そして解体廃棄の段階というライフサイクルで、投入資源、あるいは排出される物による環境負荷と自然環境への影響とを定量的、客観的に評価する手法。
LCCO$_2$	ライフサイクルにおけるCO$_2$排出量。
LCW（Life Cycle Waste）	ライフサイクルにおける廃棄物発生量。

ランドスケープデザインにおいては、計画、設計段階においてそれぞれ、環境配慮チェックシートに示すような項目、内容の環境配慮を行うことが必要である。特に設計段階は重要であり、維持管理費にまで配慮し、材料やシステムの選択を行うことが必要である。また、ランドスケープデザインでのライフサイクル評価は、正確なデーターの入手が困難であり、絶対的な評価を行うことはむずかしい。そのため、当面は経済性や環境負荷の相対的な評価を目指すことが適当と思われる。また、LCAをすぐに実行するのは難しいので、LCC評価や環境負荷の軽減に配慮した製品を選択するグリーン購入を心がけるべきであると考える。

[表1] グリーン購入基本原則**

1. 資源採取から廃棄までのすべての製品ライフサイクルにおける多様な環境への負荷を考慮して購入する。
2. 環境や人の健康に被害を与えるような物質の使用および放出が削減されていること。
3. 資源やエネルギーも消費が少ないこと。
4. 資源を持続可能な方法で採取し、有効利用していること。
5. 長期間の使用ができること。
6. 再使用が可能であること。
7. リサイクルが可能であること。
8. 再生された素材や再使用された部品を多く利用していること。
9. 廃棄されるときに処理や処分が容易なこと。
10. 環境保全に積極的な事業者により製造され、販売される製品を購入する。
11. 製品や製造・販売事業者に関する環境情報を積極的に入手・活用して購入する。

---

*引用文献　「地球を救うエコマテリアル革命」山本良一著・徳間書店より加筆して引用
**引用文献　「戦略環境経営・エコデザイン・ベストプラクティス100」山本良一著・ダイヤモンド社より引用
参考図書　「LCAのすべて・環境への負荷を評価する」(社)未踏化学技術協会・エコマテリアル研究会編・工業調査会

B3　環境配慮設計とチェックシート

[表2] ランドスケープの環境配慮設計とチェック・評価（案）*

段階	項目	内容	チェック・評価
企画・構想段階（コンセプトの構築）	自然環境特性の調査・分析	・気象（月別平均温度と湿度、日照時間、降水量、卓越風向、風速等） ・地象（地形、地質、土壌、表土、地盤の安定性等） ・水象（地下水、表流水、水量、水質等） ・生物（野生生物の種類・生息域、潜在自然植生、自然度等）	・自然環境調査シート ・社会環境調査シート ・施主与条件調査シート ・法規制チェックシート
	社会環境特性の調査・分析	・社会（周辺土地利用及び変遷、人口の変遷、人口構成、産業構造、特産品等） ・交通（交通網、交通の便、交通量等） ・情報（情報網、基盤整備状況等） ・人文（伝統、史跡、文化・公益施設、地域住民のつながりと交流等）	
	発注者希望与条件調査	・目的、利用形態、希望内容、予算完成希望時期、管理運営方針等	
	法規制の調査	・森林法、自然公園法、アセス、開発申請及び緑化申請の有無等 ・建築基準法、消防法等	
	基本コンセプトの策定	・発注者希望条件の分析 ・国や自治体等の関連上位計画の分析 ・立地環境特性の分析	
計画段階（計画の評価と再構築）	環境形成・配慮計画	・地域景観の保全、多様な生物生息環境の保全と創出 ・地下水の涵養、微気候の調整と活用 ・有機的循環システムの導入	・環境配慮計画チェックシート ・基本性能評価 ・ライフサイクルインパクト評価 ・ワークショップ
	コミュニティ形成計画	・ふれあい拠点の創出、コミュニティ動線の確保 ・バリアフリー	
	育成・運営管理計画	・管理運営要素と関係主体、管理運営内容と活動内容 ・管理運営コストと活動体制	
設計段階（設計の評価と修正）	環境負荷低減計画・設計	・エネルギーの消費削減と有効利用 ・自然・未利用エネルギーの利用 ・資源の有効利用とエコマテリアルの使用 ・廃棄物の削減とリユースシステム ・地球環境保全（熱帯林保護、フロン等）	・環境配慮設計チェックシート ・基本性能チェックシート ・材料等のライフサイクルインパクト評価（LC設計） ・VE（VE設計）
	自然との共生計画・設計	・地域および地区の生態的豊かさと循環性への配慮 ・周辺地域との調和 ・建築とランドスケープとの連関性への配慮	
	健康でアメニティの計画・設計	・機能性とアメニティの向上 ・安全性と健康性 ・バリアフリーとユニバーサルデザイン	
	コスト計画	・建設費と維持管理費、ライフサイクルコスト	
設計監理・段階（施工）	設計品質及び環境配慮の監理	・樹木の保存と移植、適切な植栽時期 ・現地発生土、発生材の有効利用	・リサイクル及び分別率評
運営・維持管理段階	運営管理	・維持管理マニュアルの作成 ・管理運営参加のための実施体制づくり	・試行評価

作成：豊田

***引用文献　「環境共生住宅A-Z」環境共生住宅推進協議会編集・ビオシティより加筆して引用
参考図書　「絵とき・環境保全対策と技術」吉野昇編・オーム社／「環境・景観デザイン百科」建築文化11月号別冊・彰国社

[表3] 環境配慮計画設計チェックシート(案)

■ ランドスケープ・環境配慮計画設計チェックシート(案)			
JOB:			
担当:			
分類	項目	参考手法	提案・採用項目
省エネルギー	建築的省エネ	建物配置、窓方向…	
	断熱	外断熱、屋上緑化…	
	輻射熱の軽減	日除け、落葉樹の植栽、屋上緑化、壁面緑化…	
	高効率設備	高効率照明、電球…	
	節電機器	屋外照度感知の外灯、節水器具…	
自然エネルギー	太陽	サンルーム、ソーラー発電…	
	風	自然通風、風力発電…	
	水	気化熱の利用、ミニ水力発電…	
	その他	温泉の廃熱、ゴミ焼却時の廃熱利用…	
省資源・エコマテリアル	高耐久性	ノーメンテナンスの資材…	
	節水	雨水・中水利用、雨水貯留、節水器具…	
	熱帯材使用抑制	植林された木材、間伐材の利用…	
	リサイクル材の活用	リサイクル材の積極的な使用…	
	無害な材料の使用	人と環境に影響を与えない材料…	
廃棄物削減	再利用・補修性	再利用しやすい材料、構造…	
	リサイクル	発生土の有効利用、生ゴミの堆肥化…	
	分別回収	分別収集・回収…	
	水汚染防止	合併浄化槽の設置…	
自然との共生	自然保護	自然地形利用、表土保全と再利用、樹林・樹木の保存と移植…	
	生態系の創出	郷土樹種による緑化、ビオトープの創出…	
	緑化・植栽	屋上緑化 壁面緑化 家庭菜園…	
	地下水の滋養	透水性舗装、浸透桝の設置、自然側溝…	
地域環境との共生	環境への配慮	日照対策、風害対策…	
	敷地計画	地域特性への配慮、街並み・街路との調和…	
	周辺交通配慮	車と人との動線分離、自転車利用への配慮…	
	バリアフリー	段差の解消、適正勾配のスロープ、手すりの設置、滑りづらい舗装、照り返しの少ない舗装、車椅子利用者用駐車スペースの確保…	

作成:豊田

B3　環境配慮設計とチェックシート

透水性舗装

リサイクル資材の使用

樹木の保存

郷土樹種による森づくり

郷土樹種による植栽

ビオトープの創出

屋上緑化

雨水貯留と有効利用

C1　舗装の分類

1）舗装の分類と種類

再利用性や地下水涵養などを考慮すると、舗装をアスファルト舗装やコンクリート舗装などの一般的な平滑系舗装、インターロッキングブロック舗装などの再利用しやすいブロック系舗装、クレイ舗装や透水性芝生舗装などの透水性舗装、ウッドデッキなどに分類できる。

[表1] 舗装の分類

分類		舗装の種類
平滑系舗装	アスファルト系	アスファルト舗装、カラーアスファルト舗装、脱色アスファルト舗装
	コンクリート系	コンクリート舗装、豆砂利洗い出し舗装
	セラミックス系	各種タイル張り舗装
	自然石系	各種石張り舗装、小舗石（ピンコロ）舗装
	合成樹脂系	合成樹脂舗装、ゴム弾性舗装、人工芝舗装
ブロック系舗装	コンクリート系	各種平板舗装、各種インターロッキングブロック舗装
	セラミックス系	各種セラミックスブロック舗装
	レンガ系	レンガ舗装、各種レンガブロック舗装
	自然石系	敷石舗装、自然石石敷き舗装
透水性舗装	アスファルト系	透水性アスファルト舗装
	コンクリート系	透水性コンクリート舗装、透水性インターロッキングブロック舗装
	セラミックス系	透水性セラミックスブロック舗装
	レンガ系	透水保水性レンガブロック舗装
	芝生系	透水性芝生舗装
	砂利・樹脂系	砂利敷き舗装、砕石舗装、天然石エポキシ樹脂舗装
	砂・土系	石灰岩ダスト舗装、砂舗装、クレイ舗装、土壌改良材舗装
	合成樹脂系	ゴム弾性舗装、人工芝舗装
	ウッド系	ウッドチップ舗装、木レンガブロック舗装、枕木敷き
ウッドデッキ	ウッド系	ウッドデッキ

2）一般的な舗装の設計での留意事項

- 一般の公道などでは、アスファルト舗装要綱やセメントコンクリート舗装要綱に基づいて設計する。また、交通量が少ない構内道路などでは簡易舗装要綱に基づいて設計する。
- 一般の園路や歩道、広場などの舗装の場合は設計計算根拠がないので、経験に基づいた断面構造で設計することが一般的である。
- 車道では、断面構造のほか、材料に関しても強度のある車道用のものを選ぶ。
- 埋め立て地などで路床の支持力比（CBR）が2％以下の場合は、石灰やセメント系の安定処理材で路床改良を行うか、砂や切込砕石などで路盤下に厚100〜300mmの遮断層を設ける。
- 寒冷地では凍上の害が起こる恐れがあるので、砂や切込砕石などで路盤の厚さを調整しておくか、セメント系安定処理材を施すなどで防止する。また、吸水率の高い一般のレンガや石などは、凍害によって割れることがあるので、寒冷地での材料選定には十分注意する。
- 一般の歩道では1.5〜2.0％の水勾配をとる。最低でも1％以上の水勾配をとる。石灰岩ダスト舗装や砂舗装などのような軟舗装では3％前後の水勾配をとる。また、勾配が急だと表層材が流れるので、スロープとなるような場所には適さない。

C1　舗装の分類

3）環境とバリアフリーへの配慮した舗装の設計での留意事項

- 歩行の安全性から、滑りにくい素材や表面仕上げを選ぶ。御影石などの本磨き仕上げは、雨などが降った場合に滑りやすくなるので、基本的には人が通行するような場所には使用しない。
- 御影石の小舗石（ピンコロ）舗装は、表面が凸凹しているため、ハイヒールなどで歩くとつまづく恐れがある。使用場所には注意する必要がある。イタリアなどの斑石は表面が平滑なため、つまづく心配は少ない。
- 白い舗装は照り返しが強く、まぶしい。土色系のものが照り返しが少ない。
- 環境へ配慮すると、透水性舗装やリサイクル資材の舗装材を積極的に使用する。
- ウッドデッキなどは表面が夏場に高温となり、ヒートアイランド現象の緩和にならない。
- できるだけ補修性やリユース、リサイクルを考慮した材料、工法とすることが大事である。ブロックや平板を使い、モルタルなどを使用しない乾式工法とすることが望ましい。

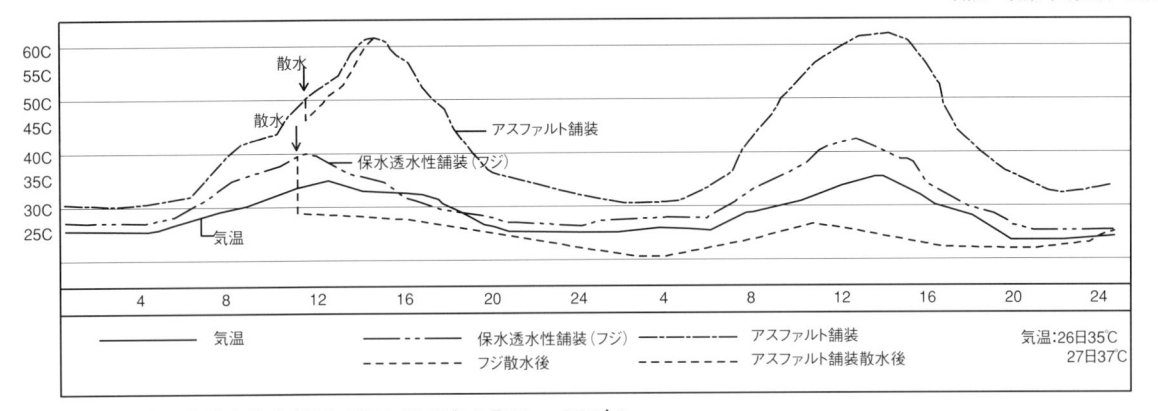

図1　路面温度の比較変化表（測定：晴天・1995年8月26～27日）*

保水透水性リサイクルレンガブロック（フジ）

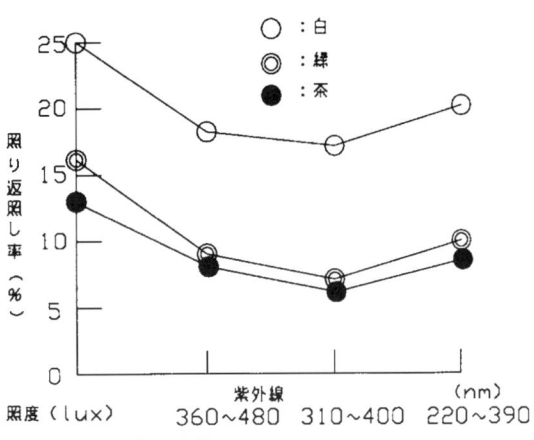

図2　照り返し率の比較**

*引用文献　　　リサイクルレンガブロック「フジ」のカタログより引用
**引用文献　　柵瀬信夫、林分慶ほか著「身近なものへの関心を－建設会社の環境教育－」第6回世界湖沼会議論文集 VOL.3. 1995年

C2　平滑系舗装

1）平滑系舗装の種類と特徴

平滑系舗装には、アスファルト系、コンクリート系、セラミックス系、石系、合成樹脂系などがある。環境への配慮を考えると、砕石は再生砕石を使用し、タイルはリサイクル資材を使用したタイルを使用することが望ましい。

平滑系舗装の分類と種類		特徴
アスファルト系	アスファルト舗装	コストが安く、施工性もよい。また平坦で歩きやすいが、夏に熱くなる。
	カラーアスファルト舗装	着色したカラーアスファルト用いるタイプと、テニスコートなどのようにアスファルト乳剤系表層材を塗るタイプがある。
	脱色アスファルト舗装	アスファルトの黒い色を脱色して、骨材の色を出したアスファルト舗装。コストは高くなるが、色合いがよいので園路などに使用されている。
コンクリート系	コンクリート舗装	コストが安く、施工性もよい。また平坦で歩きやすいが、照り返しが強い。表面仕上げには金ごて仕上げ、木ごて仕上げ、刷毛引き仕上げのほか、表面に石張りのパターンなどの型をとり、色を付けた仕上げもある。
	豆砂利洗い出し舗装	仕上げコンクリートを打設後、24～48時間前後で硬化の程度を見て、ブラシで表面をこすり、水で洗い、砂利を一様に露出させて仕上げるもの。豆砂利がもつ色合いとコンクリートの平滑さを併せ持つ。豆砂利の種類や大きさにより異なる。 一般的に使用される豆砂利は大磯砂利、伊勢砂利、土佐五色石など。
	玉石埋め込み舗装	コンクリートの上に厚さ20mm以上のモルタル（1:3）を塗りならし、玉石などを平滑になるように埋め込み、セメントペーストを刷毛引きで塗り仕上げる。主に園路などに使用される。玉石には那智石、大磯砂利などのほか、ゴロタ石なども使われる。
セラミックス系	タイル張り舗装	色が豊富で、模様やパターンの自由度が高く、楽しく華やいだ雰囲気の演出がしやすい。磁器タイル、テラコッタタイルなどのほか、廃ガラスなどを使用したリサイクルタイルもある。伸縮目地を考慮したタイルパターンのデザインとする。
石系	石張り舗装	石質、色、仕上げ、張り方などにより様々な演出が可能。御影石のほか、石英岩、石灰岩など多種。外部の石張り舗装では、バーナー仕上げなどの滑らない仕上げとする。本磨き仕上げなどは雨が降った場合などで滑る危険性があり、基本的には人が歩行する場所には使用しない。張り方には、方形張りや乱張りなど各種ある。方形張りでの目地幅は6～12mmが一般的。
	小舗石(ピンコロ)舗装	滑り止め効果はあるが、やや歩きづらい、ラフな割肌仕上げの御影石のほか、表面が比較的平滑なイタリアまたはアルゼンチン産の斑石がある。一般の花崗岩の小舗石は石材面がラフな割肌仕上げで、目地の深みで滑り止めの効果は高いが、ハイヒールや車椅子などでは歩行に支障をきたすことがある。
合成樹脂系	ゴム弾性舗装	ゴムチップをベースに特殊な接着剤でブロック成形したものをアスファルト舗装やコンクリート舗装などの上に設置するタイプの舗装。弾力性があり、ケガを軽減し、足音を吸音する。
	人工芝舗装	人工芝をアスファルトやコンクリート舗装などの上に敷設する舗装。テニスコートでは、人工芝に砂を充てんし、自然に近い色合いを持たせた人工芝サンドフィル型コートを一般的に使用。
	合成樹脂舗装	一般的にスポーツ施設の舗装材に使用。アクリル樹脂系、ポリウレタン系、ゴムチップウレタン透水系、ポリエチレン樹脂成形品系などがある。

C2　平滑系舗装

アスファルト舗装の駐車場

コンクリート舗装の駐車場とILB舗装

型押しコンクリート舗装

化粧目地と豆砂利洗い出し舗装

磁器タイル張り舗装

磁器タイルと豆砂利洗い出し平板舗装

車の出入り口のピンコロ舗装とハンプ

広場の御影石乱張り舗装

2）アスファルト舗装・コンクリート舗装の設計での留意点

- 交通量が多く、重車両の運行する道路（大型車交通量が1日一方向250台以上）の場合は、アスファルト舗装要綱やセメントコンクリート舗装要綱に基づいて設計する必要がある。また、交通量が少なく、重車両の運行もほとんどない道路の場合、基本的には簡易舗装要綱に基づいて設計する。自動車の通行が少ない園路や歩道、広場などの舗装の場合、設計計算根拠がなく、経験に基づいた断面構造で設計することになる。下記の表は構内道路などの設計の参考資料として使用する。
- コンクリート舗装の場合、収縮目地は縦横5mごとに、膨張目地は縦横20m程度ごとに設けることを基準とする。道路の場合、縦目地は3〜4.5m、横収縮目地は5m、横膨張目地は20m内外とし、アスファルト目地板（厚さ10mm）を使用する。コンクリートの設計基準強度は150kg/cm²、最低135kg/cm²以上とし、粗骨材の大きさは25mm以下とする。

[表1] アスファルトコンクリート舗装の種別*

路床CBR	2％未満	2〜3％	3〜4％	4〜5％	5％以上
総重量12t以下の自動車道路等	AC-0840	AC-0830	AC-0825	AC-0825	AC-0820
総重量8t以下の自動車道路等	AC-0830	AC-0825	AC-0820	AC-0820	AC-0815
乗用車道路・駐車場等	AC-0525	AC-0520	AC-0520	AC-0515	AC-0510
歩道等	AC-0310				

（凡例）AC-0830：ACはアスファルトコンクリートの略。0830の前2文字（08）はアスファルトの厚さまたはアスファルト安定処理材との合計の厚さで、後2文字（30）は砕石の厚さ。また、厚さは転圧後の厚さである。

[表2] アスファルトコンクリート舗装の構成*

AC-	0840	0830	0825	0820	0815	0525	0520	0515	0510	0310
アスファルトコンクリート・cm	3	3	3	3	3	5	5	5	5	3
アスファルト安定処理材・cm	5	5	5	5	5	—	—	—	—	—
粒度調整砕石(M-30)・cm	20	15	10	10	—	10	—	—	—	—
クラッシャーラン(C-40)・cm	20	15	15	10	15	15	20	15	10	10

[表3] コンクリート舗装の種別*

路床CBR	2％未満	2〜3％	3〜4％	4〜5％	5％以上
総重量12t以下の自動車道路等	C-2020	C-1515	C-1215	C-1215	C-1210
総重量8t以下の自動車道路等	C-1515	C-1215	C-1210	C-1210	C-1210
乗用車道路・駐車場等	C-1210			C-1010	
歩道等	C-0710				

（凡例）C-1210：Cはコンクリートの略。1210の前2文字（08）は表層のコンクリートの厚さで、後2文字（10）は路盤の砕石の厚さ。また、厚さは転圧後の厚さである。

[表4] コンクリート舗装の構成*

C-	2020	1515	1215	1210	1010	0710
表層（コンクリート）の厚さ・cm	20	15	12	12	10	7
路盤（クラッシャーラン）の厚さ・cm	20	15	15	10	10	10

*引用文献　鹿島建設「建築工事標準仕様書」より加筆して引用

C2　平滑系舗装

平滑系舗装図

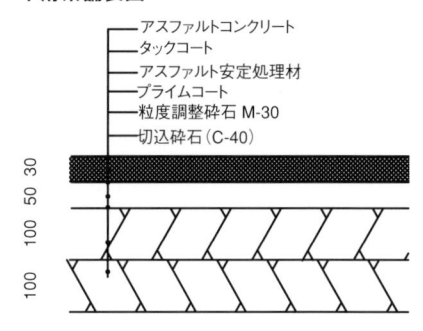

アスファルト舗装（構内道路・駐車場）例
- アスファルトコンクリート 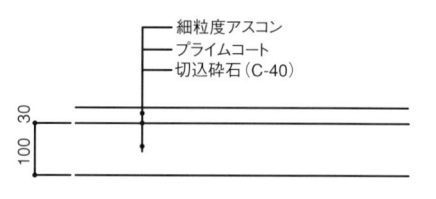
- タックコート
- アスファルト安定処理材
- プライムコート
- 粒度調整砕石 M-30
- 切込砕石（C-40）

アスファルト舗装（歩道）例
- 細粒度アスコン
- プライムコート
- 切込砕石（C-40）

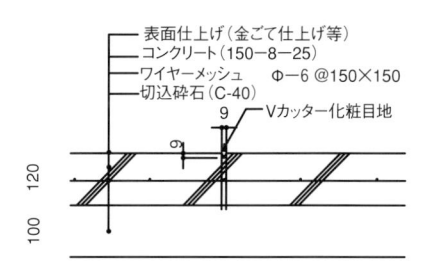

コンクリート舗装（歩道）例
- 表面仕上げ（金ごて仕上げ等）
- コンクリート（150-8-25）
- ワイヤーメッシュ　Φ-6 @150×150
- 切込砕石（C-40）
- Vカッター化粧目地

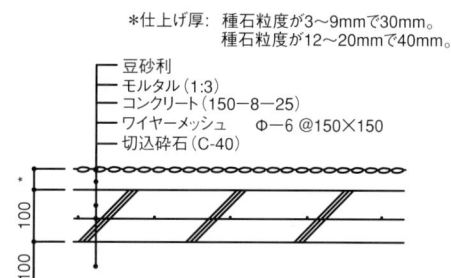

豆砂利洗い出し舗装（歩道）例
- 豆砂利
- モルタル（1:3）
- コンクリート（150-8-25）
- ワイヤーメッシュ　Φ-6 @150×150
- 切込砕石（C-40）

＊仕上げ厚：種石粒度が3～9mmで30mm。
　　　　　　種石粒度が12～20mmで40mm。

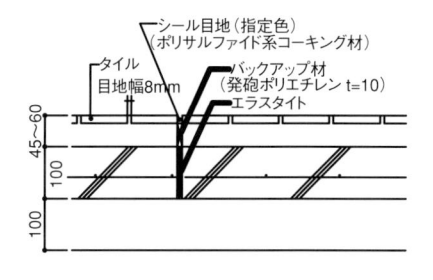

タイル張り舗装（歩道）例
- シール目地（指定色）（ポリサルファイド系コーキング材）
- タイル
- 目地幅8mm
- バックアップ材（発砲ポリエチレン t=10）
- エラスタイト

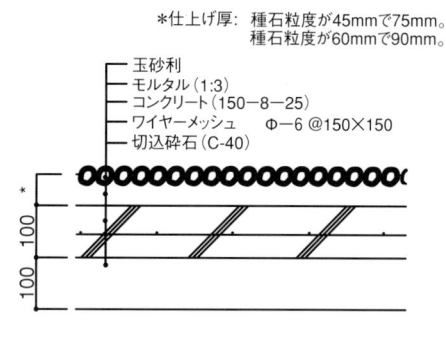

玉石埋込み舗装（歩道）例
- 玉砂利
- モルタル（1:3）
- コンクリート（150-8-25）
- ワイヤーメッシュ　Φ-6 @150×150
- 切込砕石（C-40）

＊仕上げ厚：種石粒度が45mmで75mm。
　　　　　　種石粒度が60mmで90mm。

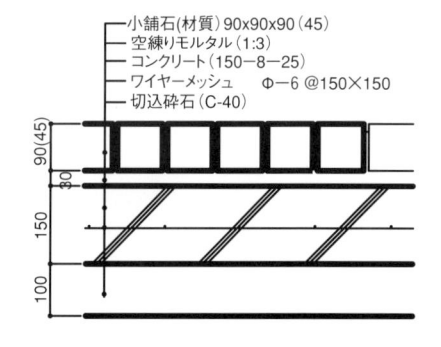

小舗石（ピンコロ）舗装（乗用車通路）例
- 小舗石（材質）90×90×90（45）
- 空練りモルタル（1:3）
- コンクリート（150-8-25）
- ワイヤーメッシュ　Φ-6 @150×150
- 切込砕石（C-40）

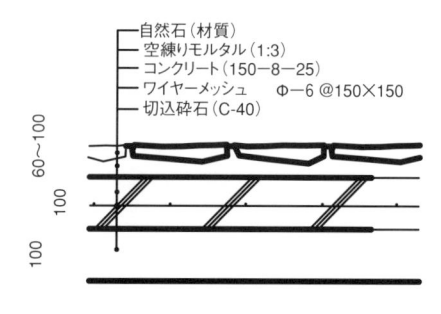

自然石張り舗装（歩道）例
- 自然石（材質）
- 空練りモルタル（1:3）
- コンクリート（150-8-25）
- ワイヤーメッシュ　Φ-6 @150×150
- 切込砕石（C-40）

C3　ブロック系舗装

1）ブロック系舗装

ブロック系舗装には各種の平板舗装、インターロッキング・ブロック（ILB）舗装、レンガ系舗装、セラミックス舗装、敷石舗装などがある。

[表1] ブロック系舗装の種類と特徴

舗装の種類	特徴
平板舗装	一般的なコンクリート平板のほか、カラー平板、豆砂利洗い出し平板、御影石などの砕石を混入して表面処理した擬石平板、磁器タイル張り平板、石張り平板など各種のものがある。 庭などでは砂の下地として、5～10cm程度の目地をとり、シバやタマリュウなどを植えると透水性のある舗装となる。
インターロッキイング・ブロック舗装	インターロッキング・ブロック（ILB）舗装は、滑りにくく、歩きやすく、施工性や補修が容易な舗装で比較的安価なため、歩道や広場、車道などさまざまな場所で使用されている。タイルほどではないが色や形などが豊富。透水性のものもある。 構造としては、車が乗り入れするような場所では厚さ80mm、歩道などでは厚さ60mmのインターロキング・ブロックを使用することを基本する。目地の砂が流失する恐れのあるスロープなどでは、砂のかわりに空練りモルタルを使用する。また、芝生などの緑地との納まりで、縁石を目立たせなくしたい場合には、厚さ5～6mmの合成樹脂製などのエッジを使用する方法もある。
レンガ系舗装	レンガ系舗装には、一般のレンガを使用したレンガ舗装、かみ合わせ状のレンガや海外のレンガを使用したレンガブロック舗装がある。レンガには、日本で生産されている赤レンガや焼きすぎレンガ、ブラウン系の色合いが豊富なオーストラリア・レンガブロック、保水透水性のあるリサイクルレンガなどのリサイクルレンガもある。 レンガ系舗装は色合いやテクスチャーのよさのほか、タイルや石などより照り返しが少なく、歩道や広場、ガーデニングなどの床材に一般的に使われている。 サイズは、普通レンガでは210×100×60mm、オーストラリア・レンガブロックでは230×115×50mm、65mm、76mmなど。張り方にはレンガの広い面を見せる一般的な張り方の平張りと、細い面を見せる小端立て張りがある。張り方のパターンには、いも目地、馬乗り目地（レンガ目地）、市松目地、綱代（あじろ）目地などがある。
セラミックス系ブロック舗装	非焼成のセラミックスブロック、各種のリサイクルブロックがある。透水性のものや透水・保水性のあるものもある。色も豊富。 構造などは基本的には平板舗装に同じである。
敷石舗装	敷石舗装とは、厚さが妬く60mm以上の花崗岩や安山岩、斑岩などの自然石や切石を使用した舗装で、質感のある落着いた雰囲気のものとなる。また、保水透水性のあるインドネシア産の自然石もある。中国産御影石の敷石の規格寸法は600×300×60mmで、表面の仕上げはのみ切り仕上げが一般的である。その他安山岩系の白河石や芦野石などの規格寸法300×900×150mm、300×900×120mm、300×900×90mmの3種類で、表面の仕上げはノコ引き仕上げ、割肌仕上げが一般的である。また、大谷石などの凝灰岩は摩滅および風化しやすいので舗装材としては適さない。

擬石平板敷き舗装

ILB舗装の歩道

C3　ブロック系舗装

ILB舗装とL形側溝

方形乱張りのILB舗装

市松張りのレンガブロック舗装

馬乗り目地のレンガブロックとスリット側溝

コンクリートと網代張りのレンガ

小端立てのレンガ舗装

御影石敷きのテラス

白河石敷きのテラス

C3　ブロック系舗装

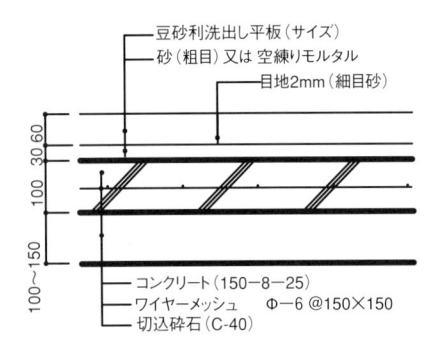

ブロック系舗装

- 豆砂利洗い出し平板（サイズ）
- 砂（粗目）又は空練りモルタル
- 目地2mm（細目砂）
- コンクリート（150-8-25）
- ワイヤーメッシュ　Φ-6 @150×150
- 切込砕石（C-40）

洗い出し平板舗装（駐車場）例

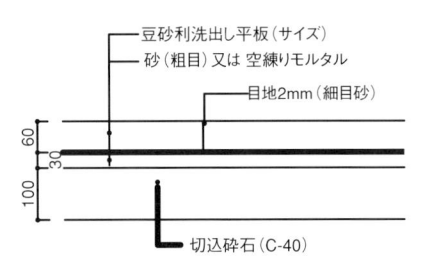

- 豆砂利洗い出し平板（サイズ）
- 砂（粗目）又は空練りモルタル
- 目地2mm（細目砂）
- 切込砕石（C-40）

洗い出し平板舗装（歩道）例

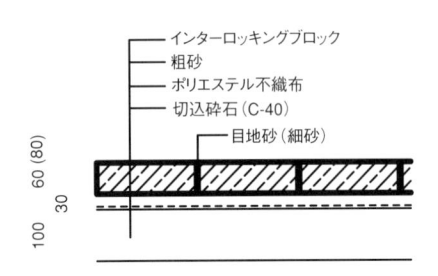

- インターロッキングブロック
- 粗砂
- ポリエステル不織布
- 切込砕石（C-40）
- 目地砂（細砂）

ILB舗装（歩道）例

- インターロッキングブロック
- 粗砂
- ポリエステル不織布
- 粒度調整砕石 M-30
- 切込砕石（C-40）
- 目地砂（細砂）

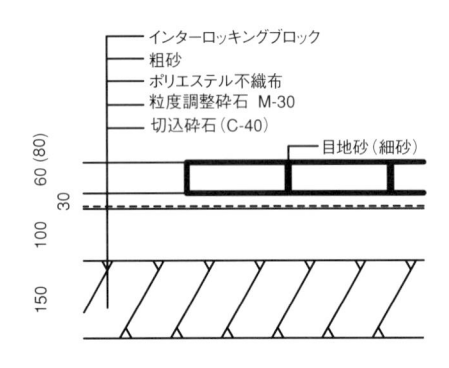

ILB舗装（道路）例

- レンガ（上焼・サイズ）
- 空練りモルタル（1:3）
- 目地モルタル 10mm平目地
- コンクリート（150-8-25）
- ワイヤーメッシュ　Φ-6 @150×150
- 切込砕石（C-40）

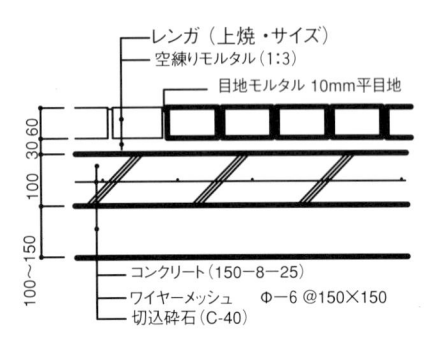

レンガ舗装（駐車場）例

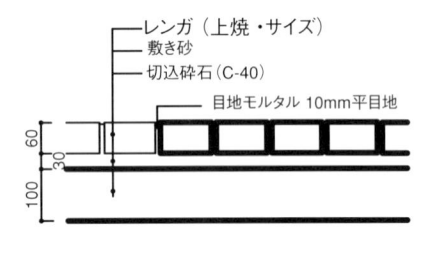

- レンガ（上焼・サイズ）
- 敷き砂
- 切込砕石（C-40）
- 目地モルタル 10mm平目地

レンガ敷き舗装（園路）例

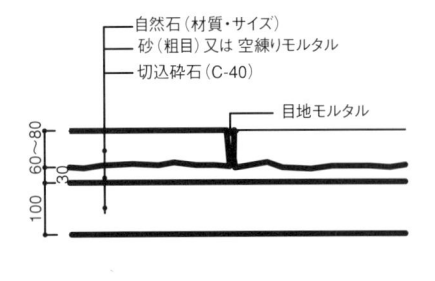

- 自然石（材質・サイズ）
- 砂（粗目）又は空練りモルタル
- 切込砕石（C-40）
- 目地モルタル

自然石張り舗装（歩道）例

＊自然石：中国産御影石、白川石、芦野石等

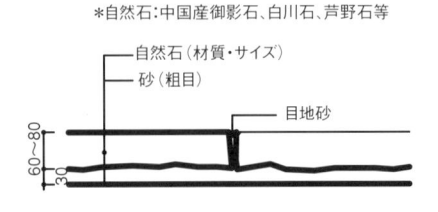

- 自然石（材質・サイズ）
- 砂（粗目）
- 目地砂

自然石敷き舗装（園路）例

C4　透水性舗装

1）透水性舗装の種類

地下水滋養などの目的で透水性舗装が一般的に使われ出した。透水性舗装には、透水性アスファルト舗装などのようなハードな舗装と、透水性芝生舗装、砂利敷き舗装などのようなソフトな舗装がある。

区分	透水性舗装の種類
ハードな舗装	透水性アスファルト舗装、透水性コンクリート舗装、透水性インターロキングブロック舗装、透水性セラミックスブロック舗装、保水透水性レンガブロック舗装、天然石エポキシ樹脂舗装、透水性ゴム弾性舗装、全天候型透水性舗装等
ソフトな舗装	透水性芝生舗装、砂利敷き舗装、砕石舗装、軟舗装（石灰岩ダスト舗装、砂舗装、クレイ舗装等）、ウッドチップ舗装（ウッドファイバー舗装等）等
	芝目地の平板敷き舗装、芝目地の敷石舗装、レンガ敷き、枕木敷き、飛石等

2）ハードな透水性舗装の種類と特徴

種類	特徴
透水性アスファルト舗装	重車両の通過する道路などは別として、アスファルト舗装では透水性アスファルト舗装が一般的に使用されている。透水性アスファルト舗装は地下水の滋養のほか、空隙により走行騒音低減効果もある。また、最近では廃棄物を利用した結晶化石材を使用した道路用の高機能・排水性アスファルト舗装と歩道用の高機能・透水性アスファルト舗装などが開発されている。
透水性コンクリート舗装	透水性コンクリート舗装とは、透水性のあるポーラスコンクリートを使用した舗装。
透水性インターロキングブロック舗装	透水性インターロキングブロック舗装とは、透水性の高いインターロキングブロックを使用した舗装。
透水性セラミックスブロック舗装	透水性のセラミックスブロックには、土を焼成せずに、低温で反応起こさせ強度を出した非焼成タイル（ソイルセラミックス）、各種リサイクル資材を使用した保水性のあるセラミックスブロック（パレセラン等）がある。保水透水性のあるタイルやブロックは、滑りにくいが、汚れが付着しやすいので、汚れが目立たない濃い色のもの使用が望ましい。また、モルタルなどを使用すると白華現象を起こすので注意する必要がある。一般的には、インターロキングブロック舗装のような乾式工法とする。
保水透水性レンガブロック舗装	保水透水性レンガブロック舗装は、製紙スラッジ（かす）を利用した多孔質構造の保水と透水性のあるリサイクルのレンガブロック（フジ）の舗装。滑りにくいが、汚れが付着しやすいので、汚れが目立たない濃い色のものの使用が望ましい。また、モルタルなどを使用すると白華現象を起こすので注意する必要がある。
天然石エポキシ樹脂系舗装	天然石エポキシ樹脂系舗装とは、天然の川砂利や砂などを特殊なエポキシ系の合成樹脂で結合した混合物を、透水性アスファルト舗装などの舗装の上に左官ごてなどによって10mm程度の厚さに仕上げる、天然石のテクスチャーや色合いのある平滑な舗装。園路や広場、プールサイドなどに使用されている。
透水性ゴム弾性舗装	ゴムチップを接着したものを使用して透水性を持たせた舗装で、テニスコートなどのスポーツ施設のほか、園路などに使用されている。基盤は一般的に透水性アスファルト舗装の上にシート状のものを接着した舗装。
全天候型透水性舗装	テニスコートなどのスポーツ施設に使用されている。

C4 透水性舗装

3) ソフトな透水性舗装の種類と特徴

種類	特徴
透水性芝生舗装	透水性芝生舗装は、強化プラスチック（高密度ポリエチレン等）やコンクリートブロック、レンガブロックなどの芝生保護材を使用し、芝生の生育を考慮した透水性のある舗装。透水性のほか、照り返し防止や緑としての機能があり、駐車場や広場などに使われている。 透水性芝生舗装は、使用頻度が高い場所や進入路、北側など日当たりの悪い場所には適さない。また、駐車場などの場合、ハイヒールなどの人を考慮して、一部通路を設けることも考える。環境問題を考えると、芝生を育てるというより、原っぱの駐車場と考え、除草剤などを使用せず、雑草も緑化植物とみなすことが必要である。
砂利敷き舗装	砂利敷き舗装には、豆砂利舗装、化粧砂利敷き舗装、玉砂利敷き舗装、火山砂利敷き舗装がある。豆砂利舗装とは、神社の境内などに使われている粒径5〜10mm前後の豆砂利を敷いた舗装。化粧砂利敷き舗装とは、坪庭などに使われる伊勢砂利や新白川砂利、さび砂利などを敷いた舗装。玉砂利敷き舗装は、人の通行しない場所などに使われる玉砂利を敷いた舗装。火山砂利敷き舗装は、軽井沢などで使われている火山砂利を敷いた舗装。
砕石舗装	砕石舗装には、簡易な駐車場などに使われる粒径50mm以下の砕石を敷いた舗装と、公園の園路や広場などに使われる粒径2.5〜5mmの砕石を敷いた舗装がある。
石灰岩ダスト舗装	石灰岩ダスト舗装は、粒径が2.3mm以下の石灰岩のダストを使用し、弾力性や透水性のほか、耐摩滅性や土壌の飛散防止などを図った軟舗装。校庭や公園の広場や園路などに使用されている。勾配のきつい場所では、降雨によって石灰岩ダストが流失するので適さない。
砂舗装	砂舗装は、粘土質の多い子供の遊び場などに使われる軟舗装。ぬかるむことが少なく、転んでもけがをする心配が少ない。砂舗装の場合、細目の砂と良質土（黒土、赤土または真砂土など）の容積比は2:3を標準とする。
クレイ舗装	クレイ舗装は、グラウンドやコートに使われる軟舗装。転んでもけがをする心配が少ない。水はけのよい場所に適する。荒木田土が一般的で、粘土と砂の混合土(6:4)でもよい。
土系舗装	土系舗装は、マサ土を主成分とし、無機固化促進剤を混入させたものに水を加えミキシングしたものを砕石路盤に現場打設した舗装で、土のもつ色合いや弾力性などの長所を生かしながら、ぬかるみや土ほこりの防止を図った舗装。遊歩道や園路、広場、ジョギングロード、和風庭園のたたきの代用品などに使われている。湿気のあるところではコケが生じることがある。土として再利用が可能。ソイルバーン工法等。

コンクリートブロックの透水性芝生舗装

合成樹脂の透水性芝生舗装

C4　透水性舗装

保水透水性リサイクルレンガブロック舗装

透水性を考慮した砂利敷きと平板

景観と透水性を考慮したシバのある駐車場

タマリュウの目地の擬石平板敷き

シバ目地の石敷き

豆砂利敷き舗装と流失防止のための丸太

公園の石灰岩ダスト舗装

遊具広場のクレイ舗装

C4 透水性舗装

透水性舗装図

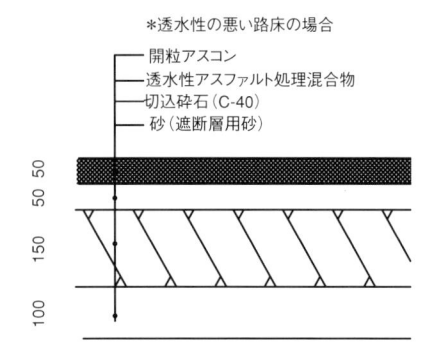

透水アスファルト舗装（駐車場）例

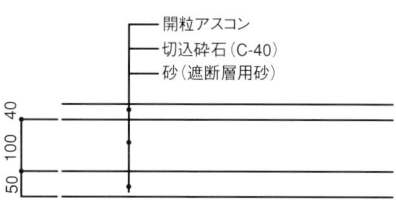

- 開粒アスコン
- 透水性アスファルト処理混合物
- 切込砕石（C-40）
- 砂（遮断層用砂）
- *透水性の悪い路床の場合

透水アスファルト舗装（歩道）例

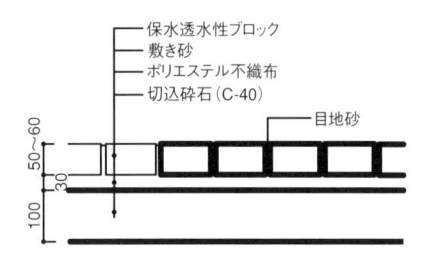

- 開粒アスコン
- 切込砕石（C-40）
- 砂（遮断層用砂）
- *透水性の悪い路床の場合

保水透水性ブロック舗装（歩道）例

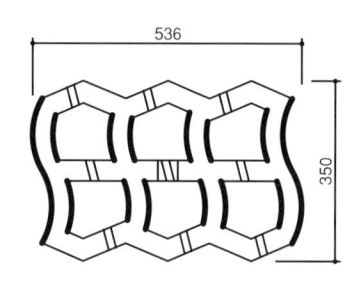

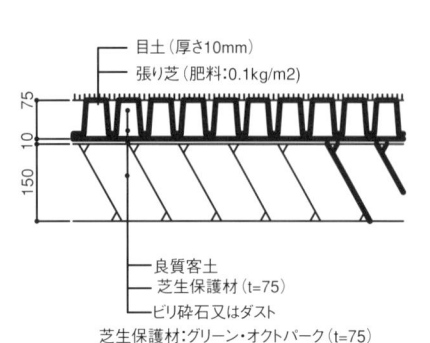

- 保水透水性ブロック
- 敷き砂
- ポリエステル不織布
- 切込砕石（C-40）
- 目地砂

*芝舗装用コンクリートブロック（グラスインタ）のシバ比率42％

透水性芝生舗装（駐車場）例

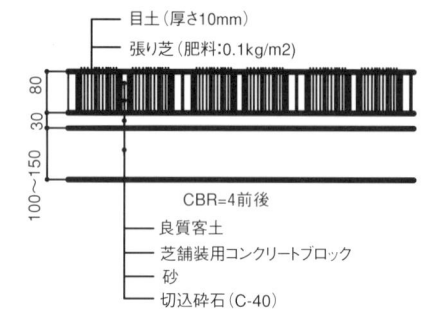

- 目土（厚さ10mm）
- 張り芝（肥料：0.1kg/m2）
- 良質客土
- 芝生保護材（t=75）
- ビリ砕石又はダスト
- 芝生保護材：グリーン・オクトパーク（t=75）

透水性芝生ブロック舗装（駐車場）例

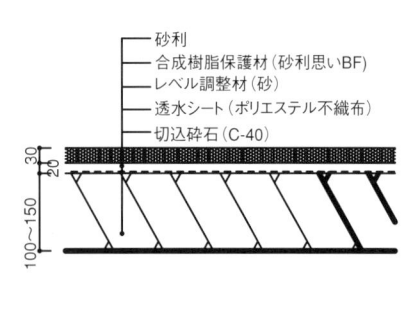

- 目土（厚さ10mm）
- 張り芝（肥料：0.1kg/m2）
- CBR=4前後
- 良質客土
- 芝舗装用コンクリートブロック
- 砂
- 切込砕石（C-40）

砂利舗装例

- 砂利
- 合成樹脂保護材（砂利思いBF）
- レベル調整材（砂）
- 透水シート（ポリエステル不織布）
- 切込砕石（C-40）

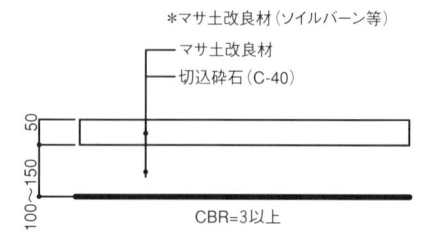

土系舗装（歩道）例

- マサ土改良材
- 切込砕石（C-40）
- *マサ土改良材（ソイルバーン等）
- CBR=3以上

C5　ウッド系舗装とウッドデッキ

1）ウッドデッキウッド系舗装とウッドデッキの種類と特徴

種類	特徴
ウッドチップ舗装	ウッドチップ舗装には、ウッドチップを表層材として敷いたものと、ウッドチップをバインダーで固め路盤やアスファルト舗装の上に敷いたものなどがある。ウッドチップ舗装はクッション性に富むので、ジョギングなどではひざを痛めない。車椅子などの利用する場所ではバインダーで固定したウッドチップ舗装などが適する。公園内の園路などに使われている。 剪定枝や間伐材のチップを使用したウッドチップ舗装する場合は、路盤の水はけをよくしておく必要がある。厚さは50〜100mm。1年に1回程度は補充する。バインダーで固定したもの（ウッドファイバー舗装）は寒冷地でも使用可能であるが、5年後頃から補修が必要となる。
枕木敷き	枕木を敷いたもの。耐摩滅性と耐久性を考慮するとともに無害な防腐剤の使用したものを使用する。
ウッドデッキ	ウッドデッキは、天然の木材が持つ感触や色合い、弾力性などで快適な歩行が可能。ウッドデッキに使用する木材は、防腐処理が不要な高耐久性のものを一般的に使用する。また、木質系廃材と廃プラスチックを主成分の腐らない再生木材が開発されている。防腐処理剤は使用時および処分時とも環境汚染をしないものを選ぶ。輸入材を使用する場合は、植林など持続可能な管理がされている木材を使用することが、地球環境保全の面から必要である。

2）ウッドデッキを設計する場合の留意事項

- 公共の高い屋外に使用する木材は、強度や耐久性、加工性、さらに地球環境への影響などを考慮して、使用場所に合った最適な木材を選ぶ。安全性やメンテナンス、環境問題などを考慮し、耐腐朽性のある木材あるいは環境に影響を与えないような防腐処理を施した木材を使用する。
- 根太や梁、支柱、橋梁などの構造材には、物理的な強度や高い耐久性が求められる。デッキやボードウォークなどの床材は、寸法安定性や耐摩滅性が重要となる。手すりやベンチ造作材などは、加工性や寸法安定性、表面仕上げ性などが問題となる。
- 外部に使用する木材は、温度変化、水分変化など非常に厳しい環境条件にさらされているので、木材特有の割れや反り、曲がりなどが生じることを考慮して使用する必要がある。また、各種の国産材および輸入材があるのでそれぞれの特徴と使用場所、耐久性、メンテンス、コストなどを総合的に検討し、適材適所に木材を有効利用する。
- 要求された耐荷重に対応した板厚、根太ピッチを選定する。材質や等級により異なるが、一般的にジャラ材などでは板厚30mmで、板幅は105mm、根太ピッチは600mm、根太の太さは70◇70mmを使用することが多い。
- 施工後に生じる膨張に対応するために、床板の目透かしは5mmを標準とする。
- 浮き床式の構造で、パネル（600×600）を使用した場合、反りの大きい材を使用するとつまづくなどの問題となることがあるので、端部は固定したほうが望ましい。
- ウッドパネルをバルコニーなどに直置きする場合にはがたつき音に注意する。また、風が強い場所では固定する。
- 膨張を防ぐために、デッキ基礎床面には勾配を設け、雨水などが滞留しないようにし、密閉せず、換気が常時できるのが望ましい。
- 床板と根太の固定は材質により異なるが、耐腐食性のあるスクリュー釘またはビスが適し、長さは床板厚の2.5倍が必要である。また、根太材の固定には耐腐食性のL金具、アンカーボルト、ボルトナットが適する。
- 天然材であるため、多少のヤニ筋やひび割れをもつものもあるが、資源保護および資源の有効利用の観点から、目立たない場所に使用するなど有効活用することが環境共生の意味からも大事である。また、ヤニ筋やひび割れ部分にはエポキシ樹脂を充填処理する方法がある。
- 撥水・表面保護剤を塗布すると、木材の表面保護と美観の保持（材の色あせ防止、表面の汚れや劣化防止、ひび割れの発生等の減少など）に役立つ。また、2年ごとぐらいにも塗布するとよい。環境問題や自然な感じを大事にする場合、耐不朽性木材を使用し、撥水・表面保護剤塗布しないことも考えられる。
- コケがつくような場所では、ウッドデッキは滑ることがあるので注意する必要がある。
  - 日中、ウッドデッキはコンクリートより表面温度が高くなるので、大面積の場合には注意する必要がある。

[表1] 外部に使用される主な木材の特性比較

材料名	産地	色	比重	曲げ強さ kg/Cm²	環境配慮	耐久性	防腐処理	加工性	備考
ボンゴシ	西アフリカ	濃赤褐	1.1	1,780	?	極高	不要	困難	割れや狂いが出やすい。木橋、デッキなどに使用。桟橋の杭などの基礎材に適する。
ケブラッチョ	アルゼンチン	赤栗色	1.15	1,164	○	極高	不要	困難	小さな節がある。枕木やデッキなどに使用。
ジャラ	西オーストラリア	赤褐色	0.9	1,250	◎	高	不要	難	反りや黒い線がでる。デッキ、木橋、建材、家具などに使用。根太や梁、橋梁などの構造材、床板材に適する。
イペ	ブラジル	赤褐色	1.08	1,782	?	高	不要	難	反りが少ない。デッキ、根太材、木橋などに使用。床板材に適する。
セランガンバツ	東南アジア	濃黄褐	0.98	1,452	?	高	不要	難	針状の穴が多少ある。デッキなどに使用。
バラウ	マレーシア	赤褐色	0.93	1447	?	高	不要	難	反りや割れがでる。デッキ、造作材に使用。
レッドウッド	米国西海岸	赤褐色	0.45	703	○	高	不要	良好	初期にタンニンがでる。手すり、ベンチ、デッキ、遊具などに使用。造作材に適。
レッドシダー	北米	赤褐色	0.37	505	○	中	要	良好	良好。手すり、デッキなどに使用。
ヒノキ	日本	淡紅色	0.44	750	◎	中	要	良好	節がある。ベンチ、柵、建築全般、家具などに使用。造作材に適する。
再生木材	日本	濃赤褐その他	—	480前後	◎	極高	不要	やや難	良好。手すり、ベンチ、デッキ、遊具などに使用。造作材に適する。反りがでる。

凡)環境配慮:政府機関などにより計画的な植林などの管理が行われているかどうか。
◎:計画的な管理が行われている。○:管理が行われている。?:不明。

ウッドパネルと階段

ウッドデッキとメンテナンス用の蓋の受け金物

石張り穂舗装とウッドデッキ

ユニットデッキ

C5　ウッド系舗装とウッドデッキ

ウッドデッキ断面詳細図

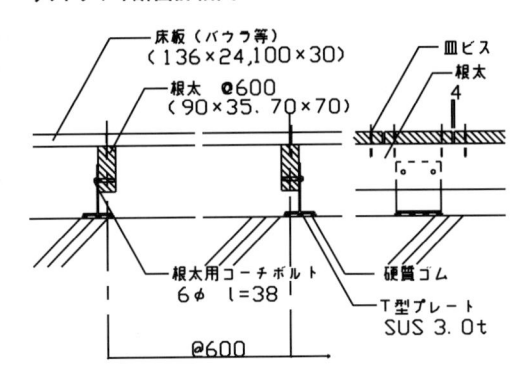

T型プレート使用断面詳細図例

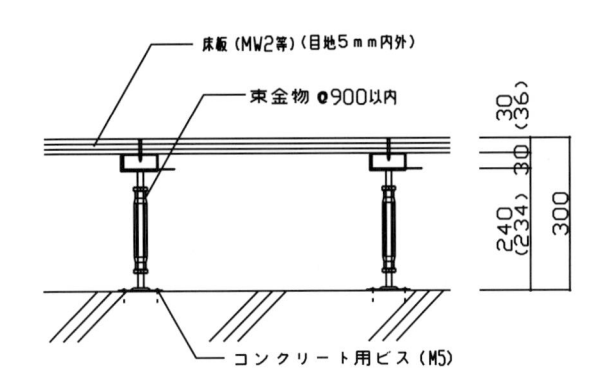

束金物使用断面詳細図例

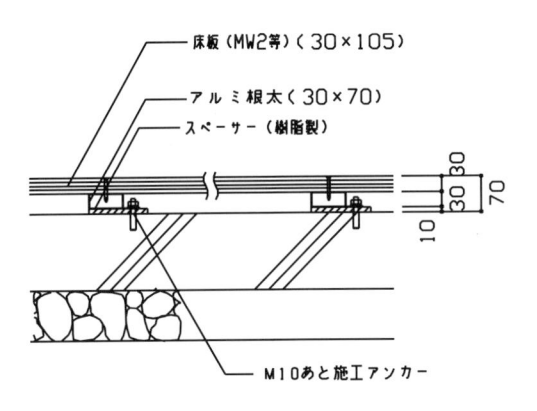

アルミ根太使用断面詳細図例

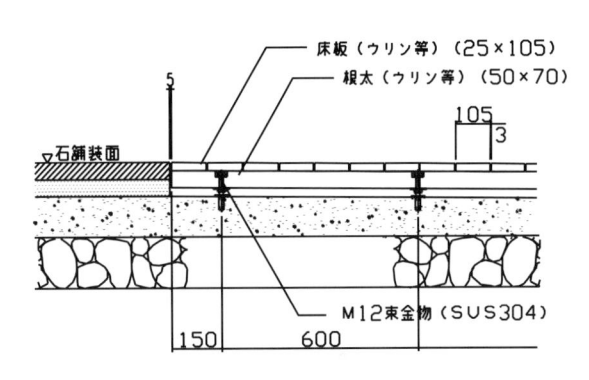

舗装との取合い断面詳細図例

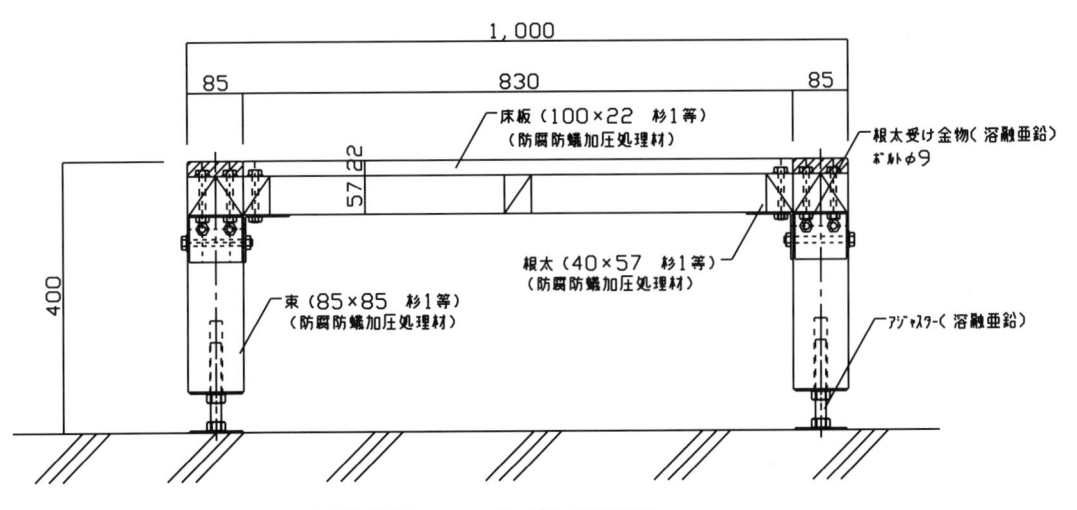

国産材使用のユニットデッキ断面詳細図例

C6　縁石

1）縁石
縁石とは、歩行者の安全確保や車の誘導、土留め、植栽の保護、舗装の見切りなどのために、車道と歩道との境や舗装と緑地との境、舗装と舗装との見切りなどに設けられる構造物で、コンクリート二次製品から、レンガ、石、ステンレス、合成樹脂など各種の材料が使われる。

2）縁石の種類と特徴

分類	種類	特徴と一般的な利用方法
コンクリート	歩車道境界ブロック	各種のサイズがある。一般的なサイズはA:150／170×200×600、B:180／205×250×600、A:180／210×300×600。曲線もある。車道と歩道の境界等に使用。
	地先境界ブロック	一般的なサイズはA:120×120×600、B:150×120×600、C:150×150×600。敷地境界、歩道と緑地、仕上げの違う舗装と舗装との間等に使用。
	擬石	御影石の風合いを持たせた歩車道境界ブロックタイプや地先境界ブロックタイプ。
	擬木	丸太に似せた擬木で、一般的なサイズは径80前後で、高さ200と300のものがある。一般的に緑道や公園などに園路等に使用。
石	自然石	庭園やリゾート地、ロータリーなどの緑地と舗装との境に一般的に使用。
	玉石	庭園や花壇の縁に一般的に使用。
	小舗石（ピンコロ）	90角のものを一列または2列にして使用している。
	切石（御影石等）	エントランス等の場所に石舗装の端部に同じ石を縁石として使用。
金属	ステンレス	ブロック舗装などの場所で、目立たない縁材として使用。
	スチール	ブロック舗装などの場所で、目立たない縁材として使用。
合成樹脂	合成樹脂	芝生や砂利敷きと植込みとの境などに目立たない縁材として使用。
	プラ擬木	プラスチックのリサイクル製品で軽量。丸太に似せた擬木で、一般的なサイズは径100前後で、高さは300のものがある。一般的に緑道や公園などに園路等に使用。
レンガ	レンガ	ガーデンなどで、モルタル使用する場合やモルタルを使用しない簡易な縁石などとする場合がある。面に扱いによっていろいろな形、幅となる。
焼物	瓦	坪庭や日本庭園などに使用。一般的に2枚重ねて使用。
ガラス	ビン	ガーデンなどで、ビール瓶やワインの空き瓶の裏面を利用した縁石。
木	枕木	幅120または140、高さ200の枕木を使用し、花壇やレイズドベッド、屋上庭園など縁材として利用。
	丸太（間伐材等）	環境に配意した施設の園路などに、腐ることと交換することを前提に間伐材や伐採材の丸太を横に並べて縁材として使用。

3）縁石の設計のための留意点と環境への配慮

- 公道上の歩道の切下げまたは切開きをする場合には、事前に役所等との打合せが必要。また、歩道の切下げでは、車椅子の利用を考慮する。
- コンクリート舗装やタイル張り舗装、石張り舗装などの場合は、緑地との境に縁石を設置しないこともあるが、アスファルト舗装では施工の点からも縁石の設置が望ましい。
- 植込み部分の縁石は雨水を緑地に還元する場合には、縁石の高さを揃え、緑地部分のレベルを数cm低くして土壌が舗装部分に流れ出ないようにする。
- L形側溝や街渠のように、側溝が縁石を兼ねることがある。排水計画での側溝の位置を考慮して、縁石の設置とデザインをする必要がある。

C6　縁石

断面詳細図

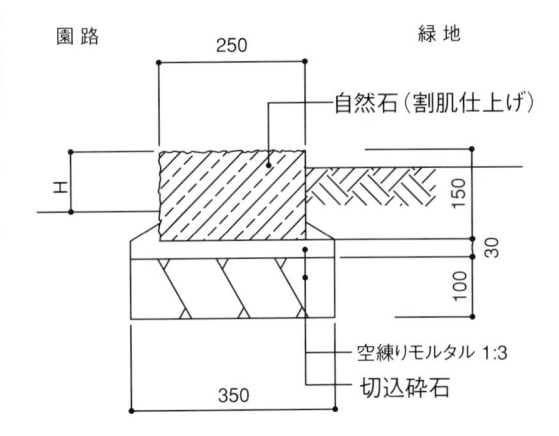

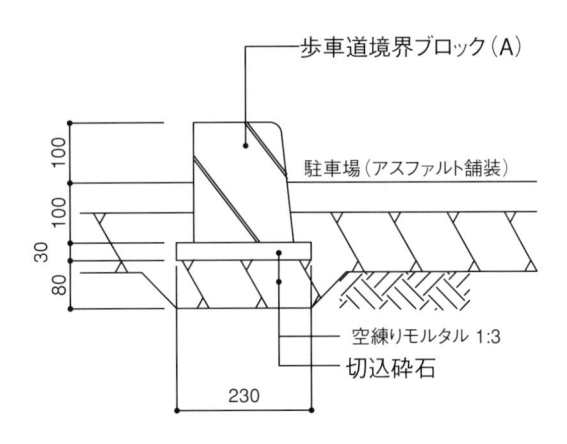

自然石縁石断面図

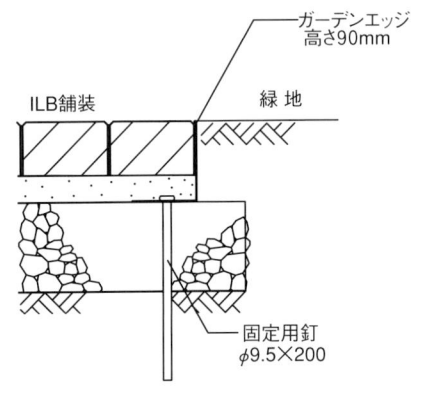

車止め縁石断面図

金属製の縁材断面図

砂利止めの縁材断面図

車止めを兼ねた歩車道境界ブロック

緑地への雨水の還元を考慮したスリット

C7　側溝

1）側溝
側溝とは、雨水排水のために地表面に設けられた排水のための構造物で、道路などに敷設するL形側溝や歩車道境界ブロックを使用した街渠、駐車場や園路などに敷設する皿形側溝、敷地境界際や入り口などに敷設されるU形側溝（U字溝）などがある。ほかに、スリット状のスリット側溝や舗装の一部に溝を付けた化粧側溝などがある。

2）側溝の種類と特徴

側溝の種類	特徴
街渠	歩車道境界ブロックを使用した現場打ちのL形の側溝。公共の道路等に使用。
L形側溝	道路や駐車場等に使用。無筋と鉄筋入りのL形がある。サイズとしては250A（幅350）、250B（幅450）、300（幅500）、350（幅550）等。
U形側溝	駐車場や隣地境界等の場所に使用。サイズとしては150（幅150、深さ150）、180（幅180、深さ180）、240（幅240、深さ240）、300A（幅300、深さ240）、300B（幅300、深さ300）、300C（幅300、深さ360）、360A（幅360、深さ300）、360B（幅360、深さ360）、450（幅450、深さ450）、600（幅600、深さ600）、コンクリート2次製品のほか、現場打ちU形側溝がある。開渠のほか、コンクリート蓋、グレーチング蓋、鋳鉄製格子蓋などの蓋がある。
V形側溝	V形の側溝で、道路や駐車場、園路等に使用。サイズとしてはVt-250（幅500）、VB-250（幅700）、VB-300（幅800）、深さは55mm。
皿形側溝	U形の側溝で、道路や駐車場等に使用。洗い出し仕上げや擬石仕上げがある。サイズとしては300用（幅450、深さ40）、350用（幅550、深さ40）、550用（幅750、深さ70）。U形側溝の蓋タイプもある。
スリット側溝	道路に使用する大型のコンクリート2次製品スリット側溝、床材と同じ仕上げの化粧蓋のスリット側溝などいろいろある。側溝が目立たないのでエントランスや広場などの側溝に使用される。
化粧側溝	花壇立ち上がり壁際などに設置される床材と同じ仕上げの浅い側溝から、日本庭園などでみられる玉砂利埋め込みの側溝などがある。
砂利敷き側溝	リゾート地や建物周辺に使用される暗渠排水を敷設し、表層に砂利を敷設した雨水浸透性のある側溝。U形側溝に砂利を敷設する方法もある。

3）側溝の計画設計のための留意点

- 全体の雨水排水計画に基づき、容量や排水勾配などを考慮して、側溝の配置と種類や大きさを決定する。
- 基本的には、雨水排水は敷地内処理とするため、出入口部分には側溝（主に格子蓋付きU字溝）が必要。
- L形側溝は、道路幅が6m未満の場合は鉄筋コンクリートL形250型を、道路幅が6m以上の場合は鉄筋コンクリートL形300型または350型を両サイドに設置することを標準とする。
- 車道部分に使用するU字溝の蓋は、通過する自動車の荷重に耐えられるものとする。また、音がしないようにボルトなどで固定するような構造のものが望ましい。
- 歩道や入り口などに使用する側溝蓋は、ハイヒールのかかとや車椅子の車が入らないような目の細かいものにする。9mm以下が望ましい。
- エントランス部分などでは、L形側溝ではなく、スリット側溝や集水桝で排水するような計画とすると、景観上好ましいものとなる。

C7　側溝

断面詳細図

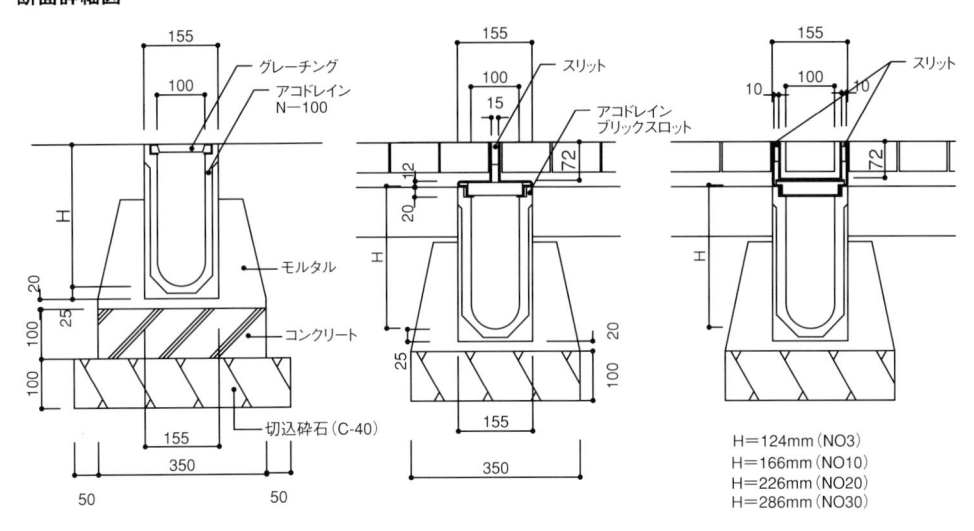

ドイツ製の排水溝断面詳細図例

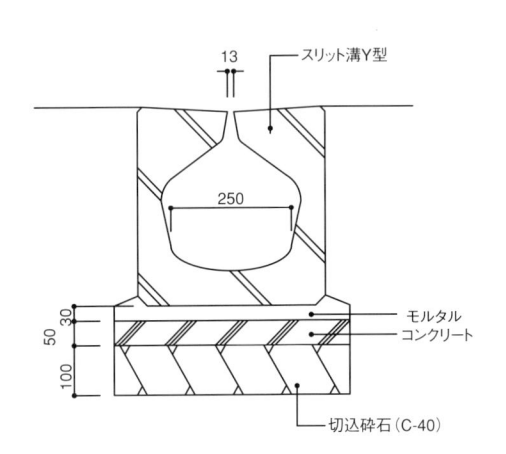

- グレーチング
- アコドレイン N-100
- モルタル
- コンクリート
- 切込砕石(C-40)
- スリット
- アコドレイン ブリックスロット

H=124mm (NO3)
H=166mm (NO10)
H=226mm (NO20)
H=286mm (NO30)

スリット側溝断面詳細図例

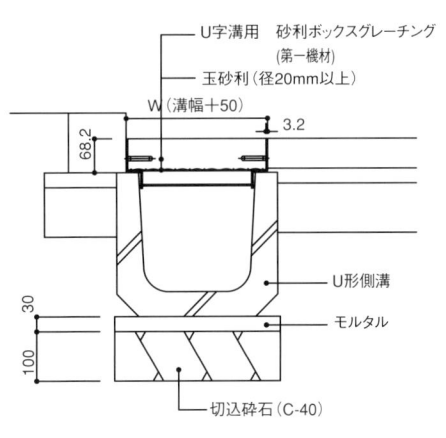

- スリット溝Y型
- モルタル
- コンクリート
- 切込砕石(C-40)

砂利敷き側溝蓋側溝断面詳細図例

- U字溝用　砂利ボックスグレーチング(第一機材)
- 玉砂利(径20mm以上)
- W(溝幅+50)
- U形側溝
- モルタル
- 切込砕石(C-40)

構内道路に設置された皿型側溝

目の細かいステンレス製格子蓋

C8　ウォール

1）ウォールの種類と特徴

種類	特徴
コンクリートウォール	表面仕上げには、打ち放し仕上げ、モルタル金ごて仕上げ、ハツリ仕上げ、小叩き仕上げ、サンドブラスト仕上げ、リブ仕上げ、リブハツリ仕上げ、ペイント仕上げ、吹き付けタイル仕上げ、リシン掻き落とし仕上げなど種類が多い。化粧目地の間隔や目地の形、面取りの形などの違いが表現できる。また、コンクリートウォールは各種ウォールの構造体としても使用される。
コンクリートブロック積みウォール	コンクリートのほか、各種化粧コンクリートブロックがある。小住宅などでは、リシン掻き落とし仕上げやタイル張りなどの構造体としても使用される。コンクリートブロック積みウォールは建設費は安いが控え壁が必要である。
万代	仕上げの種類はないが、設置幅が狭く、建設費は安い。
レンガ積みウォール	レンガ積みには、積み方により、イギリス積み、フランス積み、オランダ積みなどの積み方がある。高いウォールの場合、コンクリートウォールを構造体としてレンガを張ることが一般的で、各種の張り方がある。レンガの種類は多い。
タイル張りウォール	コンクリートウォールを構造体としてタイルを張ったウォールで、タイルの種類、色、大きさ、張り方など豊富。
石張りウォール	コンクリートウォールを構造体として石を張ったウォールで、石は御影石、砂岩、ライムストーン、鉄平石、秩父青石などが使われる。方形張りのほか、乱張り、石の小端を見せる小端積みなどがあり、張り方のほか、石の色の違い、石の表面仕上げなどにより種類は豊富。
大谷石積みウォール	大谷石を積んだウォールで、高さが高いものはコンクリートウォールを構造体として石を張り付けるものとする。大谷石は風化しやすいので注意する必要がある。
メッシュカゴウォール	メッシュカゴに砕石を詰めたウォール。土留めも兼ねられる。ドイツでは多く見られる。多孔質で小生物の棲みかとなる。高さに制限がある。

2）ウォールの計画設計のための留意事項

- 計画地の地盤の状況や地耐力などを考慮し、構造計算の上断面構造を決める。
- コンクリートウォールの伸縮目地の間隔は20m以内で、5m以下の間隔にひび割れ防止のためにV字形の切れ目を設けることを基準とする
- レンガ積みの場合のモルタル目地は、深目地が意匠上好ましいものとなる。
- 石張りの場合、白華防止のためにモルタル目地の代りにシール目地とすることが望ましい。特に、滝などの水がかかるような壁面の場合は必ずシール目地とする。

3）珪藻土仕上げ

珪藻土とは、植物プランクトンの珪藻の死骸が化石化して出来た土で、無数の微細孔があるため、吸水性、吸着性に優れた性質を有する自然系の仕上げ材で、ナチュラルな感じの壁になる。珪藻土は吸水性が高いため、外装用仕上げには吸水防止剤を混入する。混入する際、硅砂や骨材も一緒に練り合わせる。骨材やブラッシングによっていろいろ表情がでる。外部では、一般的には擬石調仕上げ、砂岩状仕上げとすることが多い。また、湿気の多い環境の場所では、表面にカビが発生することがある。防止対策としては表面に撥水処理を施す。

C8　ウォール

コンクリートウォール

コンクリート化粧ウォール

コンクリート小叩き仕上げと万代塀

珪藻土塗り壁仕上げウォール

レンガ積みウォール

タイル張りウォール

自然石張りウォール

鉄平石小端積みウォール

C9　フェンス・柵・竹垣

1）フェンス、柵、竹垣の種類

スチール	・ネットフェンス・クリンプネット・角パイプフェンス・丸パイプフェンス ・鋳鉄鋳物フェンス・フラットバー(FB)フェンス・ワイヤーフェンス・ガードレール ・鉄筋波柵
アルミ	・アルミフェンス・アルミ鋳物フェンス・パイプ柵・ガードパイプ
ステンレス	・ステンレスフェンス・ステンレスメッシュフェンス・ステンレスフラットバー(FB)フェンス ・ステンレスワイヤーフェンス
コンクリート	・コンクリート柵・擬木柵
木	・木柵・ラティス・トレリス・ロープ柵
竹	・竹垣（四ツ目垣、御簾垣、建仁寺垣、金閣寺垣など）
合成樹脂	・プラ竹垣・トレリス・擬木柵・防風ネットフェンス

2）フェンス・柵・竹垣・車止めの目的と高さ

目的	高さ
人の進入防止	高さ1.8～3.0m
境界の明示	高さ1.2～1.5m前後
植込みなどへの進入防止	高さ0.4m前後
車止め	高さ0.4～0.7m前後
ボールなどの飛び出し防止	テニスコートなどのフェンスでは高さ3.0～4.0m前後
公共の屋上からの人の転落防止	忍び返し付で3m前後。

3）フェンス、柵、竹垣、車止めの設計のための留意事項

- フェンスや柵などの基礎や構造物が、敷地境界を越えないように十分注意する。
- 強度、転倒防止、メンテナンス、施工性などを考慮して基礎や構造、部材、仕上げなどを選ぶ。また、できるだけ環境に配慮したものを選ぶ。
- 木柵やトレリス（木材の細木を格子状に組んだもの）などに使用する木材は、耐久性のある木材または防腐処理を施された木材を使用する。防腐剤は環境汚染を起こさないものを使用する。
- 海岸に近く、潮害の恐れのある場所では、ASネットフェンスやアルモネットフェンスなどのアルミ被覆抗張力筋のもの、溶融亜鉛メッキなど耐久性のあるものを使用することが望ましい。耐久性のある硬材も適する。
- 降雪が多い地域では、耐雪性のある構造のものを使用する。
- テニスコートや野球場などのネットフェンスでは、フェンスの網目にボールが入らないように、網目の大きさを小さいものにする。
- 道路や歩道境界沿いでは、フェンスなどの前に緑地を設け、景観に配慮することが望ましい。
- 竹垣はメンテナンスの点から、プラスチック製の竹の使用が一般的である。
- 車止めの取付け間隔は60cm前後が一般的であるが、車椅子が通り抜ける場合や身障者用の出入口では90～120cmの間隔が一般的である。車椅子の利用を考慮すると、車止めの前後150cmには水平部分を設ける。
- 緊急車両や管理用車両の出入口となる部分には、可動式のもので、大人が動かせる重さのものとする。
- 車などが接触する可能性のある場所では、強度的に強いものとする。また、埋め込みタイプのものは変形して動かなくなる可能性があるので注意する。設置場所に適した意匠や構造のものとする。

C9　フェンス・柵・竹垣

ロープ柵

木柵

パイプ柵

枕木の柵

木塀

ラティス

目隠しフェンス

アルミフェンスと目隠し

C10　擁壁・石積み・土留め

1）擁壁・土留めの種類

種類	概要
コンクリート擁壁	化粧型枠を使用して表面仕上げを施すものや、石張りやタイル張りなど各種の仕上げが可能。
L型PC擁壁	プレキャストコンクリートの擁壁で、各種の仕上げが可能。
間知石積み擁壁	間知石（面が方形、控えが四方落ちで、面に直角に測った厚さが面の最小辺の1.5倍以上ある石）で積み上げた擁壁。一般的な積み方の谷積み（方形の石が斜めになり、下の石に喰い込むように積む積み方で、目地が斜め対角線状になる積み方）、低い場合の積み方の布積み（方形の石を水平に積む積み方で、縦目地は通さず、横目地は水平に通り、馬乗り目地になる積み方）がある。練積み（裏込めにコンクリートやモルタルを用いて積み上げる方法）とする。
間知ブロック積み擁壁	間知石と同じ形状のコンクリート2次製品を使用した擁壁。
割石積み擁壁	割石（面が方形、控えが二方落ちで、面に直角に測った厚さが面の最小辺の1.2倍以上ある石）で積み上げた擁壁。練積みで、勾配は1:0.3以下。
雑割石積み擁壁	くさび形の自然石で積み上げた擁壁。低い擁壁や土留めに使用。
玉石積み擁壁	20cm以上の大きさの玉石を使用し、目地が上下に通らないようにいも目地で積み上げたもの。
自然石石積み擁壁	野面（のづら）石積み。崩れ積み（大きな石を用いて面が乱れるように積む）と線積み（石の面を揃えて積む）がある。線積みは木曽石などの石を使用し、坪庭や中庭などでの低い石積みなどに使用。そのほか、割石を用いた乱れ積み、板状長手の石を用いた水平乱層積みなどがある。崩れ積みは一般的に空積み（コンクリートやモルタルを用いずに、割栗石や砂利で積み上げる方法）。
	切石積み。花崗岩や安山岩（白河石等）などの石を長方体に切ったものを使用し、積み上げたもので、練積みが一般的で、高さが高い場合にはコンクリート構造物に張り石とする。積み方には、整層切石積みと乱層切石積みなどがある。
	小端積み。鉄平石や、根府川石、丹波石、班岩などの板状の石を用いて、コンクリート構造物の前面にモルタル目地の深目地として積み上げたもの。
コンクリートブロック積み擁壁	コンクリートブロック積み、表面に各種の加工を施した化粧ブロック積みなどがある。
レンガ積み擁壁	積み方にイギリス積み、フランス積み、小口積み、長手積みなどがある。低い擁壁、土留めに。
緑化ブロック積み擁壁	植栽可能なコンクリートブロック積み擁壁。高さは5m以下に適用。
擬木の土留め	コンクリート製の擬木を使用した土留め。
メッシュカゴ土留め擁壁	亜鉛・アルミ合金メッキ鉄線製溶接金網のカゴを使用し、中に砕石を入れた擁壁。多孔質で小生物の棲みかとなる。

間知石積み擁壁

擬木の土留め

C10　擁壁・石積み・土留め

2）擁壁を設計する場合の留意事項

- 計画地の地盤の状況や地耐力、土圧などを考慮して断面構造を決める。また、宅地造成等規制法の適用の有無、特定行政庁の定める設計基準や設計基準の規制の適用の有無などを事前に確認しておく必要がある。
- 水抜き穴は必ず設ける。壁の表面積3㎡当り、径75mmの硬質塩化ビニール等を1個も設けることを基準とする。意匠を考慮すると、低い擁壁の場合は、水抜き穴は径45mm程度のものを地面に近い部分に設置することが望ましい。
- 伸縮目地の間隔は、無筋コンクリート擁壁では10m以下、鉄筋コンクリート擁壁では30m以下とする。また、鉄筋コンクリート擁壁では10m以下の間隔にひび割れ防止のためにV字形の切れ目（収縮目地）を設ける
- 既存樹木の保存などの際、コンクリート擁壁では基礎がL型またはT型になるので樹木の根を切ることになる。そのため、間知石積み擁壁などの斜壁タイプの擁壁が適する
- コンクリート擁壁は、広い面積になる場合、型枠で石積みなどの模様を付けることが望ましい。
- 間知石積み擁壁の勾配は1:0.2〜1:0.5で、谷積みが一般的である。
- コンクリートを使用しない空石積みでは高さは3m以内、コンクリート使用の練石積みでも高さは5mを越えてはならない。
- 緑化ブロックを使用する場合には、パーライトなどの土壌改良材混入の改良土壌か、軽量土壌など保水性の高い土壌を使用することが望ましい。

自然石・崩れ積み擁壁

自然石・線積み擁壁

自然石・切石積み擁壁

緑化ブロック積み擁壁

C10　擁壁・石積み・土留め

擁壁・土留め断面詳細図

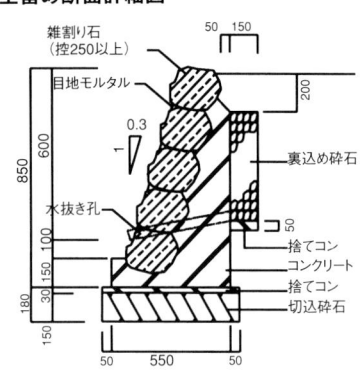

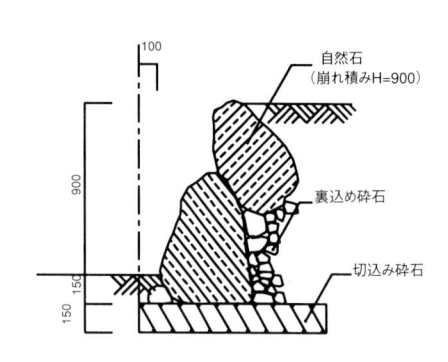

自然石積み擁壁（雑割石）断面例

自然石野面積み（崩れ積み）断面例

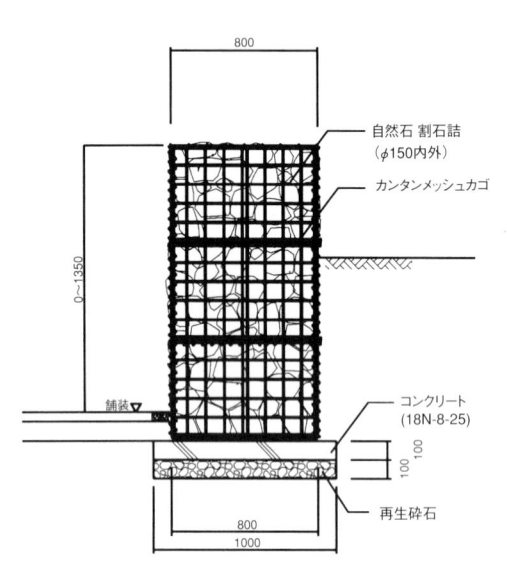

蛇カゴの擁壁断面例

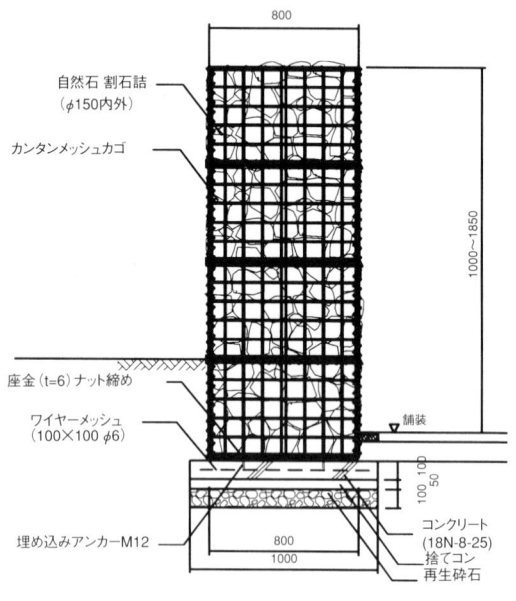

蛇カゴのウォール断面例

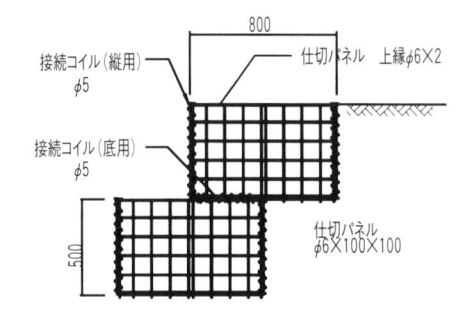

蛇カゴの土留め断面例

蛇カゴの擁壁*

*写真提供:小岩井金網

C11　雨水浸透施設

1）雨水浸透施設*
雨水浸透施設には、浸透桝、浸透管（浸透トレンチ）、浸透側溝、自然側溝などがあり、雨水を地下に浸透させて地下水の滋養図るほか、雨水の流失を抑制する働きがある。

[表1]雨水浸透施設の種類と概要

種類	概要
浸透桝	透水性のある桝の底面と側面に砕石等で充填し、集水した雨水を地中に浸透させるもの。雨水を排水途中より還元する方法。材質にはコンクリート製（コンクリート多孔製、ポーラスコンクリート製）、塩化ビニール製、廃プラスチック製などがある。蓋は集水機能のある格子蓋などの蓋を設置する。また、ゴミや落ち葉などが多量に流入する恐れがある場合は、取外しの出来る金網などのゴミ取除きフィルターを設置する。
浸透管（浸透トレンチ）	透水性・集水性のある穴開きの合成樹脂透水管やポーラスコンクリート（多孔質の透水性のあるコンクリート）管、有孔塩ビ管等を使用し、その周囲に砕石等で覆い、集水した雨水を地中に浸透させるもの。雨水を排水途中より還元する方法。浸透トレンチの幅は250～750mm、高さ280～700mmを標準とし、周囲には透水シートを敷設する。管径はΦ75～200mm、勾配は1%を標準とする。また、浸透桝や一般の雨水排水桝などに接続する。グラウンドなどに使用する暗渠排水も浸透トレンチと同じ機能を有する。
浸透側溝	側面と底面に透水性または有孔のコンクリート製の側溝を使用し、その周囲に砕石等で充填し、集水した雨水を地中に浸透させるもの。雨水を排水途中より還元する方法。浸透側溝の形状及び構造は150～450mmを標準とし、蓋掛けを原則とする。
自然側溝	自然の流れに似せた透水性のある親自然性の側溝で、雨水を直接表面から還元する方法。浅い溝で底は砂利や砂、土で、護岸は植生のほか、石やゴロタ石などを使用。一般的には、底には暗渠排水を設ける。また、砂利敷き側溝も同じ分類に含まれる。雑草が生えるので定期的な除草などの維持管理が必要。バッタなどの野生生物生息場所ともなる可能性がある。

2）雨水浸透施設を計画・設計する上での留意点*
- 各都道府県が出している「雨水浸透施設技術指針」にしたがって計画・設計・施工することが重要。
- 流出抑制の効果を発揮するために、対象区域の雨水排除方式を把握し、雨水排除方式に適合したものとする。
- 流出抑制の効果は地形や地質などにより影響を受けるので、地形、地質、地下水位及び周辺環境などを十分調査し、浸透機能が十分発揮できる雨水浸透施設を設置する。
- 浸透施設を設置してはならない区域がある。雨水の浸透によって地盤変動等を引き起こす場所（急傾斜地崩壊危険区域、地すべりの危険区域、擁壁上部の区域等）、周辺環境に影響を与えるような場所（隣接地その他の建築物の基礎付近で住居及び自然環境を害するおそれのある区域、工場跡地・廃棄物の埋立地等で土壌汚染が予想される区域等）。
- 浸透施設の配置にあたって注意すべき区域としては、隣地の地盤が低く、浸透した雨水により影響がおよぶおそれのある区域、斜面や低地に盛土で造成した区域、地下水位が高い（地下水位が概ね地表面より1m以内）区域、既設浸透施設に隣接する区域等。
- 浸透施設の選定、設置規模の算定にあたっては、浸透効果が得られるようにし、いくつかの浸透施設を組み合わせて設置すると浸透機能が効果的に発揮できる。
- 透水シートは化学繊維等で腐植しにくい製品で、JIS基準（JIS-L-1068）と同等なものを使用する。

*引用文献　「排水設備・雨水浸透施設技術指針」東京都下水道局より加筆して引用

C11　雨水浸透施設

3）浸透域と土地利用、雨水流出係数*

「排水設備・雨水浸透施設技術指針」東京都下水道局よると、浸透能評価が良好な土地である敷地内の緑地及び新たな緑地は、浸透域として考慮してよいことになっている。土地利用別浸透能評価をみると、裸地より草地の方が浸透能が高い。雑草が生えている場所を、除草剤を使用して裸地にしないことが、雨水の地下還元、都市のヒートアイランド現象の緩和への寄与することになる。雑草もある場合には緑化植物として考えることが望ましい。雨水流出係数とは、降雨量に対する、浸透施設、下水管渠、水路などに流出する雨水量の比率をいう。

[表1] 土地利用別浸透能評価*

土地利用	浸透能(mm/hr)	評価
畑地	130〜	良好
林地	60〜	
芝地	50〜	
植栽地	14〜100(50)	
草地	18〜23(20)	
裸地	1〜8(2)	不良
グラウンド	2〜10(2)	
造成地	2〜50(2)	

[表2] 工種別流出係数表*

工種別	流出係数表
屋根	0.85〜0.95
道路	0.80〜0.90
その他不透面	0.75〜0.85
水面	1.00
間地	0.10〜0.30
芝、樹木の多い公園	0.05〜0.25
勾配の緩い山地	0.20〜0.40
勾配の急な山地	0.40〜0.60

4）浸透桝・浸透トレンチ寸法表例

[表3] 浸透桝寸法表（単位:mm）*

型番	a:桝の径	B:桝の高さ	H1	H2	H3	C:掘削辺
PI	150	400	100	390	10	300
II	200	400	100	390	10	400
III	250	500	100	510	30	500
IV	300	500	100	510	30	600
V	350	600	100	630	35	700
VI	400	600	100	630	35	800
VII	500	800	100	880	50	1000

[表4] 浸透トレンチ寸法表（単位:mm）*

型番	L:トレンチの幅	B:トレンチの高さ	C:砂層の高さ	A:土かぶり	D:管径	備考
TI	250	280	20	150	75	・管径75mmについては、延長3m以内。・施工条件によって砂層の高さ、管径を変えることもある。
II	300	325	25	150	100	
III	350	375	25	150	125	
IV	400	420	30	150	150	
V	550	560	40	200	200	
VI	750	700	50	250	200	

合成樹脂透水管が埋設された砂利敷き

駐車場の雨水浸透施設

*引用文献　「排水設備・雨水浸透施設技術指針」東京都下水道局より引用

C11　雨水浸透施設

雨水浸透施設図*

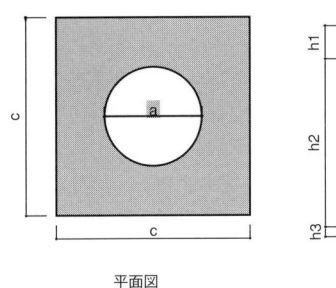

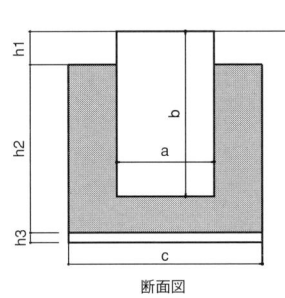

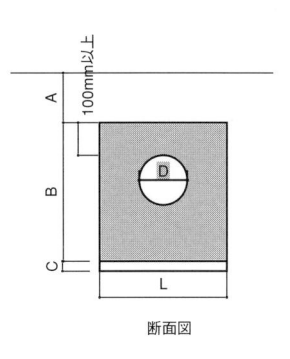

浸透桝の構造例（平面図・断面図）

浸透トレンチの構造例（断面図）

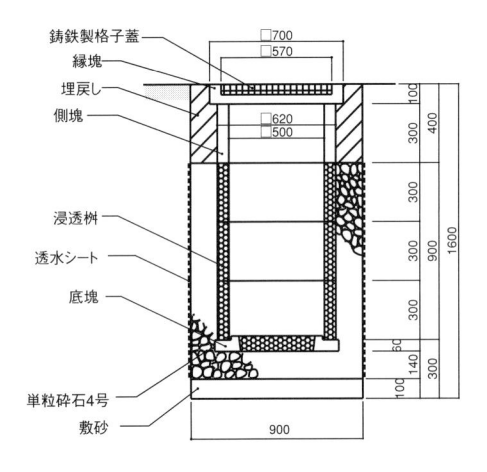

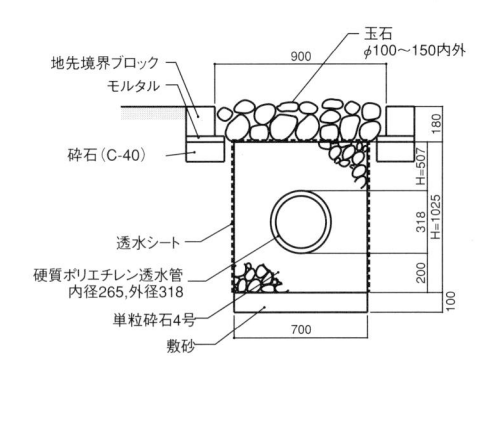

浸透桝断面詳細図例

駐車場浸透トレンチ断面詳細図例

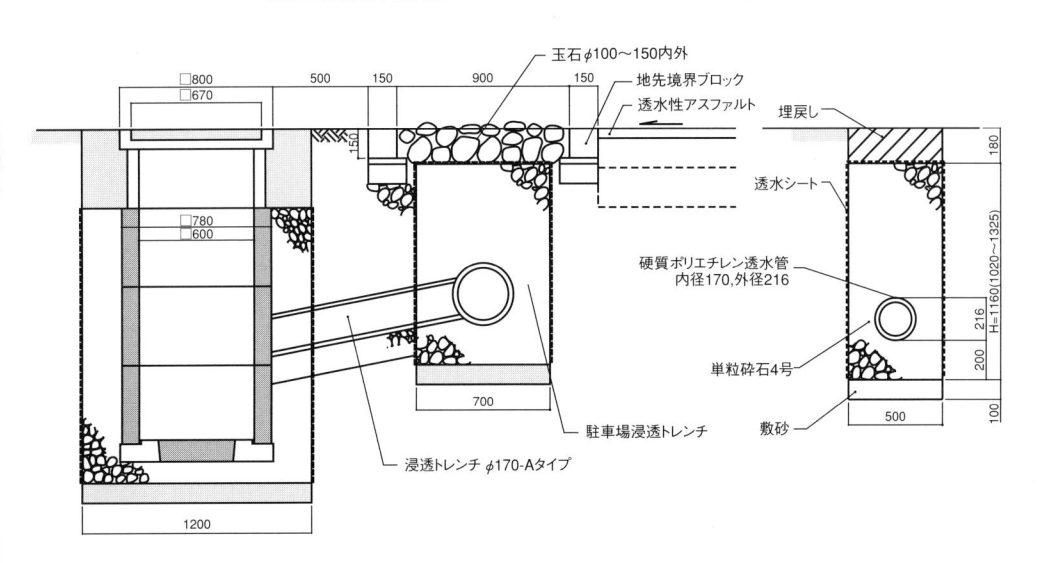

駐車場排水詳細図例

浸透トレンチ(φ170-A)断面詳細図例

*引用文献　「排水設備・雨水浸透施設技術指針」東京都下水道局より引用

C12　雨水貯留施設

1）調整池と雨水貯留施設

調整池とは、水田や林地に宅地開発等を行う場合（森や水田では保水性、遊水機能などの自然の流量調整機能が働いる）に、流域に降った雨が洪水にならないように一時的に排水を貯めながらゆっくり流す施設で、洪水を防ぐことを目的としている。洪水対策のほか、雨水貯留施設機能として地震災害時の防火用水などの用途もある。

調整池の形状には、山林地などでの大規模な開発地などに設けるダム式調整池、平坦な開発地などに設けるプール式調整池、市街地など土地に余裕のない場所などで建物地下や駐車場下等に設ける地下式調整池、駐車場やグラウンドなどを周辺地盤より低くして非常時に調整池として機能する兼用調整池などがある。

最近では、自然との共生と景観を考慮して、調整池をビオトープ化するのが多くなってきている。また、建物地下に設置される地下式調整池では、洗車や緑地への散水、ビオトープへの給水など、雨水の有効利用するための雨水貯留施設としていることが一般的である。ビオトープの池も調整池としての機能を有すると言える。

2）雨水貯留方法と概要

雨水貯留方法		概要
表面貯留		周辺地盤より低くして貯留するタイプ。校庭、広場、公園緑地、駐車場、集合住宅の棟間などの場所を利用する兼用型。
地下貯留	コンクリート地下貯留	鉄筋コンクリート構造物で仕切られた空隙に貯留するタイプ。建築の地下躯体の空いた空間を利用するタイプと独立した構造物のタイプがある。植栽の散水やビオトープの給水に用いる場合には、コンクリートのアルカリ分が問題となるので、水で荒い流すなどpH調整してから利用する
	砕石空隙地下貯留	有孔管敷設の砕石の空隙に貯留するタイプ。空隙率が低く比較的広い面積を必要とする。駐車場、集合住宅の棟間などに設置する。
	プラスチック空隙地下貯留	プラスチックのブロックを組み合わせて出来た空隙に貯留するタイプ。施工性がよい。公園、駐車場、集合住宅の棟間などに設置する。
タンク貯留	地下埋設型	大型の貯留タンクを地下に設置するタイプ。既設の施設で雨水の有効利用を図りたい場合などに利用させる。
	地上設置型	小型または中型の貯留タンクを地上に設置するタイプ。家庭や既設の施設で雨水の有効利用を図りたい場合などに利用させる。

リゾート地の調整池のビオトープ化 　　　古樽を利用した雨水貯留タンク 　　　雨水貯留タンク

C12　雨水貯留施設

図1　雨水利用システム概念図*

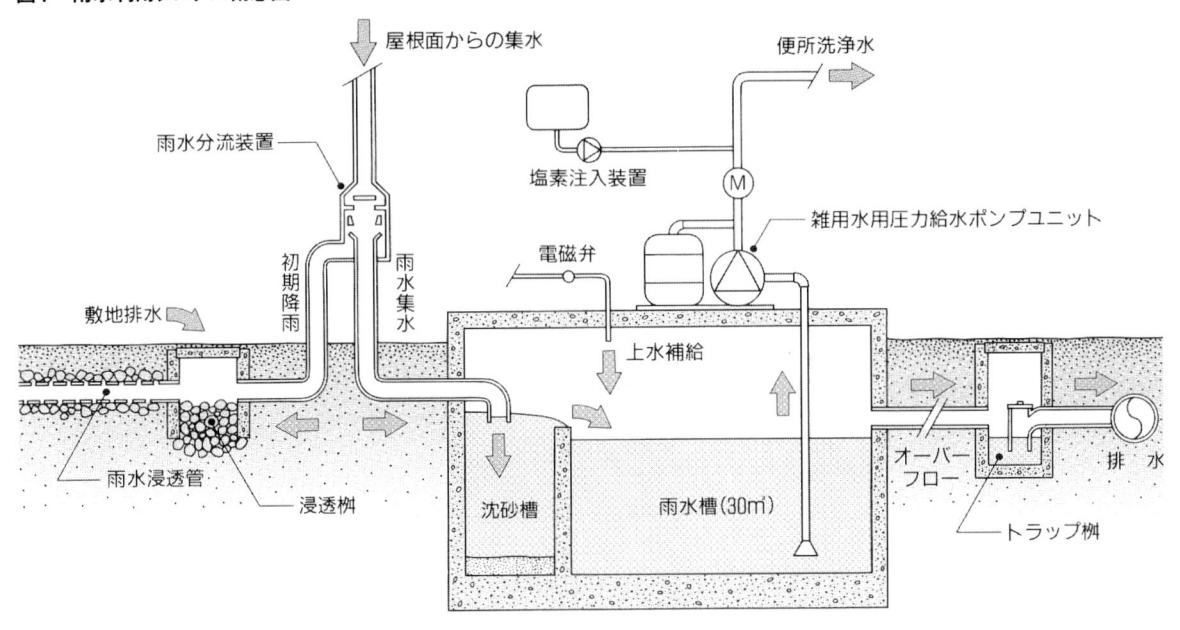

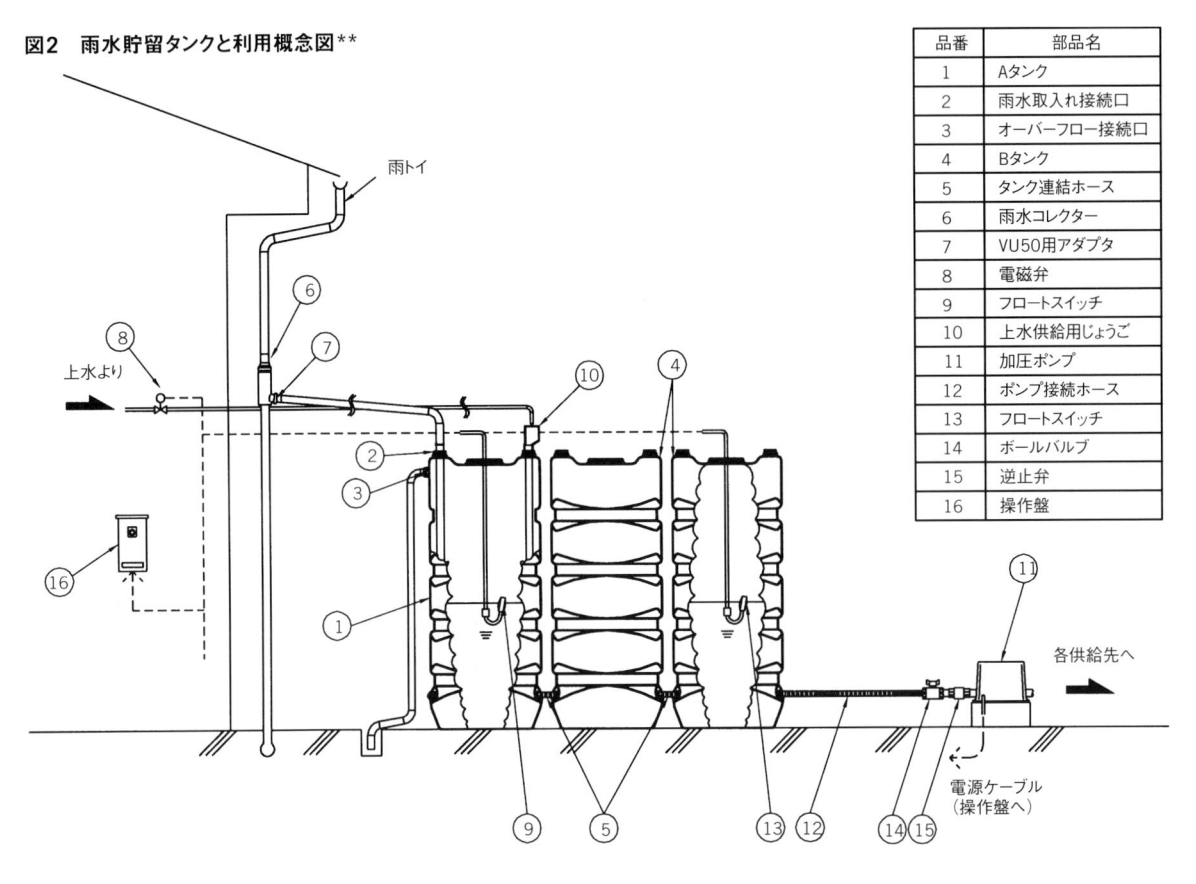

図2　雨水貯留タンクと利用概念図**

品番	部品名
1	Aタンク
2	雨水取入れ接続口
3	オーバーフロー接続口
4	Bタンク
5	タンク連結ホース
6	雨水コレクター
7	VU50用アダプタ
8	電磁弁
9	フロートスイッチ
10	上水供給用じょうご
11	加圧ポンプ
12	ポンプ接続ホース
13	フロートスイッチ
14	ボールバルブ
15	逆止弁
16	操作盤

*引用文献　「鹿島の環境共生型独身寮・ドーミー柴崎での試み」の資料より引用
**引用文献　東西商事の資料より引用

C12　雨水貯留施設

図3　雨水貯留浸透システム概念図***

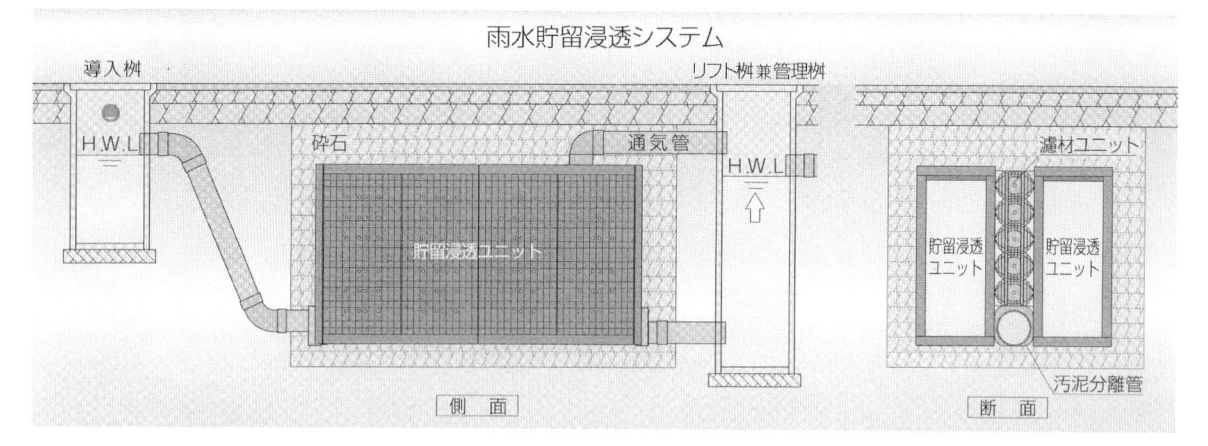

雨水貯留浸透システム

導入桝　リフト桝兼管理桝
H.W.L　砕石　通気管
貯留浸透ユニット　H.W.L
側面

濾材ユニット
貯留浸透ユニット　貯留浸透ユニット
汚泥分離管
断面

図4　雨水貯留施設断面図例****

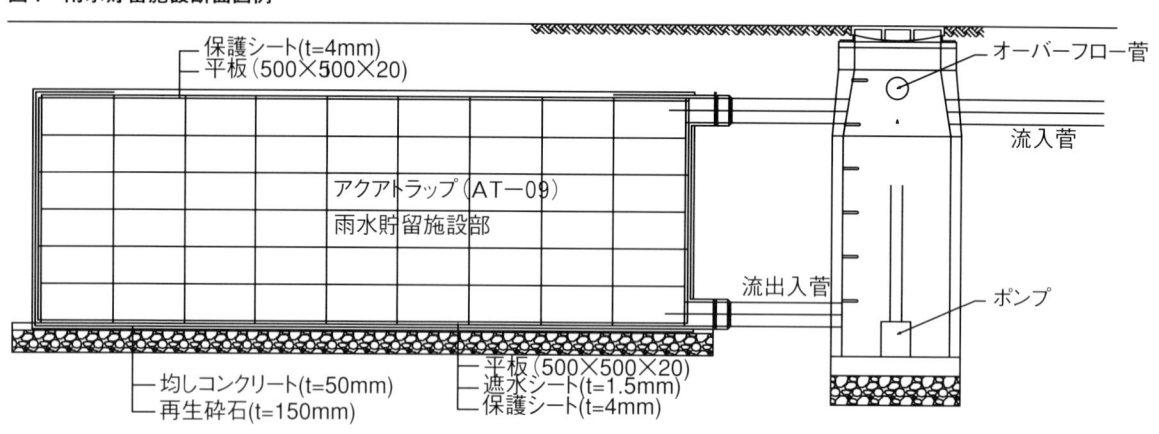

保護シート(t=4mm)
平板(500×500×20)
アクアトラップ(AT-09)
雨水貯留施設部
オーバーフロー菅
流入菅
流出入菅
ポンプ
均しコンクリート(t=50mm)
再生砕石(t=150mm)
平板(500×500×20)
遮水シート(t=1.5mm)
保護シート(t=4mm)

注）基礎については、地盤状況に併せて別途検討する。

アクアスペース

アクアスペースの組立て

***引用文献　　エスアールエスディービー社・雨水排水処理システムより引用
****引用文献　　三菱樹脂・雨水貯留浸透施設のアクアスペースより引用

C13　自然エネルギーの利用

1）ランドスケープにおける自然エネルギーの利用

ランドスケープにおける自然エネルギーの利用として、①太陽、②風、③水、④その他未利用エネルギーなどがあげられる。

太陽	・太陽エネルギーを太陽光発電システムにより電気エネルギーに変換して、外灯や池の循環ポンプなどの電源として利用する。電源がとりずらい場所の外灯や、夏や晴れた日などに特に水の循環を必要とする小さな池の循環用に電源などに適する。 ・曇りや雨の日には作動しないので、蓄電用のバッテリーを必要とすることが多い。また、一般的には一般電源と併用する。バッテリーはメンテナンスを必要とする。 ・太陽光を直接利用する方法として、ランドスケープに関係するものとして、サンルームやアトリウムなどがある。
風	・風力を風車により、電気的、機械的に池の水の揚水や循環用、外灯の電源などに利用する。蓄電用のバッテリーを必要とすることが多い。一般的には一般電源と併用する。 ・年間の平均風速が5m／s以上必要。台風などの強風時には止まるような安全対策が必要。また、風切り音や低周波が発生することがあるので設置場所には十分配慮する
水	・水のエネルギーを風車やミニ水力発電、 ・昔から水車による脱穀
未利用エネルギー	・温泉の廃熱による温室、ゴミ焼却場などから発生する廃熱に温室や温水プール、 ・廃熱による花壇

ソーラー電源の雨水センサー

ビオトープの噴水のソーラー電源

環境教育を考慮した風車

韓国の公園での風車の設置

D1　土壌と土壌調査

1) 環境要素としての土壌と役割・効用
自然界は生物的環境要素である「野生生物」と、非生物的環境要素である「水」「大気」「太陽の光」と「土壌」の5つの要素から成り立っている。また、野生生物においては分解者（微生物等）、生産者（植物）、消費者（動物）、高次消費者（人間等）の生態系ピラミッドを形成しているのと同時に、非生物環境要素である「土壌」を含めて生態系を完成させ、物質循環システム（エコ・システム）が働いている。

[表1] 土壌の役割と効用

- 多くの種類のカビやバクテリア、原生動物など分解者の生息する場所であるとともに、昆虫などの小動物の棲家としての役割。
- 養分と水の貯蔵と供給の役割をするとともに根の生育に必要な条件をつくりだす役割。
- 植物に養分や水分、空気などを供給するととも植物を支える役割。
- 動物の死骸や落ち葉、枯れ枝などを分解して浄化する作用。
- 塵やバクテリアなどを濾過・分別して浄化する作用。
- 有害な金属イオンなどをイオン交換して浄化する作用。
- 酸性雨などを緩衝する作用。
- 団粒化した土壌では水を貯留する役割。雨水の遅延効果による都市河川の氾濫防止効果。
- 保水性と水の蒸散による打ち水効果。
- 水（川）にミネラルを供給する作用。

2) 植物に適した土壌
植物の生育に適した土壌とは、物理性が良好（通気性・透水性が良い、適度な保水性、適度な土壌硬度等）であることと、化学性が良好（生育を阻害する有害物質がない、適度な酸度、保肥性と適度な養分等）であること、さらに微生物性に富むものが適する。一般的な植栽地では、特に、適度な土壌硬度で、通気性・透水性が良好であることが重要であり、植栽に適した土壌の使用または土壌改良及び植栽基盤の造成が、その後の植物の生育と維持管理に多大な影響を及ぼすので注意する必要がある。

3) 土層の分化と土の三相
土壌は、母材・気候・生物・大地の年齢・地形などの条件に左右されながら長い年月を経て生成されていく。そして、土壌断面を見るといくつかの土層の重なりから形成されている。表層の落葉や有機物が堆積・堆積分解した層のA0層、その下の腐植に富み団粒構造の発達した暗色のA層、その下の腐植に乏しい明るい色調のB層、B層の下の土壌生成作用をほとんど受けていない母材からなるC層に区分される。
また、土は土の本体である無機物・有機物の固相、水の液相、空気・ガスの気相の三相からできており、一般の作物の生育に適する比率は固相:40～50%、液相及び気相:25～30%と言われている。

4) 粘土と腐植
粘土は粒径0.002mm以下の無機物粒子で、結晶構造で荷電を持ち、陽イオンを保持したり、保水性を高めたりするなど土の物理性・化学性に影響を与える。粘土の種類にはカオリナイト、メタハロイサイトなどの1:1型鉱物、イライト、バーミュキライト、モンモリロナイトなどの2:1型鉱物、クロライトなどの混層型鉱物など多数の種類がある。
腐植は、動植物の遺体などが土壌中で微生物によって分解・再合成された暗色の高分子化合物で、団粒構造の形成、窒素・リン及び微量要素等の供給、緩衝能力の向上、陽イオンを保持するなどの働きがある。一般的に腐植含有量は3％以上であることが望ましい。腐植は土壌では非常に重要である。

参考図書　「絵とき 地球環境を土からみると」松尾嘉郎、奥薗壽子著・農文協　／「はじめに土あり」中嶋常允著・地湧社　／「新版 土壌肥料用語辞典」藤原俊六郎、安西徹郎、小川吉雄、加藤哲郎編・農文協　／「土と微生物と肥料のはたらき」山根一郎著・農文協　／「最新・樹木医の手引き」(財)日本緑化センター

D1 土壌と土壌調査

5）土壌調査・試験

調査・試験項目は「建築工事監理指針」（国土交通省大臣官房庁営繕部監修）等に記載されている基準を参考として実施する。一般的に、調査の地点数や位置は、対象地の規模や計画、現地の状況、費用等に応じて適宜決定している。また、土壌調査・試験では、現地調査・試験と室内試験によって行われる。

[表2] 土壌調査・試験の内容

土壌調査・試験	土壌調査・試験内容例
現地調査・試験	・敷地全般の排水状況、地下水位の調査、土壌を触診して保水性、土性などを調査。 ・植物の生育状況や雑草の種類、土壌の色などによって土壌の肥沃度を調査する。 ・透水性を長谷川式簡易現場透水試験器、土壌硬度を長谷川式土壌貫入計などで測定し、排水不良による根腐れ防止や、地盤の固さによる生育不良を防止する。
室内試験	・現地調査において植栽対象土壌を数点採取し、簡易的にpHと電気伝導度（EC）を測定し、バラつきがあれば全試料、簡易分析数値に傾向があれば代表的試料を数点選択し、環境計量士事務所による室内試験を実施する。試験項目としては、pH、電気伝導度（EC）、腐植、塩基交換容量（CEC）、粒径組成（指頭法）、有効水分保持量などを実施する。

6）土壌調査に使用される用語と内容

用語	内容
土性	土性とは、砂（粗砂・細砂）・シルト（微砂）・粘土などがどのような割合で混ざっているか、一定の区分に分類したもの。国際法では砂・シルト・粘土の割合によって分類し、日本農学会法では粘土の割合によって分類し、砂土・砂壌土・壌土・埴壌土・埴土の5段階に区分される。植栽基盤に適した土壌は砂土・砂壌土・壌土・埴壌土・埴土の5段階分類では、砂壌土（粘土の割合：12.5〜25.0%）または壌土（粘土の割合：25.0〜37.5%）である。
硬度	土壌の硬さ。長谷川式土壌貫入計では、1.0cm/drop以下：不良・根系発達に阻害あり、1.0〜1.5cm/drop：やや不良・根系発達阻害樹種あり、1.5〜4.0cm/drop：良・根系発達に阻害なし、4.0cm/drop以上：やや不良・膨軟すぎ。山中式土壌硬度計では、24mm以上：不良、24〜20mm：やや不良、20〜11mm：良、11mm以下：やや不良。
pH	土壌の酸性度を表したもの。養分の有効化、微生物の活性に密接に関係する。雨の多い日本の森林土壌は塩基が流亡してpH5.5前後の酸性土壌が多い。一般の造園樹木ではpH4.5〜8.0の間であれば生育にあまり影響はない。最近では、コンクリートガラや安定処理剤の使用により土壌がアルカリ化していることが多いので注意する。また、草花や野菜などはpH調整が必要となる。
電気伝導度（EC）	土壌の塩類濃度、水溶性塩類の総量を表し、塩類濃度障害の有無の判定と肥料成分の多少の目安として使用。単位：mS/cm（ミリジーメンス）。1mS/cm以上の場合は塩類濃度が高く生育阻害物質を含んでいる可能性が高い。0.1 mS/cm未満の場合は肥料分が不足している可能性がある。
C:N比（C/N）	土壌・植物体・有機質肥料などの炭素と窒素の含有率の比で、有機物の分解程度、土壌の窒素肥沃度を表す。バーク堆肥の完熟度を示す。C:N比が20以上では微生物の成長に窒素が使われ、植物に対して窒素飢餓を起こす。肥沃な畑土ではC:N比は8〜12。
pF	土壌に吸着・保持されている水の強さの程度を水柱の高さ(cm)の常用対数であらわした数値。土壌の水の状態を調べる。pF3.0は水柱高さ1000cmで、1気圧に相当する。しおれが始まる時点の初期しおれ点はpF3.8。永久しおれ点はpF4.2で植物は枯れる。一般的な植物の場合の潅水の開始時点はpF2.5〜3.0、野菜ではpF2.0〜2.5。学会ではパスカル(pa)を使用するのが一般的。水柱1cmが98pa。通常、有効水分保持量としてpF1.8〜3.0で示される。

参考図書 「新版 土壌肥料用語辞典」藤原俊六郎、安西徹郎、小川吉雄、加藤哲郎編・農文協／「土と微生物と肥料のはたらき」山根一郎著・農文協／「最新・樹木医の手引き」(財)日本緑化センター／「植栽基盤整備技術マニュアル(案)」監修:建設省公園緑地課都市緑地対策室・(財)日本緑化センター

D2　植栽基盤と客土

1）植栽基盤と有効土層厚

植栽基盤とは、植物が健全に生育するために適した土壌と排水層を含めた土壌の層をいう。植栽基盤は細根などの吸収根の発達する肥料分のある上層と、支持根が生育する下層の2つからなる有効土層、その下部にある排水層から構成される。植栽する植物の大きさによって有効土層厚は異なる。

図1　有効土層について*

植物の根が十分に伸びることのできる「面積」があること

「有効土層」植物の根が支障なく伸びることができる「土層厚」がある

「下層基盤」排水が良好な地盤であること

「上部有効土層」有効土層の内、細土で養分や腐植を十分含み、軟らかく、透水性・保水性も良好な土壌

「下部有効土層」有効土層の内、根が伸びることができ、透水性の良好な土壌

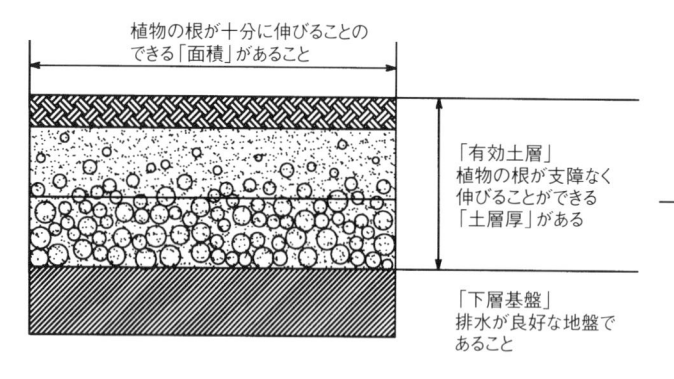

[表1]植栽樹木と有効土層の厚さ**

分類		芝・地被植物	低木(3m以下)	高木(3～7m)	高木(7～12m)	高木(12m～)
有効土層	上層	20～30cm	30～40cm	40cm	60cm	60cm
	下層	10cm以上	20～30cm	20～40cm	20～40cm	40～90cm

2）客土・植栽基盤土壌の質

客土とは、植栽するにあたり植え穴などに入れる植物の生育に好ましい、ガレキなどの有害物が混入されていない物理性・化学性に優れた土のこと。一般的に植栽基盤の上層や植栽する樹木の根鉢周辺に使用される。客土としては、畑土や黒土同等品を使用するのが一般的であるが、地域により若干異なる。また環境問題より、表土や現地発生土を有効利用することが望ましい。その際、土壌検査を行い、植物の生育に好ましい土壌に改良することが重要である。また、客土だけでなく、植栽基盤及び周辺の土壌にも留意する必要がある。

[表2]国土交通省の植栽基盤土壌の基準

項目	化学性			物理性		
	pH	電気伝導度(ds/m)	腐植(g/kg)	土性	透水性(mm/hr)	土壌硬度(S値)
数値目安	5.0～7.5	0.1～1.0	3%以上or30g/kg以上	砂壌土or壌土	30mm/hr以上	1.5以上

3）客土量

客土量は一般的には植え穴の量を基準に決めるが、根腐れ防止などの点から植え穴客土量で高植えとすることが望ましく、さらに周辺の基盤条件が悪い場合には全面客土する。また、植穴の客土や土壌改良の場合、排水層や通気管を設けることが望ましいが、排水性や通気性が良好な植栽土壌環境の場合には設けないことが多い。
全面客土の場合（客土の下は普通の土の状態）では、芝などの地被植物で客土厚は10～20cm前後、低木類の植栽で客土厚は30cm前後、中高木の植栽で客土厚は60cm前後である。一般の緑地では全面客土する場合の平均客土厚は30～40cm前後である。また、築山などを造成する場合には、下地は現地発生良質土など安価なものを使用するのが一般的である。

*引用文献　（株）立山エンジニアリング技術資料より引用
**引用文献　「植栽基盤整備技術マニュアル(案)」監修:建設省公園緑地課都市緑地対策室・(財)日本緑化センターより引用

D2　植栽基盤と客土

[表3] 土壌改良材使用量対応表***

分類	幹周(樹高) (m)	鉢径 (m)	鉢高 (m)	植穴径 (m)	植穴深 (m)	鉢容量 (m³)	植穴容量 (m³)	改良土量 (m³)	改良土内訳 現地土 87% (リットル)	改良土内訳 有機質系 3% (リットル/本)	改良土内訳 無機質系 10% (リットル/本)
高木	C < 0.10	0.31	0.23	0.67	0.31	0.013	0.109	0.096	83.7	2.9	9.6
高木	0.10 ≦ C < 0.15	0.41	0.29	0.80	0.38	0.029	0.191	0.162	140.9	4.9	16.2
高木	0.15 ≦ C < 0.20	0.50	0.34	0.91	0.43	0.051	0.280	0.229	198.8	6.9	22.9
高木	0.20 ≦ C < 0.25	0.60	0.41	1.04	0.51	0.086	0.433	0.347	301.9	10.4	34.7
高木	0.25 ≦ C < 0.30	0.70	0.47	1.17	0.58	0.134	0.623	0.489	425.7	14.7	48.9
高木	0.30 ≦ C < 0.35	0.79	0.52	1.28	0.63	0.192	0.810	0.618	537.9	18.5	61.8
高木	0.35 ≦ C < 0.45	0.98	0.64	1.52	0.76	0.362	1.378	1.016	884.3	30.5	101.6
高木	0.45 ≦ C < 0.60	1.27	0.82	1.89	0.96	0.775	2.692	1.917	1,667.7	57.5	191.7
高木	0.60 ≦ C < 0.75	1.56	1.00	2.26	1.16	1.421	4.651	3.230	2,810.1	96.9	323
高木	0.75 ≦ C < 0.90	1.84	1.18	2.62	1.36	2.326	7.328	5.002	4,352.1	150.1	500.2
高木	0.90 ≦ C < 1.05	2.12	1.36	2.98	1.56	3.541	10.875	7.334	6,380.5	220.0	733.4
高木	1.05 ≦ C < 1.20	2.41	1.54	3.35	1.75	5.179	15.417	10.238	8,907.0	307.1	1023.8
高木	1.20 ≦ C < 1.35	2.70	1.72	3.72	1.95	7.256	21.183	13.927	12,116.6	417.8	1392.7
中低木	樹高30未満	0.15	0.08	0.29	0.28	0.001	0.015	0.014	12.2	0.4	1.4
中低木	30以上50未満	0.17	0.10	0.33	0.31	0.002	0.022	0.020	17.4	0.6	2
中低木	50 〃 80 〃	0.20	0.12	0.37	0.33	0.004	0.030	0.026	22.6	0.8	2.6
中低木	80 〃 100 〃	0.22	0.13	0.41	0.36	0.005	0.040	0.035	30.5	1.1	3.5
中低木	100 〃 150 〃	0.26	0.16	0.46	0.43	0.008	0.057	0.049	42.6	1.5	4.9
中低木	150 〃 200 〃	0.30	0.19	0.54	0.48	0.013	0.090	0.077	67.0	2.3	7.7
中低木	200 〃 250 〃	0.35	0.23	0.61	0.56	0.022	0.133	0.111	96.6	3.3	11.1
中低木	250 〃 300 〃	0.40	0.26	0.69	0.61	0.032	0.188	0.156	135.7	4.7	15.6
地被類・芝　(改良深さ0.20m/1㎡)		—	—	—	—	—	—	0.200	174.0	6.0	20

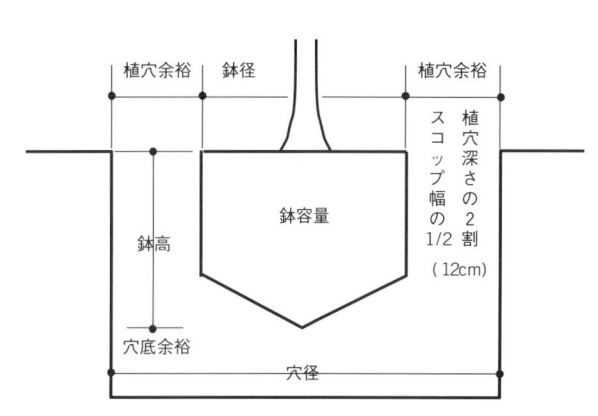

図2　植付け穴

シダレザクラ6mの植栽

***引用文献　「公園緑地工事の積算」(財)経済調査会より加筆して引用
参考図書　「植栽基盤整備技術マニュアル(案)」監修:建設省公園緑地課都市緑地対策室・(財)日本緑化センター

D3　土壌と植栽基盤改良

1) 植栽基盤の整備と土壌改良

土壌と排水層を含めた植栽基盤がその後の植物の生育に影響を与えるため、植栽計画・設計及び施工では、植栽基盤の整備が重要となる。植栽する場所の土壌条件により、植栽整備の仕方が異なる。そのため、土壌改良材や排水層の設置などそれぞれの状況に合わせた植栽整備をすることが必要となる。植栽基盤の整備での留意する点としては、植栽計画地の土壌の硬さ、水はけ、土壌pH、土壌汚染、地下水位の高さなど土壌条件を十分調査する。特に土壌の硬さ、水はけの問題を解決することが重要である。

また、土壌改良は主に植栽基盤に使用する土壌の物理性・化学性を改善するために改良資材や排水資材、通気資材などを混入または設置し、また、土壌の微生物性を改善するために堆肥などの有機物を施すことである。土壌改良で特記事項がない場合には、一般的に厚さ20cmの土壌厚に対して有害なものが混入していない完熟バーク堆肥を50リットル／㎡、または発酵下水汚泥コンポスト10リットル／㎡を混入・かくはんする。

[表1] 植栽基盤の改良項目と内容例

改良項目	改良内容例	改良場所・状況
土壌硬度の改良	①上層の20〜30cmを耕うん（普通耕）	一般的な現地盤での植栽地等
	②大きな樹木などを植える場合に行う40〜60cmの耕うん	
	③上層と下層の土質が異なる場合などに行う混合耕うん	現地盤に客土した場合等
	④団結した土壌に高圧の空気を送り込み膨軟化するピックエアレーション（空気圧入耕起）	既存の踏み固められ硬化した植込み地等
	⑤土壌の置換・客土	一般的な植栽地等
排水性の改良	①暗渠排水管の敷設（合成樹脂透水管を敷設し、排水設備を通して余剰水を排水）	地下水位が高い場所、海岸埋立地、水が溜まる危険性のある植込み等
	②排水層の設置と暗渠排水管の敷設（根腐れ防止と下層の余剰水の排水）	地下水位が高い場所、水が溜まる危険性のある植込み、植え桝等
	③縦穴排水管（パーライト詰め通気管等）の設置	周辺地盤が固い植込み、植え桝等
	④土壌改良材（パーライトや堆肥等）の混合	マサ土、粘質土での植栽等
	⑤盛土・築山造成	地下水位が高い場所等
通気性の改良	①土壌改良材（パーライトや炭、堆肥等）の混合	マサ土、粘質土での植栽等
	②通気管（パーライト詰め通気管等）の敷設	地下水位が高い場所、植え桝等
	③つぼ堀改良（通気管と堆肥の敷設）	踏み固められた緑地等
	④土壌の置換	植栽基盤土壌が不適切な場合
化学性の改良	①土壌改良材（バーミュキライトやゼオライト、堆肥等）の混合	一般的な植栽地等
	②物理性の改善とアルカリ中和剤・有機物の混入（中和剤やピートモスと発酵下水汚泥コンポスト等）	セメント系安定処理剤が使用されアルカリ化した場所等
	③物理性の改善と強制酸化促進剤等の混入	浚渫土など強酸性の還元土壌等
	④土壌の置換	植栽基盤土壌が不適切な場合
養分性の改良	①土壌改良材・肥料（炭やゼオライト、堆肥等）の混合	一般的な植栽地等
	②土壌の置換	植栽基盤土壌が不適切な場合
微生物性の改良	①堆肥・腐葉土等の有機改良資材及び炭の混合	一般的な植栽地等
	②落ち葉や堆肥などの有機物によるマルチング	一般的な植栽地等
	③表土の有効利用	緑地部分の建設計画地の場合等

参考図書　「植栽基盤整備技術マニュアル（案）」監修:建設省公園緑地課都市緑地対策室・(財)日本緑化センター／「建築工事共通仕様書・平成13年度版」国土交通省官房官庁営繕部監修・(社)公共建築協会／「新・緑の仕事」東邦レオ／「図解　樹木の診断と手当て」堀大才・岩谷美苗著・農文協／(株)立山エンジニアリング技術資料

D3　土壌と植栽基盤改良

2）主な土壌と土壌改良

主な土壌	特徴と問題点	土壌改良のポイント
赤土（ローム）	火山灰が粘土化した土壌。黒ボク土の下層の土でシルト・粘土を多く含み、重機でのこねかえしにより簡単に透水性が悪化する。リン酸吸収係数が高い。	雨天での造成はせず、重機でのこねかえしをしないように注意する。透水性・通気性を改善して、リン酸肥料を多く含む肥料や有機物を投入することが必要。
マサ土	中部地方から九州北部地域に分布する砂質系の花崗岩風化土で、団結しやすく、保水性がなく、栄養分がない土壌。	団結した土壌の耕うんし、排水層と暗渠排水の設置による排水性を高める。真珠岩パーライトと完熟堆肥等を投入して保水性を向上させ、肥料を混入して保肥力を高めることが必要。表層には土壌硬化防止のためにマルチングを施す。

3）環境条件と植栽整備方法例

環境・土壌条件	植栽整備の方法例
元緑地の場所の植栽	現地の土壌を調査し、できるだけ現地の土壌に必要な土壌改良材や堆肥、肥料を混入した改良土壌を客土として使用する。表層にはマルチングを施す。一般的には土壌硬度が高くなっているのでバックホーや耕うん機などで耕うんして物理性を改善する。下層地盤の透水性が悪い場合には、高植えとしたり、暗渠排水を敷設する。土壌改良の例としては、一般的に有害なものが混入していない完熟バーク堆肥を50リットル/㎡、または発酵下水汚泥コンポスト10リットル/㎡を混入する。
軟弱地盤地の植栽	一般的に、道路などの路盤強度を固めるためにセメント系の安定処理するために、土壌がアルカリ化するとともに土壌硬度が高い。土壌調査をしてpHが8以上の場合にpH調整剤を使用し、堆肥などの有機物を混合させて土壌改良する。耕うんして物理性を良くするとともに、暗渠排水を敷設する。pH矯正例としては、pH調整剤（ドクターpH）中和目標値pH8.0以下で1㎡の施用量。現況土pH9.0：15kg、pH9.5：30kg、pH10.0：40kg。pH調整剤はメーカーにより中和緩衝能力試験結果に基づき施用する。
地下水位が高い場所の植栽	下層にパーライト等の排水層を設置するとともにパーライト入り通気管を敷設する。高植えとしたり、暗渠排水を敷設する。
海岸埋立地の植栽	一般的には、地下水位が高い上、現況の土壌はシルト質の土壌で植栽には適さないので、改良土壌などの客土を持ち込み盛土して高植えとする。塩分や雨水を速やかに排水させるために暗渠排水を敷設する。土壌改良の例としては、半黒土または赤土（厚さ30～60cm）に対して、有機質土壌改良材（発酵下水汚泥コンポスト）：10kg/㎡、固形尿素肥料0.8kg/㎡、リン肥料：0.2kg/㎡。
花壇の造成	耕うん機などで耕うんして下層の透水性を良くし、土壌を敷き込む、pH調整し、堆肥と肥料を混入する。土壌改良の例、完熟堆肥3kg/㎡、肥料（N:P:K:Mg=10:10:10:1）100～150g/㎡。
既存樹木の植栽基盤の改良	通気性を確保するために、深さ1m前後の穴を根を痛めないように幹周囲に開け、その中に通気管を敷設し、周囲に完熟堆肥や炭などを混入する。人力によって根を傷つけないように注意深く耕うんし、堆肥や炭などを混入する。必要によっては客土する。表層にはバーク堆肥などでマルチングする。

通気用の穴開け　　　パーライト混入と施肥

参考図書　「植栽基盤整備技術マニュアル（案）」監修：建設省公園緑地課都市緑地対策室・(財)日本緑化センター／「新・緑の仕事」東邦レオ／「最新・樹木医の手引き」(財)日本緑化センター／平成16年の樹木医実践技術講座「緑化木の植栽管理と土壌」野田坂伸也／(株)立山エンジニアリング技術資料

4) 主な土壌改良材

土壌改良材	特徴と留意点
真珠岩パーライト	真珠岩を高温焼成加工した多孔質で白色の非常に軽量な無機質系資材。保水性・通気性を高める。土壌改良材として使用する場合には有機質系資材との併用を基本とする。
黒曜石パーライト	黒曜石を高温焼成加工した多孔質で白色の非常に軽量な無機質系資材。透水性・通気性を高める。粒径は1〜50mmと多様。粒径の大きいものは排水層や通気管などに使用。
バーミキュライト	蛭石を高温処理して膨張させた軽い積層状の多孔質粘土系鉱物。保水性と保肥性に富む。砂質土では保水性を向上させるが多量に必要。種まきや挿し木の培養土としても使用。
ゼオライト	沸石ともよばれるNA、Ca、Si、K、Alなどからなる含水ケイ酸塩鉱物。土壌改良材にはゼオライトを含む凝灰岩の粉末や小粒状のものを使用。酸性中和効果や保肥性を高める。
珪酸塩白土（ミリオン）	2:1型の板状のモンモリロナイト粘土で16種の有効ミネラルや置換性塩基、水溶性珪酸を含む無機質の天然資材。根腐れ防止、土質改善に使用。
珪藻土焼成粒（イソライトCG）	珪藻土の焼成したセラミックス状の多孔質の土壌改良資材で、踏圧による粉化もほとんど生じない。粒径は多様。保水性・通気性を高める。
鉱物繊維改良材（オールインワン）	マサ土専用の改良資材として開発された、鉱物繊維を基材に有機物・微量要素を配合した、改良材。一般的にマサ土に15〜20％混入して保水性と養分性を改善する。
ヤシ繊維土壌改良材（ミラクルピート等）	ヤシ殻を粉砕した際に発生する粉を堆積発酵させたもの。土壌に10〜20％混入して土壌団結防止や透水性の向上を図る。
ピートモス	ミズゴケが湿地などで堆積・変質してできたpH4程度の酸性のものに、石灰などを添加し加圧・加熱中和処理した。保水性や保肥性の向上を図る。少ないと効果が現れない。
モミガラ	モミガラを透水性や通気性改善に使用する。新しいものより、土を混ぜて1年程度置いて半腐れ状態のものの使用が望ましい。
モミガラ燻炭	モミガラを蒸し焼き・炭化させたもの。通気性・保水性の向上、リン酸やカリ、マグネシュウムなどの供給、微生物の棲家。焼き過ぎはpHが高くアルカリ性となるので注意する。
木炭	木炭の粉や消炭でもよい。排水性・保水性・通気性が高まる。カリウム、カルシウム、マグネシウムなどの微量要素の供給、微生物の棲家ともなる。5％前後の混入が望ましい。
草木灰	草木や稲ワラなどを焼いたもの。一般にカリと石灰が主成分で、pH調整資材及びカリ肥料として使用されている。
腐葉土	広葉樹の落ち葉を醗酵腐熟させたもの。通気性・透水性・保肥性の向上が図れる。病害虫を持つことがあるので注意する必要がある。
バーク堆肥	粉砕した樹皮に鶏糞や尿素などの窒素分を添加して長期間堆積発酵させたもの。団粒化や膨軟化などの効果がある。品質基準に合致しないもの、完熟していないものは避ける。
家畜糞尿堆肥	牛糞や鶏糞にオガクズなどを混入して高温発酵させたもの。団粒化促進、透水性・通気性・保水性の向上、保肥力の向上、地力の増進効果がある。有機肥料としての成分を含む。
発酵下水汚泥コンポスト（タテヤマユーキ）	下水汚泥を土壌有効微生物とともに高温発酵させたもの。団粒化促進、透水性・通気性・保水性の向上、保肥力の向上、長期的な養分供給効果がある。
炭素入りセラミック土壌（ボストンファーム）	粘土鉱物焼成物にピートモス等を混合した炭素・微量要素を含む人工軽量土壌で土壌改良材としても利用。土壌に30％前後混入して透水・通気性・保水性の向上。

参考図書 「新版 土壌肥料用語辞典」藤原俊六郎、安西徹郎、小川吉雄、加藤哲郎編・農文協／「土と微生物と肥料のはたらき」山根一郎著・農文協／「植栽基盤整備技術マニュアル（案）」監修:建設省公園緑地課都市緑地対策室・(財)日本緑化センター／「新・緑の仕事」東邦レオ／「最新・樹木医の手引き」(財)日本緑化センター

D3　土壌と植栽基盤改良

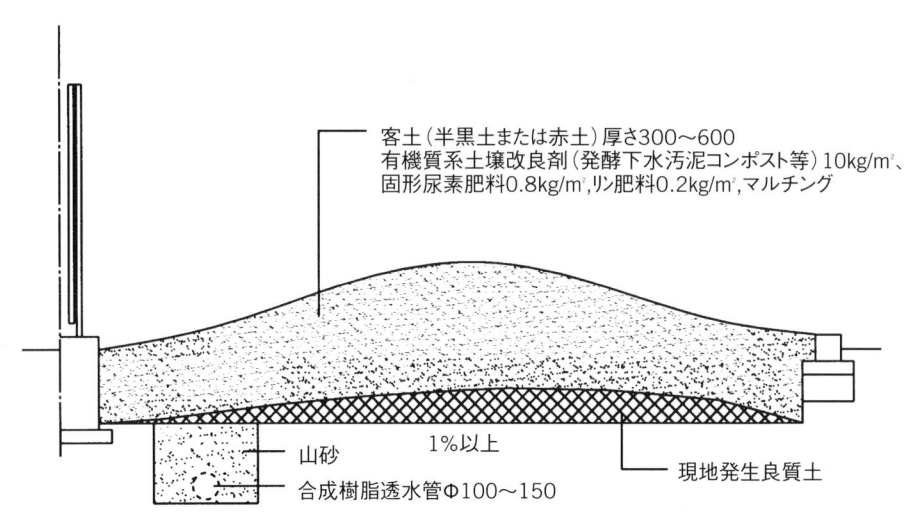

客土（半黒土または赤土）厚さ300〜600
有機質系土壌改良剤（発酵下水汚泥コンポスト等）10kg/m²、
固形尿素肥料0.8kg/m²,リン肥料0.2kg/m²,マルチング

山砂
合成樹脂透水管Φ100〜150
1%以上
現地発生良質土

図1　海岸埋立地の緑地帯の植栽基盤例

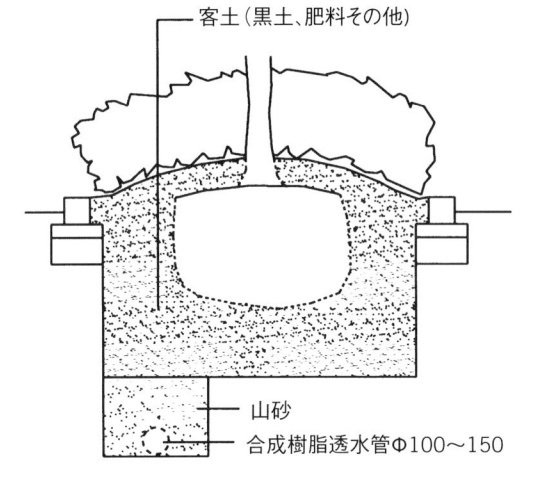

客土（黒土、肥料その他）

山砂
合成樹脂透水管Φ100〜150

図2　海岸埋立地の並木の植栽基盤例

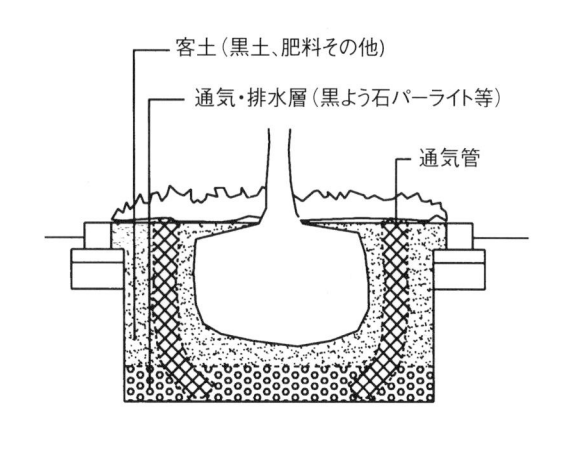

客土（黒土、肥料その他）
通気・排水層（黒よう石パーライト等）
通気管

図3　地下水位が高い場所の植栽基盤例

排水が悪い埋立地の地盤

海岸埋立地の植栽基盤造成

通気管の敷設

E1　植栽計画と樹木の選定・指定

1）植栽計画・設計のためのチェック項目

分類	項目・内容
法規チェック	計画地の場所、敷地面積などにより、都市計画法、自然公園法、森林法、工場立地法、緑化協定、環境アセスメント、総合設計制度による公開空地などが関係する。そして、緑地面積や樹木の本数、樹種、配植などに規定がある。申請にはかなり時間がかかるので、設計スケジュールは申請を考慮したものとする。
自然環境	気象条件、潮風の影響、日照状況（計画建物や隣接建物、塀や既存樹木などによる影響）、地下水の高さ、ビル風や大気汚染の影響、土壌条件などが植物の選定に関係する。計画地に適した郷土の樹種や、耐陰性や耐潮性などを考慮した植物を選定する。必要により土壌改良や排水設備などを設ける。
周辺環境	近隣や建物への影響、街並みなどの調和に配慮する。目隠しとしての植栽、日照確保として中木や落葉小高木による配植、毛虫などが付きにくい樹木を選定するなどの配慮が必要。
植栽環境	土壌厚と植栽スペースを確保する。植栽するには、樹木の根鉢が入る広さと深さが最低限必要である。また、樹木が健全に生育するにはそれ以上のスペースが必要。植え桝の確保と同時に、建物や塀などの構造物の基礎、設備の桝や配管、配線などの位置や大きさ、深さなども考慮する必要がある。必要によっては人工地盤と考え、軽量土壌などの使用も検討する。
機能と景観	利用形態、利用者、部屋の内外からの景観、プライバシーの確保、樹木の形と色、大きさと成長度、常緑か落葉かなどを考慮してデザインする。
環境配慮	自然地形利用、表土保全、既存樹木の保全と移植、郷土樹種による植栽、ビオトープの創出、屋上緑化、壁面緑化など、できるだけ計画に取り入れる。 生ゴミの堆肥（コンポスト）の使用場所などのためにも家庭菜園や果樹などなども取り入れる。 現地発生材（石や土、樹木など）を積極的に取り入れる。ライフサイクルを考えて資材や工法を採用する。そのほか、浸透性舗装、浸透桝、雨水の有効利用、リサイクル材の積極的な使用、再利用・リサイクルを考慮したデザインなどもできるだけ計画に取り入れる。
予算と管理	予算および建設費と管理の問題を考慮した植栽計画とする。 全体予算の中での配分と、造園工事の中での予算は配分を考慮した植栽計画とする。建設費用と維持管理費、管理の手間の大小、さらに再利用性や廃棄の問題などを考慮した計画とする。
植物と時期	計画植栽樹木が入手可能かどうか事前に調べておく必要がある。大きな樹木を並木などに使用する場合には特に注意する。施工時期および竣工時期を考慮した植栽計画することも重要である。樹木には適した移植時期がある。また、シバの吹き付けなどは春が適し、草花では時期により種類が異なるので注意する。

2）植栽樹木の指定

①樹木の名称は一般的にカタカナで記入する。
②形状寸法としては、樹高（H）、目通り（C、地上1.2mの高さでの幹の外周の長さ）、葉張り（W、枝張りともいう）の3種類を基準に指定する。ツル植物の場合は長さで指定することもある。株立ちのものは、目通りではなく株の本数で指定する。単位としてはメートル（m）で記入するのが一般的。
③生垣の場合、樹高、葉張りのほか、刈り込み高さとm当りの本数で指定する。
④潅木類（サツキ等）や地被植物（ヘデラ等）の蜜植または寄せ植えの場合は、㎡当りの本数で指定する。地被植物でタマリョウなどではシート状になったものが栽培されており、全面に張るベタ張りとすることもある。

3）樹木の材料検査

一般的には、ほとんどのものは写真で材料を確認し、メインの樹木は苗圃などの栽培現地で実際の大きさや樹形などを確認する。ただし、樹木は生き物であり、1本1本異なるので、植え方や植える位置などを考慮して材料検査を行うことが大事である。また、場合によっては、樹種の変更も考える。
計画・基本設計段階で樹木の生産状況・コスト等を考慮して計画・設計することが重要で、計画時に造園施工担当者とよく相談することが大事である。

参考図書　「環境・景観デザイン百科 建徳文化11月号別冊」彰国社

E1　植栽計画と樹木の選定・指定

樹木の形状寸法の表示図

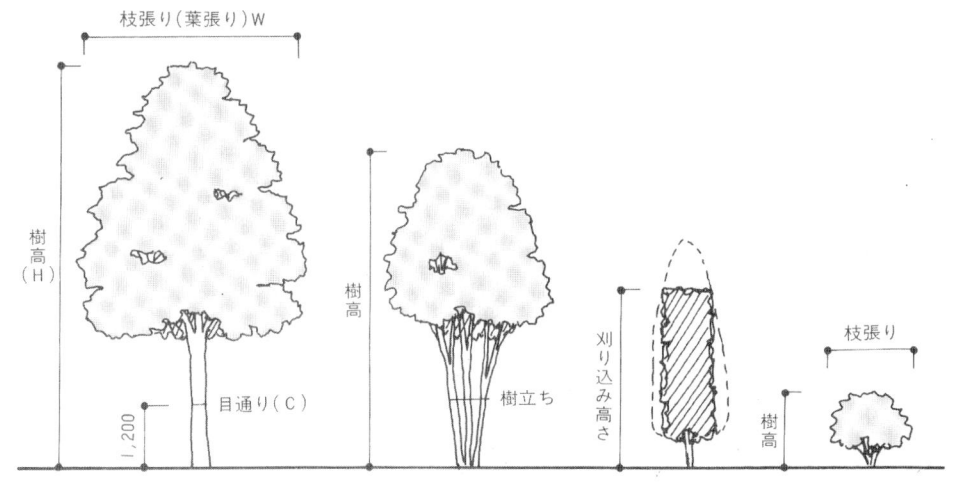

ヤマザクラ株立ち(H=6m)

シラカシ(H=4m・C=0.25)

イチイ(H=1.5m)

モウソウチク

高木のポット苗

E2　樹木の保存と移植

1) 樹木の保存・移植計画

環境への配慮と自然との共生、コストや景観などを考えると、できるだけ樹木の保存を図った計画をすることが重要。また、移植が可能な樹木はできるだけ移植することが望ましい。下記のようなフローで計画・設計をする。

[表1] 樹木の保存・移植フロー例

①現状の樹木調査をし、現況植栽図(樹木の位置、樹種、形状寸法)を作成する。
②現況植生図に基づき、保存・移植の判断となる樹木の樹勢・状態等を調査する。
③建築計画図に現況植栽図を重ねあわせ、保存・移植・伐採を調べる。
④重要な樹木がある場合には、樹木の位置に合わせた計画に修正する。
⑤建築物の配置や造成レベル、動線、設備関連施設、配管、配線のほか、仮設計画、根と同時に枝や幹が建物等に障害にならないかどうか調べ、樹木の樹勢・状態等を考慮して保存・移植計画をする。
⑥移植対象樹木を樹種・樹形・樹勢、新植樹木との調和、日照条件等を考慮して植栽図にプロットする。できれば、工事に支障がない場所に植えるようにすると、樹木を外部に持ち出さないで済み、コストがかからない。
⑦移植対象樹木は低木を除いて、根回しをしておくことが望ましい。低木、地被植物は植栽適期に工事に支障がない場所に移植する。
⑧保存樹木は枯れ枝除去などの剪定をするとともに、工事で枝が折られないように養生をする。また、必要によっては土壌に通気管の敷設、表層に堆肥などを施し、活性化を図ることが望ましい。
⑨伐採樹木の小枝はチップ化して園路の舗装に、太い幹はベンチなどにリサイクルすることも考えられる。

2) 移植と根回し

寿命の短いソメイヨシノやシラカバ、ポプラの大木の移植は、移植しても早く枯らすだけで意味がない。調査して移植対象となった樹木は根回しすることが望ましい。根回しとは樹木を移植する際に、活着をよくするために前もって根を切り、細根を根元付近に発生させる作業のこと。根回しの時期は基本的には移植適期に同じで、春先が一番よく、遅くとも秋までに行う。植栽の1ヶ月前でも行わないより行ったほうがよい。

[表2] 移植・根回しでの留意点

・鋭利な刃物で根を切断する。チェーンソーで根を切った場合、鋭利な刃物で根を切り直し腐朽を防ぐ。
・活着を重視する場合には、一般的な断根法ではなく、太さ4cm以上の太根を環状剥皮する環状剥皮法とする。
・根回しをし、強剪定せず、すかし剪定で速やかに葉を伸して光合成が行えるようにし、樹勢を回復させる。
・夏季に落葉樹を植えなければならない場合、蒸散抑制のために蒸散抑制剤の散布と葉を手でしごいて落とす。
・冬季に常緑樹を植えなければならない場合には、防寒のために寒冷紗をかける。

[表3] 主な移植の難しい樹木

針葉樹	アカマツ、クロマツ、ダイオウショウ、イチイ、カイズカイブキ、スギ、ヒノキ、トウヒ、モミ等
常緑・高中木	オガタマノキ、タイサンボク、ユーカリノキ等
落葉・高中木	エンジュ、カキノキ、クルミ類、クヌギ、コブシ、シラカバ、ネムノキ、ホオノキ、ユリノキ等
低木・その他	シャクナゲ、ジンチョウゲ、チャ、ピラカンサス、キョウチクトウ、フジ等

[表4] 移植適期(関東〜関西近辺)

分類	移植の適期
針葉樹	3月〜4月上旬(または9月下旬〜10月下旬)
常緑広葉樹	3月下旬〜4月下旬(または6月中旬〜7月上旬)
落葉広葉樹	3月〜4月上旬(または11月〜12月中旬)
竹類	2月下旬〜3月

参考図書　「建築工事共通仕様書・平成13年度版」国土交通省官房庁営繕部監修・(社)公共建築協会／「新・緑の仕事」東邦レオ／「図解 樹木の診断と手当て」堀大才・岩谷美苗著・農文協／「建築家のためのランドスケープ設計資料集」豊田幸夫著・鹿島出版会

E2　樹木の保存と移植

既存樹木の保全

移植適期のモミジの移植

寒冷紗

屋上へ移植樹木の植栽

図1　環状剥皮法

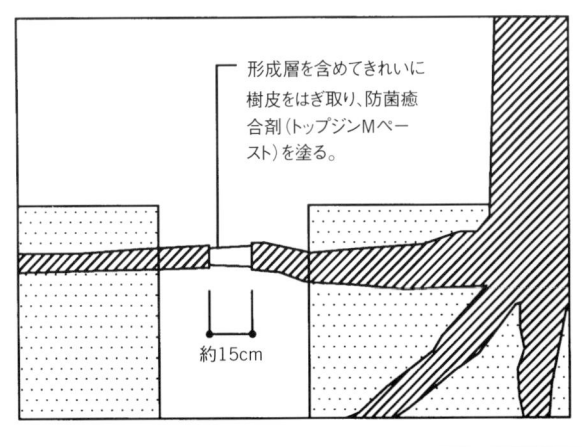

- 形成層を含めてきれいに樹皮をはぎ取り、防菌癒合剤（トップジンMペースト）を塗る。
- 約15cm

図2　既存樹木の周辺の嵩上げ

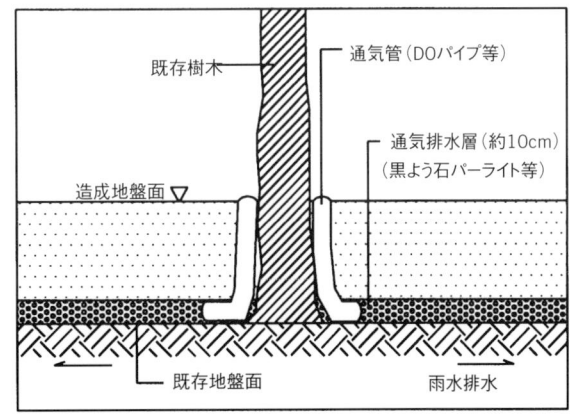

- 既存樹木
- 通気管（DOパイプ等）
- 造成地盤面
- 通気排水層（約10cm）（黒よう石パーライト等）
- 既存地盤面
- 雨水排水

参考図書　「図解 樹木の診断と手当て」堀大才・岩谷美苗著／参考図書　「新・緑の仕事」東邦レオ

E3　根囲い保護材と植え桝の大きさ

1）根囲い保護材

根囲い保護材とは、歩道や広場などの場所での植込みでの歩行を考慮し、樹木の根を踏圧から保護する器材である。特徴としては、①樹木の根元の踏み固めを防止する。②樹木に空気や水分を供給する。③樹木の根元周辺まで歩行や休憩に使用できる。また、材料としては、鋳鉄製が一般的で、コンクリート製、GRC製、プラスチック製、鋳鉄製とコンクリート製の混合、化粧蓋扱いで石やタイル張りなどがある。

2）植え桝の大きさと根囲い保護材使用上の留意点

- 樹木を植えるには、根鉢が入るスペースが最低限必要で、根囲い保護材を使用する場合には樹木の生長を考えてできるだけ大きくするのが望ましい。
- 樹高、幹の太さ、根鉢の大きさ、根の状態などにより必要有効植え穴の大きさと根囲い保護材の大きさ決める。
- 必要有効植え穴の大きさが十分取れずに、大きな樹木を植えなければならない場合には、人工地盤緑化と考え、軽量土壌を使用して樹木の枯れることを防ぐ。通気管も設置することが望ましい。また、雨水排水に留意する。
- 樹木支柱の設置にも留意する。また、樹木をライトアップする場合には照明器具の設置場所を考慮しておく。
- 設備の桝、や配線、配管など位置、ルート、深さ、構造物の基礎の深さなどについて緑地や植栽との関連を十分な調査検討することが必要である。
- 緑地の幅が狭い場所では、桝などはできるだけ緑地の外に出し、化粧桝などにすると目立たない。
- 桝と桝との間では、植栽できるスペースを確保し、サツキやヘデラなどを植栽すると目立たなくなる。
- 中高木を植える場所での埋設管や構造物の基礎の深さは60cm以上とる。できれば人工地盤と考え、軽量土壌を使用することが望ましい。また、雨水排水に留意する。

3）樹高と標準的な必要有効植え穴の大きさ例

樹高	目通り(m)	根鉢径(cm)	根鉢高(cm)	標準的な必要有効植え穴の大きさ	根囲い保護材の大きさ
3m前後	0.1〜0.15	38	28	直径60cm以上、深さ50cm以上	直径750mm前後
4〜5m	0.2〜0.35	57〜71	39〜48	直径80cm以上、深さ60cm以上	直径1,200mm前後
6m前後	0.4〜0.6	71〜113	48〜74	直径120cm以上、深さ90cm以上	直径1,500mm前後
7m前後	0.6〜0.75	141	91	直径150cm以上、深さ100cm以上	直径1,800mm前後
8〜10m前後	0.75〜0.9	170	108	直径180cm以上、深さ120cm以上	直径2,000mm前後

9mの根鉢

植込み内の設備の桝

参考図書　「建築設計資料集成 地域・都市Ⅱ 設計データ編」日本建築学会編・丸善／「建築家のためのランドスケープ設計資料集」豊田幸夫著・鹿島出版会／「新・緑の仕事」東邦レオ

E3　根囲い保護材と植え桝の大きさ

植え桝の大きさ

樹木の保護（ドイツ）

プラスチック製の保護材

コンクリート製の保護材

擬石の保護材

鋳鉄製の保護材

ステンレス製の保護材

化粧蓋の根囲い保護材

E4 樹木の支柱

1）樹木支柱の種類と特徴
支柱の目的は、支柱をすることにより、風などの原因による樹木の揺れを押さえ、樹木の活着を助けたり、傾きや倒木を防止するために行う。支柱の材料には、一般的な竹や丸太の他、景観を考慮したワイヤーやスチール製、耐久性を考慮した合成樹脂製などがある。

[表1] 支柱の種類と特徴

区分	支柱の種類	方法と特徴
幹上部支持	八つ掛け支柱	竹や丸太などで3または4方向から支える方法で、植え替えが容易。八つ掛(四脚)、八つ掛(三脚)。
	布掛け支柱	生垣などの列植などに用いられる支持方法で、植え替えが容易。
	ワイヤー支柱	ワイヤーとアンカー、フックを使用した八つ掛け支柱で、景観的に目立たない。
幹中部支持	添え柱	竹などで幹に沿わして埋め込み、細い幹を支持する。幹周が15cm以下のものに使用。
幹下部支持	鳥居支柱	約1m前後の高さ幹部分を丸太を使用して支える方法で、植え替えが容易。二脚鳥居(添え木付)、二脚鳥居(添え木なし)、三脚鳥居、十字鳥居、二脚鳥居組合せ。
	金属製支柱	金属パイプまたは角パイプを使用して支える方法で、植え替えが容易。
地中根鉢固定	樹木地下支柱	抵抗板の付いたパイプなどを使用して根鉢地中で固定して転倒や揺れを防止する方法で、景観的によい。植え替えがやや難。抵抗板設置型地下支柱、打接締め杭式地下支柱、パイプ設置型固定法、溶接金網固定法などがある。

2）樹木支柱での留意点
- 長期間支柱をし続けると、支持根の発達が少なくなる。ある程度揺れるくらいのもが良い。場所があればワイヤーを緩めたワイヤー支柱が適度に揺れることにより根を発達させる。
- 風の影響がないアトリウムや風の影響が少なく、根鉢が大きく重く、揺れる心配のない場合は支柱は必要ない。
- 構造的には、強度を満たすとともに、植え替えの必要が生じた場合のため取り外しのできる構造とする。
- 通行の障害にならないようにする。
- 長期間設置したままにすると支柱のベルトなどが樹木に食い込むことがあるので注意する。
- 環境に配慮すると間伐材などを使用した丸太や竹の支柱の使用が望ましい。

[表2] 支柱形式と適用

支柱形式	目通り(cm) 10	15	20	30	40	50	60	70	80	90	100	110	120	適用
添え柱(一本支柱)	*******													樹高が2m前後の樹木に使用
二脚鳥居(添木付)		************												幹の心が定まっていないもの。並木等。
二脚鳥居(添木無)				*******										幹の心が定まっているもの。並木等。
三脚鳥居					*******									樹高4〜5mの樹木に。独立木、並木等。
十字鳥居								************************						樹高5m以上の場合に。独立木、並木等。
二脚鳥居組合せ									********************					樹高5m以上の場合に。独立木、並木等。
三脚ハツ掛け(唐竹)	*******													樹高3〜4mで、一般の緑地等で使用。
三脚ハツ掛け(丸太)			********************											樹高4m以上で、広い緑地等で使用。
四脚ハツ掛け									********************					特に大木の場合に使用。
布掛け(唐竹)	*******													植え付け間隔が近い列植や生垣等に。
布掛け(丸太)			***************											植え付け間隔が近い列植等に。
ワイヤー支柱								********************						控えが遠い時や支柱を見せたくない場合に。
樹木地下支柱	**													屋上緑化や支柱を見せたくない場合に。

E4 樹木の支柱

樹木地下支柱

布掛け支柱

三脚鳥居支柱

八つ掛け支柱(三脚・竹)

八つ掛け支柱(四脚・丸太)

巨木の移植樹木の支柱

角パイプ支柱

スチール製の支柱(ドイツ)

E5　植栽密度・間隔

1) 植栽密度・間隔

高中木植栽の密度と間隔	一般的には3～5年後の完成を見越して植栽計画をするが、ホテルなど竣工時に見栄えを要求される場合は、植栽時の形状寸法により植栽密度、間隔を決めて設計する。
並木の場合の間隔	街路樹での樹木の間隔は、6～8m前後が一般的である。また、構内の並木の場合、4～5m前後の間隔にすると、歩行者に緑のボリューム感を意識させることができる。ケヤキやサクラなどのように横に広がる樹木は少し広めにし、イチョウやカツラなどのようにスリムな樹形のものはやや狭くする。また、ハナミズキのようにあまり大きくならない樹木の場合は3～4m前後の間隔にするとよい。
生垣の場合の密度	生垣も葉張りで密度を決める。一般的に高さ1.2～1.5mの生垣で3～4本／m、高さ2m前後で2～2.5本／m。樹高3～4mのシラカシやサワラなどによる高い生垣で1～2本／m。生垣の場合、一回り大きな形状のものを植え、刈り込んで仕上げ高さに仕上げると出来上がりがきれいな生垣になる。
潅木類の密度	植栽樹木の葉張りによって植栽密度が決められる。葉張りが30cm前後で10～12本／㎡前後、葉張りが40cm前後で6～8本／㎡前後、葉張りが50cm前後で5本／㎡前後。最低でも葉張りが40cmの場合で5本は植えたい。
グランドカバープランツ類の密度	栽培ポットが置ける個数または植物の繁茂の状態で決める。コニファーやわい性のアベリア・エドワードゴーチャーなどでは16～36株／㎡前後。一般的には25株／㎡前後。
地被植物の密度	栽培ポットが置ける個数または植物の繁茂の状態で決める。タマリュウなどではシート状に栽培されているものはベタ張りとすることが多い。一般的にヘデラ類の密植で36株／㎡前後、フッキソウの密植で100株／㎡前後、コグマザサの密植で49～100株／㎡前後。
芝生の密度	芝生の造成にはコウライシバなどの張芝、洋芝による播種（手蒔き）や種子吹付けがある。また、張芝には目地張り、ベタ張り、市松張り、筋張りがある。一般的には目地張り（目地幅3cm前後で70～80%）またはベタ張り（100%）が多い。
ハーブ・草花の密度	花壇で植え付け時の見栄えを重視する場合には49株／㎡前後と高密度に植えることがあるが、一般的には25株／㎡前後。特にハーブでは夏季のムレを考慮して、3～16株／㎡程度とすることがある。マルチングをして見栄えをよくする。

[表1] 植栽密度例

樹木と区分	密度
街路樹（ケヤキやサクラなど）の場合の間隔	5～8m前後
列植（ハナミズキやコブシなど）の場合の間隔	3～5m前後
高さ5～6mの目隠し植栽（ヒマラヤスギなど）	1本／2m前後
高さ3m前後の高生垣（シラカシやサワラなど）	1～2本／m前後
葉張りのあるキンモクセイなどの生垣	H:1.8で2～2.5本／m
ベニカナメモチやネズミモチなどの一般的な生垣	H:1.5で3～4本／m
サツキやカンツバキなど円形の樹形の潅木類の密植	H:0.3で8～12本／㎡、一般的には10本／㎡
ツツジ類など大型の円形の潅木類の密植	H:0.4で6～10本／㎡、一般的には8本／㎡
ドウダンツツジなど楕円形の樹形の潅木類の密植	H:0.6で8～12本／㎡、一般的には10本／㎡
ツゲなど細い楕円形の樹形の潅木類の密植	H:0.8で8～12本／㎡、一般的には12本／㎡
ポット栽培のコニファー類や潅木類の密植	16～36株／㎡、一般的には25株／㎡前後
ヘデラ類などのツル植物の密植	16～49株／㎡、一般的には36株／㎡前後
コグマザサやフッキソウなどの地被植物の密植	49～100株／㎡、一般的には49株／㎡前後
タマリュウやリュウノヒゲなどの地被植物の密植	49～144株／㎡、一般的には100株／㎡前後

参考図書　「建築設計資料集成 地域・都市Ⅱ 設計データ編」日本建築学会編・丸善／「建築家のためのランドスケープ設計資料集」豊田幸夫著・鹿島出版会

E5　植栽密度・間隔

カツラ並木(間隔約5.5m)

ハナミズキ列植(H=4m、間隔3.5m)

タブノキの防風植栽(H=7m、間隔約3m)

サワラの列植(H=3m、1本／m)

キンモクセイの生垣(H=1.8m、2.5本／m)

レッドロビンの生垣(H=1.5m、3本／m)

植栽時のグランドカバー類の密度(潅木類:8本／㎡、グランドカバー類:25本／㎡)

植栽1年後の状態

E6　苗木植栽による森づくり

1）苗木植栽（または幼苗）による森づくりと特徴
苗木植栽による森づくりとは、コンテナで栽培された樹高50～100cm程度の苗木を使用し、高密度（1～2本／㎡）に植え、速やかに樹林の形成を目的とした緑化である。苗木は、計画地の潜在自然植生図や現況植生図により樹木を選び、高木、中木（亜高木）、低木の多層林の構成とし、多種類の樹種を植える。

［表1］苗木（または幼苗）植栽の特徴
- 植栽工事費が安価で、活着率が良い。
- 埋め立て地などの強風地や急斜面地などの悪条件地における緑化が容易である。
- 植栽直後は見栄えはよくないが、5年程度で、成木と同じ樹高に成長し、速やかな緑化が可能。
- 樹林内部はうっ閉状態になりやすい。

3）苗木（または幼苗）植栽の維持管理
苗木植栽による森づくりでは、当初、植栽後3年程度、育成時の除草、つる切りなどの維持管理のみでよく、そのあとは自然淘汰され、自然な樹林となると考えられていた。雑草より背丈が高い、樹高1m程度の苗木では除草作業がやや少なくなる。しかしながら、植栽後10年後には外観的には樹林を形成するが、自然淘汰（間引き）はされず、樹林内部はうっ閉状態で、幹は細く、下草の発生もほとんど見られない。したがって、苗木植栽による森づくりでは、目標に応じ、伐採などの適切な管理が不可欠となる。一般的に、間伐は5年目頃に必要になる。

［表2］苗木植栽の維持管理例

植栽後	管理作業例
1～3年	除草、ツル切り。病虫害防除・潅水・施肥適宜。樹高1m程度の苗木では除草作業がやや少なくなる
5年後	間伐。病虫害防除・施肥適宜。通行等に支障を生じた場合には剪定が必要。
10年後	間伐。病虫害防除適宜。通行等に支障を生じた場合には剪定が必要。

4）苗木植栽の密度・配植

一般的な緑地	植栽密度は樹高1m程度の苗木を使用する場合には1本／㎡を標準とする。樹高0.5m程度の苗木を使用する場合には2本／㎡程度とする。郷土樹種の混植を原則とし、千鳥植栽、同一樹種を小グループにまとめて植える。苗木は根の痛みが少ないコンテナ栽培苗を使用する。
海岸埋立地	潮風を直接受けるような場所や強風地など環境条件が厳しい場所では、樹高0.5m程度の苗木を使用して2本／㎡と高密度に植える。防風ネットの設置が望ましい。
苗木植栽林縁部	低木や中木を主体にランダムな自然風な植栽とする。樹高0.5m前後の低木では5本／㎡前後の密度で、同一樹種を小グループにまとめて植える。

5）植栽基盤
苗木植栽の場合、植栽基盤の良否が樹林形成の影響するため、植栽基盤造成には十分留意した計画・設計をする必要がある。

植栽基盤は現地発生の良質土を使用して築山を造成、その上に良質の客土を施すか改良土壌を敷く。水はけのよい植栽地盤とし、有効土層の上層の20～30cmは、物理性・化学性・微生物に優れた改良土壌などを使用する。また、表層には、ワラやバーク堆肥などのマルチングを施す。雑草対策には苗木の根元に紙製のマルチ材を設置することが望ましい。剪定枝のウッドチップを使用する場合には3cm以下とする。厚すぎると腐朽菌が発生し、樹木を枯らすことがあるので注意する。

参考図書　「エコロジー緑化技術マニュアル（幼苗植栽技術の手引き）」（財）日本緑化センター／「自然再生とひとにやさしいエンジニアリング」金井格監修・技報堂出版

E6　苗木植栽による森づくり

高木と苗木による森づくり

15年後の状態

15年後の間伐が必要な内部の状況

常緑のポット苗

落葉の苗木による雑木林づくり（1本／3㎡）

森づくりの林縁部の植栽例

防風ネット

植栽基盤の造成

6) 知っておきたい生態学用語

植生	ある地域に見られる植物群落の様相
植生図	植生の状態を地図化したもので、これにより自然状態を把握し、自然保護や開発などの土地利用計画の指針として使われる。現存植生図や潜在自然植生図などがある
潜在自然植生図	人為的な影響を排除した状態に保った場合に現れてくる、その地域本来の自然の植生を想定した理論的な植生。
自然林	人為的な影響をあまり受けていないか、影響が感じられない林。
二次林	原生林が天災や伐採などのあとに自然に生えてきたもの。かつての武蔵野の雑木林やアカマツ林など。
マント群落	森林などの林縁部にできる群落で、つる植物や低木などによって構成されている。
ソデ群落	森林などの林縁部にできる群落で、マント群落より森林の外側にでき、草本類からなる。マント群落もソデ群落も森林への風の吹込みや土砂の流失などを防ぎ、森林を保護する働きをしている。

[表3] 代表的な自然林と植栽適性樹種（例）*

植生型	常緑広葉樹林				落葉広葉樹林		
植生学的位置づけ	ヤブツバキクラス				ブナクラス		
	タブ林	シイ林	シラカシ林	コナラ林	ブナ林		クリ・ミズナラ林
地域・代表的な都市	東京南部、川崎、浜松、堺、富山、出雲	横浜、千葉、清水	前橋、宇都宮、いわき、津山、山口	山地を除く本州全土	日本海側、函館、青森、山形、盛岡	本州の太平洋側、四国・九州の山地	四国・中国の山地、および中部以北
高木	タブノキ、アラカシ、スダジイ、クスノキ、ヤマモモ、ユズリハ、イヌマキ、エノキ、ケヤキ	スダジイ、アカガシ、シラカシ、コジイ、ヤマモモ、ウラジロガシ、クロガネモチ、モチノキ、コナラ	シラカシ、アカガシ、コジイ、ユズリハ、スダジイ、モミ、イヌシデ、コナラ、ヤマモミジ	コナラ、クヌギ、クリ、エノキ、イヌシデ、ヤマザクラ、アカシデ、ウワミズザクラ、コブシ	ブナ、アカシデ、コナラ、ホオノキ、イタヤカエデ、ミズナラ、ミズキ、アスナロ、ヒバ	ブナ、ウワミズザクラ、クマシデ、トチノキ、ケヤキ、ハウチワカエデ、ウラジロモミ、ツガ	ミズナラ、ヤマモミジ、クリ、アカシデ、ブナ、アズキナシ、クマシデ
亜高木	カクレミノ、シロダモ、ネズミモチ、ヤブツバキ、サンゴジュ、ウメモドキ	クレミノ、シロダモ、ソヨゴ、ヤブツバキ、サンゴジュ、ネズミモチ、ヒイラギ、モッコク、イヌビワ	シロダモ、ヤブツバキ、サカキ、サンゴジュ、ネズミモチ、モチノキ	リョウブ、ミズキ、エゴノキ、マユミ、ウリハダカエデ、サワフタギ	ガマズミ、オオカメノキ、ヤブデマリマルバマンサク、マルバアオダモ、タムシバ、キタコブシ、ナツハゼ、ヤマウルシ	ヤマボウシ、ヤマモミジ、コブシ、アオダモ、リョウブ、ナツツバキ、ヒメシャラ、ユズリハ、マンサク、ムラサキシキブ	リョウブ、アオダモ、ナナカマド、ウリハダカエデ、ハウチワカエデ
低木	イヌツゲ、シャリンバイ、トベラ、ヒサカキ、アオキ、クチナシ、サザンカ、サンショウ、ヤツデ、ツクバネウツギ、コマユミ、ニシキギ、マンリョウ等	イヌツゲ、シャリンバイ、トベラ、ヒサカキ、アオキ、アセビ、クチナシ、シキミ、マサキ、サンショウ、マルバウツギ、ミツバツツジ、ヤマツツジ、マンリョウ等	イヌツゲ、サザンカ、シキミ、アオキ、シュロ、チャノキ、ナンテン、ヤツデ、カヤ、サンショウ、ツクバネウツギ、ナツグミ、ニシキギ、ハコネウツギ、マンリョウ等	コバノミツバツツジ、ヤマツツジ、ガマズミ、ヤツデ、アオキ等	コマユミ、エゾアジサイ、ツリバナ、ミヤマイボタ、ハイイヌツゲ、ヒメアオキ、ユキツバキ等	ヤマツツジ、クロモジ、イヌツゲ、ヤマアジサイ、イヌガヤ等	ダンコウバイ、ガナズミ、ミツバツツジ、ノリウツギ、オオカメノキ、ヤマツツジ、ツクバネウツギ、ムラサキシオ等

*引用文献　「エコロジー緑化技術マニュアル（幼苗植栽技術の手引き）」(財)日本緑化センターより一部加筆して引用
参考図書　「自然保護と生態学」沼田真著・環境科学叢書／「緑地保全の生態学」井出久登著・東京大学出版会／「植物と人間 生物社会のバランス」宮脇昭著・NHKブックス

E6　苗木植栽による森づくり

[図1]日本の自然植生図と主な自然林**

凡　例

■：低小草原

▢（点）：常緑針葉樹林(ハイマツ林、シラビソ、オオシラビソ林、エゾマツ、トドマツ林、トウヒ林など)

▢：落葉広葉樹林(ブナ林、サワグルミ林、ツガ林、シラカバ林、ヤナギ林など)

▢（横線）：常緑広葉樹林(スダジイ林、タブ林、ウラジロガシ林、コナラ林、スギ林、クロマツ林、アカマツ林、マングローブ林など)

**引用文献　「建築家のための造園設計資料集」豊田幸夫著・誠文堂新光社
参考図書　「日本の植生図鑑(Ⅰ)森林」、「日本の植生図鑑(Ⅱ)人里・草原」保育社／「原色現代科学大辞典3植物」学研

E7 法面緑化・植栽

1）法面・斜面の勾配の表示方法
法面・斜面の勾配の表示方法には度、％、割合、分などいろいろな表示がある。外構の舗装勾配では％で、法面では一般的に割合表示とすることが多い。

2）法面勾配と植栽
低木以上の樹木を植栽する場合には、2割（1:2）より緩やかとする。最大でも30度以下とする。また、芝刈機械を使用する場合には、3割（1:3）以下とする。

[表1] 法面勾配と植栽・緑化工法

法面の勾配	植栽・緑化工法
1％以上	シバの最低水勾配3％以上が望ましい。
10％前後	苗木植栽での森づくりでの好ましい築山の勾配。
5割（1:5）以下	除雪車が進入可能な勾配。
3割（1:3）以下	芝刈機械の使用が可能。
2割（1:2）以下	3m前後の樹木の植栽可能。
30度	3m前後の樹木の植栽の限界。土壌や基盤によっては土壌流失防止のための法枠が必要。
30度以上45度以下	種子吹付工法、植生マット工法、植生袋工法などの土木的な緑化工法や、苗木と簡易土留め材（シガラや簡易法枠等）使用の生態学的手法（自然配植緑化）などの緑化工法とする。
45度以上60度以下	基盤材吹付工法や基盤材充填工法などの特殊緑化工法とする。
60度以上75度以下	擁壁兼用の緑化ブロック、溶接金網カゴ使用の緑化とする。または、壁面緑化とする。
75度以上	壁面緑化とする。

3）法面での植栽での留意点
1. 法面は乾燥しやすいので、耐乾燥のあるやせ地でもよく生育する樹木の植栽が望ましい。
2. 法面に樹木を植栽する場合には、1m以上の草の背丈より大きな形状のものを植えるか、雑草防止として紙マルチなどを使用する。また、大きな樹木を植える場合には必ず支柱を設ける。
3. 植栽基盤は物理・化学性に優れたものとし、雨水を貯めやすくまた余剰水を速やかに排水基盤とする。排水の悪い基盤の場合、排水層とパーライト詰め通気・排水管を設置する。
4. 植栽する樹木は、ポット苗のほか、切り株などの植栽方法がある。一般の高木植栽より生育がよい。
5. 法面の表層は法面崩壊防止・保護と乾燥防止のために、地被植物などで被うことが必要。

4）法面緑化に使用するシバ
土壌浸食防止用種子としては、乾燥地ややせ地でも生育し、発芽率がよく、生育が早く、地表面をすみやかにカバーできることなどの条件を満たすこと必要である。しかしながら、計画地の環境状況や施工時期などによりこれらの条件を1種類で満たすことは難しいので、3種類前後の混播とすることになる。

一般的な土地で使用するシバの種類の例としては、ケンタッキー31フェスク（40％）、レッドトップ（20％）、レッドフェスク（20％）、ホワイトクローバー（20％）、基準播種量は20～25G/㎡。

シバ以外で入手が可能な郷土植物の種子として、草本では、ヨモギ、イタドリ、ススキ、メドハギなど、木本では、ヤマハギ、イタチハギ、エニシダ、ヤシャブシ、ヤマハンノキなどがある。ただし、いずれも発芽率、発芽勢が悪いので洋シバと混播する。

参考図書 「新・緑の仕事」東邦レオ／「建築家のための造園設計資料集」豊田幸夫著・誠文堂新光社

[図1] 法面・斜面の勾配の表示方法

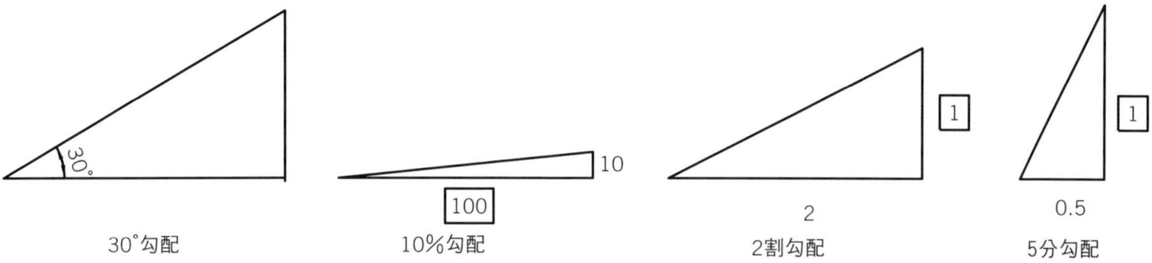
30°
10
100
1
2
1
0.5
30°勾配
10%勾配
2割勾配
5分勾配

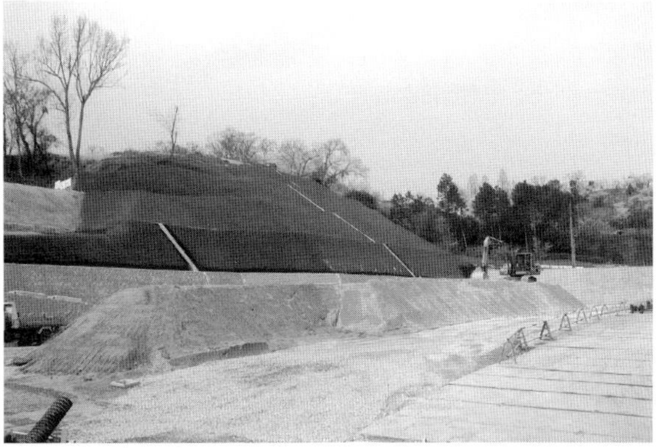
種子吹付けの法面緑化

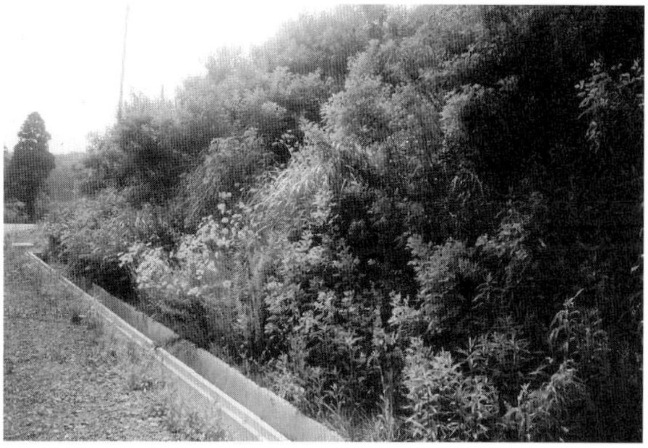
郷土植物による法面緑化

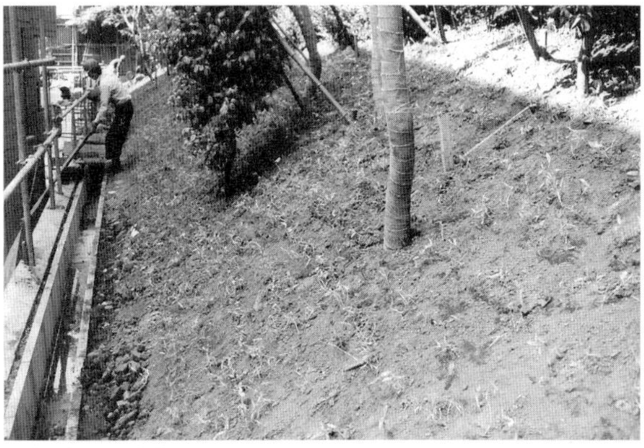
30度の勾配での植栽

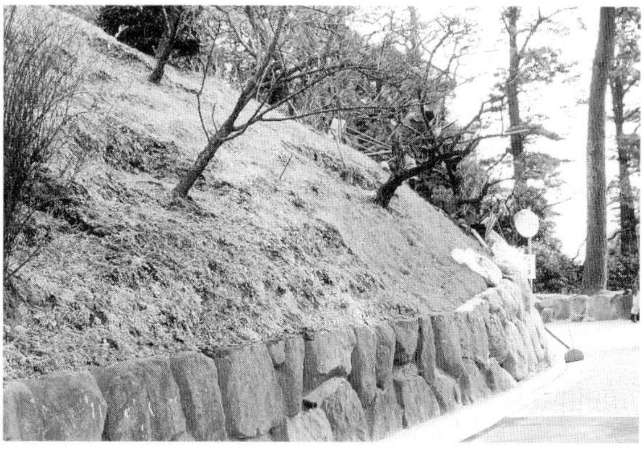
急勾配でのウメの植栽

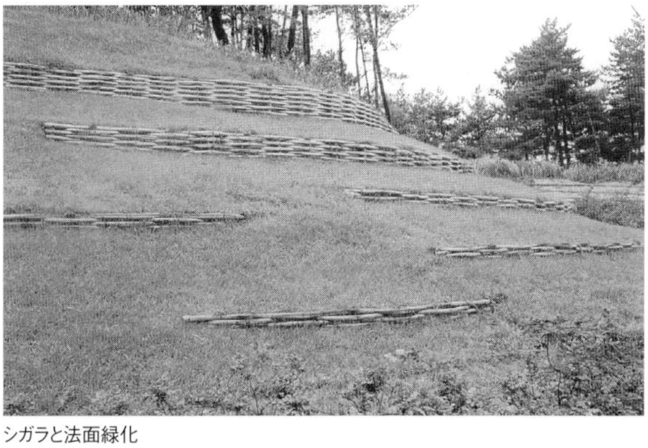
シガラと法面緑化

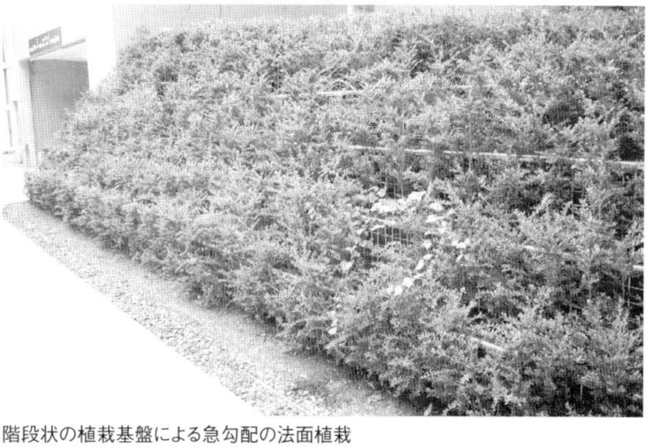
階段状の植栽基盤による急勾配の法面植栽

E8　芝生と芝生の原っぱ

1）シバと日照条件
コウライシバやノシバなどの冬枯れする日本シバは、春から秋の生育期間の間は最低4～5時間の日照が必要である。したがって、建物の北側のみならず、樹木の下も生育が難しい。日照条件が足りない場所では、タマリュウやリュウノヒゲ、フッキソウ、ヘデラ類などの耐陰性のある地被植物を使用する。ただし、踏圧に耐えられないので芝生のような利用は出来ない。また、シバが1000円前後とすると、耐陰性のある地被植物を使用して当初より見栄えよくしょうとすると、約10倍前後のコストとなる。ただし、関東以西の海岸よりの暖地で日陰地の場合では、耐踏圧性はないが、播種ができる常緑地被植物のディコンドラを使用することも可能である。

2）日本シバと西洋シバの比較
芝には本州以南に自生し強健なノシバ、一般の芝によく使用されるコウライシバ、コウライシバより葉が細いヒメコウライシバなどの日本シバと、ベントグラス類、ブルーグラス類などの西洋シバに分類できる。潅水、芝刈り、施肥、病虫害防除などのメンテナンスを考えると、関東、関西での庭や緑化などに使用する芝は、日本芝を使用するが一般的である。

[表1]日本シバと洋シバとの比較

項目	日本シバ	西洋シバ
種類	ノシバ、コウライシバ、ヒメコウライシバ、ビロードシバなど種類が少ない。	ベントクラス類、ブルーグラス類、フェスキュー類、ライグラス類、バミューダーグララス類など種類が豊富。
特性	・冬に枯れる(沖縄は別)。 ・暖かい気候に適し、強健で病虫害にも強い。 ・日照時間が4～5時間最低必要。 ・踏圧に対する耐久性に優れる。 ・張芝による。	・ほとんどのものが常緑(バミューダグラス類は冬枯れる。ライグラス類は夏に枯れる。) ・冷涼な気候に適し、夏には病気が出やすい。 ・日陰地に耐えられる種類がある。 ・踏圧に対する耐久性にやや劣る。 ・種子繁殖が可能なので芝生造成が簡単。
管理	比較的容易。	夏の潅水、施肥、病虫害防除などの管理が日本シバ以上に必要。

3）気象条件と公園・庭に使用するシバ

北海道	ケンタッキー・ブルーグラスの張芝が一般的で、ケンタッキー・ブルーグラスとベントグラス類やレッドトップ、トールフェスクなどの混播も多く使われる。
本州の寒冷地(軽井沢等)	管理と郷土種を考えると寒さに耐えられるノシバで、植栽コストを考えるとベントグラス類やケンタッキー・ブルーグラス類を播種することが多い。
本州から九州	コウライシバやノシバの目地張りが一般的で、ヒメコウライシバやバミューダグラス類なども使用される。

4）土壌飛散防止としてのシバの利用
増設予定地などで土壌の飛散防止を目的として使用するシバは、建設コストが安く、草丈が低いことが望まれるため、洋シバの播種または吹付けが一般的である。環境条件や土壌条件、施工時期、竣工時期などを考慮して最適なシバを選ぶことが必要である。本州の比較的暖かい地域での例では、一般的にホワイトクローバー(100％)、またはペレニアル・ライグラス(40％)、バミューダグラス(40％)、ホワイトクローバー(20％)などの混播などのシバを使用する。

参考図書　「建築家のための造園設計資料集」豊田幸夫・誠文堂新光社

5）張芝・播種（手播き）、種子吹付け

張芝	マット状に栽培されたものを張っていく方法。目地張り、ベタ張り（100％張り）、市松張り、筋張りなどがある。一般的に、目地張り（目地幅3cm前後、70〜80％張り）とする。
播種（手播き）	種子を手で播く方法。ムラになるので、補修のために2回程度追い播きする。小規模な場所や吹付け用の機械が使用できない場所に適する。
種子吹付け	土木的なスケールではいろいろな方法があるが、一般的な方法としては、ポンプを使用して水に種子、肥料、ファイバー類、粘着剤などを加えた混合物を水圧で散布する。ムラが少ない上に施工能率がよい。広い場所に適する。

6）芝生と土壌条件

きれいな芝生を造るには、ベースとなる土壌条件をよくすることが重要である。根が充分に張れるように30cm前後は植栽基盤を柔らかくするし、3〜5cmの客土を施す。表面は水はけをよくするために最低1％以上の水勾配を付ける。

7）芝生の原っぱ

芝生の原っぱとは、植栽時にはノシバやコウラシバなどの芝で緑化し、雑草も緑化植物と見なして管理していく緑地で、潅水も基本的には行わず、年3〜4回の芝刈りと大型の雑草の手抜き除草のみを原則とし、除草剤や病虫害防除、施肥などをほとんど行わないローメンテナンスの緑化。

[表2] 維持管理の比較

比較項目	芝生	芝生の原っぱ	ビオトープの原っぱ
芝(草)刈り	年5〜6回	年3〜4回	年1〜2回
除草	年3〜4回	手抜き除草、年2〜3回	手抜き除草、年1〜2回
病虫害防除	年2回	無農薬	無農薬
施肥	年2〜3回	基本的になし	なし
潅水	定期的な潅水をする	特になし	なし

公園の樹木下の芝地

屋上の芝生の原っぱ

E9　小住宅と植栽樹木

1）小住宅などに適する主な樹木

密集した住宅地などでケヤキやクスノキなどの大きくなる樹木を植えると、日照問題や落葉の問題が生じる。小住宅では、ハナミズキやナツツバキなどのような落葉小高木を主体に、キンモクセイやサザンカなどの中木類、サツキやツツジ類、アジサイ、ジンチョウゲなどの花潅木類などを植栽し、多年草や一年草などの草花を植えて、四季を楽しめる庭にすることが望ましい。

[表1] 小住宅でよく使用される樹木・植物

分類	樹木・植物
生垣	ベニカナメモチ、レッドロビン（セイヨウカナメモチ）、ネズミモチ、キンモクセイ、ヒイラギモクセイ、マサキ、サザンカ、イボタノキ、ベニバナトキワマンサク、イヌマキ、イヌツゲ、イチイ、カイズカイブキ、ニオイヒバ、カマクラヒバ、ドウダンツツジ等
針葉樹	イヌマキ、イチイ、カイズカイブキ、ニオイヒバ、カマクラヒバ、コノテガシワ、エレガンテシマ、サワラ、スカイロケット等
コニファー類	タマイブキ、キャラボク、ハイビャクシン、フィリフェラ・オーレア、ブルーカーペット、ブルーチップ等
常緑高中木	モッコク、ヤマモモ、タイサンボク、オガタマノキ、ユズリハ、イヌツゲ、カクレミノ、キンモクセイ、サザンカ、ヤブツバキ、ソヨゴ、シマトネリコ、マユミ、オリーブ、ゲッケイジュ、ミモザ、ヤツデ等
落葉高中木	ロウバイ、トサミズキ、ウメ、シダレウメ、ゲンペイシダレ、エゴノキ、カイドウ、カキノキ、サルスベリ、シモクレン、シャラノキ（ナツツバキ）、ハナミズキ、ハナズオウ、ムクゲ、ヤマボウシ、ユスラウメ、ザクロ、イロハモミジ、ノムラカエデ、ベニシタン、ウメモドキ、ニワウメ、サンシュユ、オウバイ、マンサク、ライラック、クロモジ、ムラサキシキブ、キングサリ、ギョリュウ等
家庭果樹	カリン、ナツミカン、キンカン、ユズ、ハナユ、カキノキ、ザクロ、ウメ、ナツグミ、イチジク、ブルーベリー、アメリカザイフリボク（ジューンベリー）、キイチゴ、ムベ、アケビ、ブドウ、キウイ等
竹・ササ	マダケ、モウソウチク、キンメイモウソウ、クロチク、ダイミョウチク、ホウオウチク等、コグマザサ、オカメザサ、チゴザサ等
特殊樹木	シュロチク、カンノンチク、トウジュロ、シュロ、ソテツ、キミガヨラン、ホンコンカポック等
常緑低木	アオキ、アベリア、アベリア・エドワードゴーチャー、フイリノアオキ、アセビ、カンツバキ、キャラボク、クサツゲ、クチナシ、コクチナシ、サツキ、ジンチョウゲ、セイヨウシャクナゲ、カルミア、ヒラドツツジ、クルメツツジ、オオムラサキ、ナンテン、オタフクナンテン、ヒイラギナンテン、シャリンバイ、マルバシャリンバイ、ビョウヤナギ、ハクチョウゲ、セイヨウイワナンテン、セイヨウイワナンテン・レインボウ、ピラカンサ、コトネアスター、ヒペリカム・ヒデコート、ヒペリカム・カリシナム、クサツゲ、エリカ等
落葉低木	アジサイ、ガクアジサイ、カシワバアジサイ、ヤマアジサイ、コデマリ、オオデマリ、ユキヤナギ、ドウダンツツジ、ミツバツツジ、レンゲツツジ、ヤマツツジ、ヤマハギ、ミヤギノハギ、バラ、フヨウ、ボケ、ヤマブキ、レンギョウ、シナレンギョウ、ニシキギ、アキグミ、リュウキュウバイ、サンショウ、エニシダ、ニワフジタニウツギ、ハコネウツギ、ウツギ、バイカウツギ、ヒュウガミズキ、メギ、フヨウ等
常緑地被植物	タマリュウ、リュウノヒゲ、フッキソウ、キチジョウソウ、ヤブラン、フイリヤブラン、シャガ、ヒメシャガ、ノシラン、アジュガ、ヤブコウジ、マンリョウ、センリョウ、シバザクラ、トクサ、ハラン、ツワブキ等
落葉地被植物	コウライシバ、ノシバ、ギボウシ、ドイツスズラン、ホトトギス、シラン等
つる植物	ビンカ・ミノール、ビンカ・マジョール、ヘデラ・ヘリックス、ヘデラ・カナリエンシス、ハツユキカズラ、ツルマサキ、フジ、ツルバラ、モッコウバラ、ノウゼンカズラ、アメリカノウゼンカズラ、トケイソウ、クレマチス、ツキヌキニンドウ、サネカズラ、テイカカズラ等

庭園改修前

庭園改修後（落葉樹種主体の明るい庭に改修）

E10　自然風の庭・洋風の庭と植栽樹木

1）自然風な庭によく使用される樹木

心地よい自然風な庭とする場合は、ナツツバキやエゴノキ、ヤマボウシ、モミジ、コブシなど落葉樹主体の雑木の庭とするとよい。また、樹木は株立ちのものを使用すると柔らかい感じの庭となる。

[表1]自然風な庭によく使用される主な樹木

常緑高中木	アラカシ、シラカシ、サザンカ、ソヨゴ、ヤブツバキ等
落葉高中木	エゴノキ、コナラ、コブシ、クヌギ、ケヤキ、ソロ、シャラノキ（ナツツバキ）、ヒメシャラ、ムラサキシキブ、ヤマザクラ、ヤマボウシ、ヤマモミジ等
常緑低木	アオキ、アセビ、アベリア、コクチナシ、サツキ、ジンチョウゲ、ツツジ類、ナンテン、ビョウヤナギ等
落葉低木	アジサイ、ガクアジサイ、ドウダンツツジ、ハギ類、ミツバツツジ、ヤマツツジ、ヤマブキ等
常緑地被植物	タマリュウ、リュウノヒゲ、シャガ、ヒメシャガ、ノシラン、フッキソウ、ヤブラン、フイリヤブラン、ヤブコウジ等
落葉地被植物	ギボウシ、シラン等
ササ	コグマザサ、オカメザサ、クマザサ等

2）洋風な庭によく使用される樹木

洋風な庭はコニファー類や花木のハナミズキ、シャクナゲ、セイヨウイワナンテン・レインボウなどの樹木を主体に植え、ハーブや草花などを植えることが多い。

[表2]洋風な庭によく使用される樹木

常緑高中木	オリーブ、ゲッケイジュ、イチイ、エレガンテシマ、カイズカイブキ、コノテガシワ、グリーンコーン、ニオイヒバ、ヨーロッパゴールド、レイランディヒノキ、フサアカシア、レッドロビン等
落葉高中木	カイドウ、シモクレン、シラカバ、ハナミズキ、ハナズオウ、ムクゲ、ヤマボウシ、ヤマモミジ、ライラック
常緑低木	アオキ、フイリノアオキ、アセビ、カルーナ、カルミア、キャラボク、クチナシ、コニファー類、サツキ、セイヨウイワナンテン、セイヨウシャクナゲ、ツツジ類、ナンテン、ヒイラギナンテン、ヒペリカム類、ビョウヤナギ、エリカ、ラベンダー、ローズマリー等
落葉低木	アジサイ、ガクアジサイ、カシワバアジサイ、ドウダンツツジ、バラ、メギ、ヤマブキ、レンギョウ等
地被植物	アカンサス、アガパンサス、アジュガ、コトネアスター、シバザクラ、ジャーマンアイリス、ツルマサキ、ビンカ・ミノール、ビンカ・マジョール、ヘデラ類、フイリヤブラン等
落葉地被植物	ギボウシ、スイセン、ドイツスズラン等

自然風な庭の植栽（エゴノキ、シャラノキ、ツバキ、サザンカ等）

洋風な庭の植栽（コニファー類、シャクナゲ、ドウダンツツジ等）

E11　植込み・グランドカバーの植物

1）植込みやグランドカバーに植えられる植物

植込み部分で潅木などを植栽する場合、樹木の生長を考慮して、後ろには背の高くなる樹木を配置し、段々背の低くなるものを植える。また、多様な花潅木類や花咲く地被植物を植えると四季を楽しめる。

景観とともに雑草の繁茂を押さえるために地被植物などでグランドカバーすることが望ましい。その際、伐採材をチップ化したマルチング材を敷設すると、植物が地表を被うまでの間、雑草の浸入防止と景観的にも好ましいものとなる。

[表1] 植込みなどによく使われる植物

常緑	背の高いもの	ヤツデ、マサキ、サザンカ、タチカンツバキ、イボタノキ、ベニカメモチ、レッドロビン、ベニバナトキワマンサク、トキワマンサク等
	比較的背の高いもの	アオキ、アセビ、イヌツゲ、キンメツゲ、シャリンバイ、マルバシャリンバイ、トベラ、ヒイラギナンテン、ヒサカキ、サカキ、ハマヒサカキ、ナンテン、ヒイラギナンテン、セイヨウイワナンテン、ハクチョウゲ等
	花木でやや背の高いもの	アベリア、ヒラドツツジ、リュウキュウツツジ、クルメツツジ、オオムラキツツジ、ジンチョウゲ、ハクチョウゲ、クチナシ、ビョウヤナギ、ヒペリカム・ヒデコート、ヒュウガミズキ等
	比較的背の低いもの	ハイビャクシン、ハイネズ、フィリフェラ・オーレア、キャラボク、オタフクナンテン、クサツゲ、コトネアスター、ピラカンサ等
	花木で比較的背の低いもの	サツキ、コクチシ、カンツバキ、ヒペリカム・カリシナム、アベリア・エドワードゴチャー、アベリア・フランシスメイ等
	地被植物	タマリュウ、リュウノヒゲ、フッキソウ、ヘデラ類、コグマザサ、オカメザサ等
	花の美しい地被植物	アジュガ、ヒメシャガ、シャガ、ヤブラン、フイリヤブラン、ノシラン、シバザクラ、マツバギク、アジュガ、ビンカ・ミノール、キリンソウ等
	ハーブ類	ローズマリー、ラベンダー、ミント類、セージ類等
落葉	やや背の高い花木または紅葉樹	アジサイ、ガクアジサイ、ヤマアジサイ、カシワバアジサイ、ドウダンツツジ、サラサドウダン、レンギョウ、シナレンギョウ、レンゲツツジ、ミツバツツジ、ガマズミ等
	花木または紅葉樹	コデマリ、オオデマリ、ヤマハギ、ハマナス、ユキヤナギ、ヤマブキ、ニシキギ等
	花の美しい地被植物	ギボウシ、ドイツスズラン、宿根バーベナ、スイセン、ハナニラ等

植栽直後の花潅木類・地被類の混植寄せ植え

1年後の自然な感じになった状態

E12　並木や生垣と植栽樹木

1）並木

並木は都市環境に潤いをもたらすほか、大気浄化機能、道路に影をつくることなどにより都市のヒートアイランド現象の緩和などの効果を有する。また、一方落葉や住宅に対する日当たりなどの問題から、枝を強く剪定されたり、撤去されることもある。都市の環境改善を考えると、電線や住宅への日当たりなどの問題から歩道沿いに街路樹を配置するのでなく、中央分離帯に配置することが望ましい。一方、電線や住宅への日当たりの心配のない構内道路では、歩道沿いに配置することにより、通行者に快適さを感じさせることができる。
駐車場では、樹液が車を汚す恐れがあるので、マツ類やサクラ類などは適さない。

[表1]並木によく使われる樹木

常緑樹	スギ、／クスノキ、タブノキ、ユズリハ、シラカシ、ヤマモモ、オリーブ、フサアカシア、ユーカリノキ等
落葉樹	カラマツ、メタセコイア、／プラタナス、フウ、モミジバフウ、トウカエデ、トチノキ、アキニレ、ハルニレ、ケヤキ、シダレヤナギ、アオギリ等
花木	サクラ類、ハナミズキ、ヤマボウシ、サルスベリ、ユリノキ、ニセアカシア、エンジュ、コブシ、ハクモクレン、シラカバ、アメリカデイコ、デイコ、リンゴ等
紅葉樹	イチョウ、カツラ、ナナカマド、ナンキンハゼ等
特殊樹	トウジュロ、フェニックス、ワシントンヤシ等

2）生垣

生垣に使用する樹木は、萌芽力が強く、刈り込みに耐える樹木が適する。風が強い場所ではキンモクセイの生垣は適さない。生垣、高生垣とも下枝が上がってくるので、生垣の下には潅木類を植栽することが望ましい。

[表2]生垣によく使われる樹木

高生垣	シラカシ、アラカシ、モチノキ、サワラ、ヒマラヤスギ等
海岸地	イヌマキ、カイズカイブキ、ウバメガシ、サンゴジュ、マサキ、イヌツゲ等
日陰地に耐える樹木	シラカシ、アラカシ、サンゴジュ、サザンカ、ヤブツバキ、レッドロビン（セイヨウカナメモチ）、ネズミモチ、ヒイラギモクセイ、イヌツゲ、イボタノキ等
花木	キンモクセイ、サザンカ、ヤブツバキ、ベニバナトキワマンサク等／（落葉）ドウダンツツジ等
新緑の美しい樹木	ベニカナメモチ、レッドロビン（セイヨウカナメモチ）
針葉樹	イチイ、カイズカイブキ、クジャクヒバ、ニオイヒバ、チャボヒバ、サワラ、イヌマキ等
狭い場所	ナリヒラダケ、ヤダケ等
フェンス＋つる植物	（花木）ツルバラ、ツキヌキニンドウ等、（日陰地）ムベ、サネカズラ等

シラカシの高生垣

目隠しのためのグリーンコーンの生垣

E13　日陰地の植栽樹木

1）日陰地での植栽

建物の陰のみならず、ウォールなどの構造物、既存樹木などの影響も考慮する必要がある。北側であっても開放的な場所であれば、建物の色に影響されるが、反射光がある程度期待できるので、比較的いろいろな樹木が植えられる。一番厳しい環境は高層ビルの中庭など井戸のようになった場所で、上からの若干の光しか期待できない所では、リュウノヒゲや観葉植物のような極耐陰性のある植物しか生存が難しい。

また、樹木の下の潅木や地被植物は耐陰性のある植物を選ぶ必要がある。コウライシバなどでは生育期間は最低4時間以上の日照が必要で、花木や果樹は日当たりが悪い場合には花芽の形成が少なく、花や実付が悪くなるので注意する。

[表1] 耐陰性が強い樹木・植物（日陰地でも生育できる植物）

常緑高中木	アスナロ、カヤ、イヌガヤ、シマトネリコ、ヤブツバキ、トウツバキ、サカキ、ヒサカキ、カクレミノ、ヒイラギ、ヒイラギモクセイ等
常緑低木	ヒメアスナロ、ヒイラギナンテン、ハマヒサカキ、ヒサカキ、ヤツデ、アオキ、カンツバキ、ナギイカダ等
地被植物	リュウノヒゲ、タマリュウ、キチジョウソウ、フッキソウ、ヤブラン、フイリヤブラン、ヤブコウジ、ハラン、シャガ、ノシラン、ツワブキ、ギボウシ等
ツル植物	ヘデラ・カナリエンシス、ヘデラ・ヘリックス、コルシカキヅタ、イタビカズラ、オオイタビ等

[表2] 耐陰性がやや強い樹木・植物（ある程度の日陰地でも耐えられる植物）

常緑高中木	イチイ、イヌマキ、コウヤマキ、ラカンマキ、アカガシ、シラカシ、アラカシ、ゲッケイジュ、モチノキ、イヌツゲ、モッコク、サザンカ、ヤマモモ、サンゴジュ、ソヨゴ、ユズリハ、ネズミモチ、トウネズミモチ、マサキ、ヤブニッケイ等
落葉高中木	トチノキ、ナツツバキ（シャラノキ）、ヒメシャラ、エゴノキ、ハクウンボク、ヤマモミジ、クロモジ等
常緑低木	キャラボク、アセビ、アベリア、イヌツゲ、クサツゲ、クチナシ、コクチナシ、コトネアスター、サルココッカ、シャリンバイ、マルバシャリンバイ、シャクナゲ、ジンチョウゲ、ナワシログミ、ナンテン、トベラ等
落葉低木	アジサイ、ガクアジサイ、ヤマアジサイ、ノリウツギ、ニシキギ等
地被植物	アジュガ、ディコンドラ、セキショウ、シロバナサギゴケ、セキショウ、ビンカ・ミノール、コケ類等
ツル植物	スイカズラ、テイカカズラ、ビナンカズラ、ムベ等
特殊樹木	シュロ、トウジュロ、シュロチク、クロチク、クマザサ、オカメザサ、コグマザサ等

[表3] 耐陰性の極めて弱い樹木・植物（生育時に4～5時間の日照時間が必要）

常緑高中木	アカマツ、クロマツ、カラマツ、タギョウショウ、ユーカリノキ等／シラカバ、クリ等
地被植物	ノシバ、コウライシバ、ヒメコウライシバ等

エゴノキ、カンツバキ、タマリュウ　　　カクレミノ、タマリュウ

参考図書　「建築家のための造園設計資料集」豊田幸夫・誠文堂新光社

E14　海岸埋立地の植栽樹木

1）海岸地埋埋立地での植栽
太平洋側の海岸埋立地ではヤマモモなどの常緑広葉樹が主体となる。外周部に常緑樹で潮風の影響を軽減して、内部に花などを楽しめる落葉広葉樹などを植栽する。日本海側の海岸埋立地では冬の潮風の影響などを考慮するとマツ類が適する。工場緑化などでは、郷土樹種の苗木植栽による森づくりが望ましい。
海岸埋立地では、地下水位が高いので築山造成して植えたり、暗渠排水を設置するなどの措置が必要となる。潮風の影響とともに土壌の塩分に対しても考慮する。また、必要によっては防風ネットを設置する。

[表1] 耐潮性が極めて強い樹木・植物

常緑高中木	クロマツ、ウバメガシ、シマトネリコ等
常緑低木	ハイビャクシン、ハイネズ、トベラ、ハマヒサカキ、ナワシログミ、マルバグミ、マサキ、シャリンバイ等
特殊樹木	ユッカラン、アオノリュウゼツラン、カナリーヤシ、ソテツ、ビロウ、フェニックス、ワシントヤシ等
地被植物	ノシバ、バミューダグラス、ペレニアル・ライグラス、イソギク等

[表2] 耐潮性が強い樹木・植物

常緑高中木	イヌマキ、コウヤマキ、ラカンマキ、カイズカイブキ、イスノキ、クスノキ、スダジイ、タブノキ、モチノキ、クロガネモチ、ヤマモモ、ヤブツバキ、モッコク、サンゴジュ、ネズミモチ、トウネズミモチ、ユズリハ、マサキ、ヤブニッケイ、アカガシ、タイサンボク、オリーブ、カンキツ類、モクマオウ、キョウチクトウ等
落葉高中木	シダレヤナギ、エノキ、イチジク、ニセアカシア、エンジュ、ネムノキ、デイコ、アカメガシワ、クサギ等
常緑低木	ハマナス、イヌビワ等
地被植物	コウライシバ、ツワブキ、マツバギク、タイトゴメ、マルバマンネングサ等

[表3] 耐潮性がやや強い樹木・植物

常緑高中木	カヤ、アラカシ、シロダモ、シラカシ、サザンカ、サカキ、ヒサカキ、ヒイラギ、ヒイラギモクセイ等
落葉高中木	カロリナポプラ、クリ、カシワ、アキニレ、サルスベリ、モミジバフウ、ブンゴウメ、プラタナス、トチノキ、オオシマザクラ、ナンキンハゼ、モモ、ハゼノキ、カキノキ、ザクロ、エゴノキ、イボタノキ、アオギリ、キリ、イイギリ、クヌギ、コナラ等
常緑低木	タマイブキ、イヌツゲ、エニシダ、オオムラサキツツジ、ヤツデ、アセビ、アオキ、アベリア、イヌツゲ、クサツゲ、クチナシ、コクチナシ、カンツバキ、ナギイカダ等
落葉低木	アジサイ、ガクアジサイ、ノリウツギ、ウツギ、タニウツギ、ニワフジ、ムクゲ、フヨウ等
地被植物	リュウノヒゲ、タマリュウ、ヤブラン、フイリヤブラン、ヤブコウジ等
ツル植物	イタビカズラ、オオイタビ、サネカズラ、テイカカズラ、ツルマサキ、ムベ、ビンカ・ミノール、ヘデラ類等
特殊樹木	シュロ、トウジュロ、ヤダケ、ダンチク、モウソウチク、クマザサ、オカメザサ、コグマザサ等
野生草花	アサツキ、イソギク、カワラナデシコ、キリンソウ、スカシユリ、ノカンゾウ等
園芸草花	オオキンケイギク、オオマツヨイグサ、シャスターデージー、ハルシャギク、フランスギク、スイセン、タマスダレ、ハナニラ、セイヨウノコギリソウ、ヘメロカリス、マリーゴールド、ルピナス等

クロマツ、シャリンバイ、トベラ等

カイズカイブキ

参考図書　「建築家のための造園設計資料集」豊田幸夫・誠文堂新光社

E15　寒冷地と沖縄の植栽樹木・植物

1）寒冷地での植栽

北海道や軽井沢などの寒冷地では、落葉広葉樹と針葉樹が主体で、常緑広葉樹の植栽は難しい。落葉広葉樹が主体となるが、冬の間の緑の景観として針葉樹は重要である。常緑高木として使えるものはイチイやアカエゾマツ、トドマツなどの針葉樹である。生垣としては、イチイやニオイヒバ、ドウダンツツジ、ニシキギなどが使用される。また、潅木や地被植物を選ぶときには、耐雪性なども考慮する必要がある。

[表1] 寒冷地に適する主な植物

針葉樹	イチイ、ドイツトウヒ、ニオイヒバ、アカエゾマツ、ゴヨウマツ、ストローブマツ、トドマツ、カラマツ、(アカマツ、クロマツ、ヒマラヤスギ、オウゴンクジャクヒバ、ヒムロ)等
落葉高中木	ギンドロ、ポプラ、ドロノキ、オニグルミ、シラカバ、ハルニレ、カツラ、コブシ、ホオノキ、オオヤマザクラ、サトザクラ、ナナカマド、ヤマモミジ、ハウチワカエデ、イタヤカエデ、ハクウンボク、マユミ、ヤマグワ、チシマザクラ、ネグンドカエデ、モモ、ミズキ、シナノキ、ハリギリ、アオダモ、ウンリュウヤナギ、シダレヤナギ、ブナ、クリ、ケヤキ、シンジュ、プラタナス、アンズ、シダレザクラ、サトザクラ、トチノキ、ノムラカエデ、ナツツバキ、ライラック、マユミ、(サワグルミ、シモクレン、ハクモクレン、ユリノキ、カイドウ、ヤマボウシ、ブンゴウメ、ニワザクラ、サンシュユ、マサキ、ムクゲ、ムラサキシキブ、トサミズキ、ニワザクラ、ハナズオウ、マンサク)等
常緑低木	キャラボク、ミヤマビャクシン、ハイネズ、モンタナハイマツ、イヌツゲ、シャクナゲ、エリカ、(アセビ、タマイブキ、クサツゲ、アオキ、サツキ)等
半落葉低木	エゾムラサキツツジ、(リュウキュウツツジ、ミヤマキリシマ)等
落葉低木	ノリウツギ、ホザキナナカマド、ハマナス、キンロウバイ、ニシキギ、レンゲツツジ、ヤマツツジ、ドウダンツツジ、サラサドウダン、ツルウメモドキ、ウツギ、タニウツギ、ハコネウツギ、ヒョウタンボク、カンボク、オオカメノキ、(アジサイ、ガクアジサイ、ヤマアジサイ、ニワウメ、ヤマブキ、コデマリ、シモツケ、レンギョウ、ボケ、ガマズミ、ミヤギノハギ、ヒュウガミズキ、ユキヤナギ)等
地被植物・ツル植物	フッキソウ、コトネアスター、ビンカミノール、ツルマサキ、シバザクラ、イブキジャコウソウ、ラベンダー、ギボウシ、ドイツスズラン、クマザサ、ヘデラ・カナリエンシス、ナツヅタ、(リュウノヒゲ)等

注：( )内はやや耐寒性が弱い樹木

2）沖縄（熱帯・亜熱帯）での植栽

[表2] 熱帯・亜熱帯（沖縄）に適する植栽樹木・植物

常緑高中木	リュウキュウマツ、ナギ、カイズカイブキ、コノテガシワ、クスノキ、ヤブニッケイ、タブノキ、ヤマモモ、マテバシイ、モチノキ、クロガネモチノキ、ヤブツバキ、サザンカ、モッコク、トウネズミモチ、ネズミモチ、サンゴジュ、マサキ、キョウチクトウ、オキナワキョウチクトウ、カクレミノ、ヒメユズリハ、ホルトノキ、モクマオウ、シマトネリコ(H:15m)、イスノキ(H:20m)、ガジュマル(H:20m)、インドゴムノキ、ホンコンカポック、アコウ(H:20m)、イジュ(H:15m・白花)、フクギ(H:20m)、カエンボク(H:20m)、ゲッキツ、ヤコウボク(H:3m)、ポインセチア(H:2m～)、ハイビスカス(H:2～3m)等
落葉高中木	サルスベリ、シマサルスベリ、カンヒザクラ、ウメ、フウ、イイギリ、ハゼノキ、ナンキンハゼ、エゴノキ、ザクロ、アカメガシワ、デイコ、センダン(H:20m・淡紫花)、ホウオウボク(H:15m・朱赤花)等
常緑低木	オキナワハイネズ、ハイビャクシン、オキナワツゲ、ツゲ、ピラカンサ、クチナシ、ナンテン、ヒイラギナンテン、トベラ、ハマヒサカキ、アベリア、ハクチョウゲ、クサトベラ、リュウキョウアセビ、ヒタドツツジ、タイアワンヤマツツジ、ケラマツツジ、センリョウ、クロトン等
落葉低木	ムクゲ、フヨウ、スイフヨウ、バラ、リュウキュウハギ等
竹	ホウライチク、ホテイチク等
特殊樹木	アレカヤシ、ナツメヤシ、ユスラヤシ、トックリヤシ、カナリーヤシ(別名フェニックス)、イトヤシ、ワSシントンヤシ(H:10～20m)、ビロウ(H:10～15m)、シュロ、ソテツ、カンノチク、シュロチク、バショウ、アオノリュウゼツラン、ユッカ類、ドラセナ類、アロエ類等
果樹	カキノキ、モモ、イチジク、ビワ、ポンカン、バナナ、スモモ(H:10m)、フトモモ(H:6～8m)、オオフトモモ(H:10～15m)、パパイヤ(H:5～10m)、レイシ(H:5～6m)、マンゴー(H:30m)、アボガド(H:7～20m)、アダン(H:3～6m)等
ツル植物	ノウゼンカズラ、ブーゲンビレア、モンステラ、ポトス、カエンカズラ、モミジバヒルガオ、ベンガルヤハズカズラ、ウッドローズ、キヅタ等
地被植物	タマリュウ、リュウノヒゲ、ヤブラン、シラン、ツワブキ等
シバ	ノシバ、カオウライシバ、ティフトン、セントオーガスチン等

参考図書　「建築家のための造園設計資料集」豊田幸夫・誠文堂新光社／「北海道の緑化樹」(社)北海道建設業協会／「沖縄の樹木 庭から公園までの緑化植物集」新里孝和監修・平良喜代志著・新星図書出版

E16　湿地・やせ地等の植栽樹木

1）湿地に耐える樹木

常緑高中木	スギ、サワラ、アスナロ、イヌマキ、ラカンマキ、サンゴジュ、ネズミモチ、トウネズミモチ、カクレミノ等
落葉高中木	ラクウショウ、メタセコイア、アキニレ、トネリコ、ハンノキ、ヤチダモ、シダレヤナギ、ドロノキ、サワグルミ、オニグルミ、ミズキ、カツラ、エノキ、クヌギ、コブシ、ムクゲ、サイカチ、サワシバ、センダン、ナンキンハゼ、イチジク、ホオノキ、ポプラ、ヤマボウシ、イロハモミジ、チャンチン等
落葉低木	アジサイ、ガクアジサイ、ウツギ、タニウツギ、イヌビワ、オオデマリ、ナンテン、ヤマブキ、フヨウ等
その他	フジ、ダンチク、メダケ、ハチク等

2）乾燥に耐える樹木

常緑高中木	アカマツ、クロマツ、ドイツトウヒ、モミ、カイズイブキ、コウヤマキ、ウバメガシ、オリーブ、ユーカリノキ、マサキ、ヒイラギ、ヒサカキ、キョウチクトウ等
落葉高中木	カラマツ、イチョウ、ニセアカシア、トゲナシニセアカシア、コナラ、ヤマハンノキ、ヤシャブシ、シラカバ、プラタナス、ウメ、ウンリュウヤナギ等
常緑低木	ハイビャクシン、アセビ、アベリア、トベラ、イヌツゲ、シャリンバイ、マルバシャリンバイ、ナワシログミ等
落葉低木	エニシダ、ボケ等
その他	ノシバ、セダム類、マツバギク、アロエ、ローズマリー、ソテツ、ドラセナ、ユッカ類等

3）急傾斜地に耐える樹木

常緑高中木	スギ、サワラ、ヒノキ、ツガ、ネズコ、モミ、アカマツ、クロマツ等
落葉高中木	ニセアカシア、ヤシャブシ、エンジュ等
落葉低木	ヤマハギ等
その他	マダケ、モウソウチク、ササ類等

4）やせ地に耐える樹木（下線のついているものは根粒菌がついて肥料木となる樹木）

常緑高中木	<u>モクマオウ</u>、<u>フサアカシア</u>、<u>ヤマモモ</u>、アカマツ、クロマツ、イヌマキ、コウヤマキ、ナギ等
落葉高中木	<u>オオバヤシャブシ</u>、<u>ヒメヤシャブシ</u>、<u>ヤマハンノキ</u>、<u>ハンノキ</u>、<u>ニセアカシア</u>、ネムノキ、イヌエンジュ、エンジュ、プラタナス、シラカバ、ヤナギ類等
常緑低木	ハイビャクシン、ハイネズ、ピラカンサ、ナワシログミ、マルバグミ等
落葉低木	<u>ハギ類</u>、<u>アキグミ</u>、エニシダ、ハコネウツギ、ノリウツギ、ウツギ、アベリア、ナツグミ、ニワフジ等
その他	<u>フジ</u>、<u>クズ</u>、クマザサ、ソテツ等

5）排気ガスに耐える樹木

常緑高中木	カイズイブキ、カヤ、イヌマキ、ラカンマキ、コウヨウザン、ウバメガシ、クスノキ、タブノキ、マテバシイ、ヤマモモ、モチノキ、クロガネモチノキ、モッコク、ユズリハ、ヤブツバキ、サザンカ、ゲッケイジュ、サンゴジュ、シロダモ、ヒイラギ、ヒイラギモクセイ、タイサンボク、トウネズミモチ、ネズミモチ等
落葉高中木	イチョウ、アオギリ、アキニレ、プラタナス、トウカエデ、シダレヤナギ、ザクロ、オオシマザクラ等
低木	アベリア、アオキ、アセビ、イヌツゲ、トベラ、オオムラサキツツジ、シャリンバイ、ジンチョウゲ、ヒイラギナンテン、キョウチクトウ等
落葉低木	チョウセンレンギョウ等

参考図書　「建築家のための造園設計資料集」豊田幸夫・誠文堂新光社

E17　四季を彩る植物

1）冬（12～2月）に咲く主な植物（関東近辺の月）

常緑高中木類	タチカンツバキ(11～1)、
落葉高中木類	ウメ類(ブンゴウメ、シダレウメ等)(2～3)、マンサク(1～2)、ロウバイ(1～2)、
常緑低木・潅木類	カンツバキ(11～1)、ジャノメエリカ(12～3)、ヒイラギナンテン・チャリティー(12～1)
常緑多年草草花類	クリスマスローズ(12～3)、ユリオプスデージー(11～5)、スイートアリッサム(11～5)
落葉多年草草花類	スイセン(1～4)、
1・2年草草花類	パンジー(12～4)、ビオラ(12～4)、ハナナ(2～3)

2）春（3月～5月）に咲く主な植物（関東近辺の月）

常緑高中木類	オガタノキ(3)、カラタネオガタマ(5)、ツバキ類(ヤブツバキ、ユキツバキ、ワビスケ等)(3)、フサアカシア(3)、カラタチ(4～5)
落葉高中木類	カンヒトウ(3)、カンヒザクラ(3)、コブシ(3)、シモクレン(3)、ハクモクレン(3)、シデコブシ(3)、モモ類(ヤグチ、キクモモ、シダレモモ、ゲンペイシダレ、ハクホウ等)(3～4)、サクラ類(ソメイヨシノ、サトザクラ、シダレザクラ、ヤマザクラ、オオシマザクラ、フユザクラ、ジュウガツザクラ等)(3～4)、アンズ(3～4)、サンシュユ(3～4)、トサミズキ(3～4)、ズミ(4～5)、ザイフリボク(4～5)、アメリカザイフリボク(別名ジューンベリー)(4～5)、ハナズオウ(4)、アオダモ(4～5)、エゴノキ(5)、トキワマンサク(5)、ベニバナトキワマンサク(5)、カイドウ(4)、ライラック(4～5)、ニワウメ(4)、ニワザクラ(4)、ハナミズキ(4)、ヒメリンゴ(4)、ユスラウメ(4)、キングサリー(5)、ベニバナトチノキ(5～6)、ハリエンジュ(別名ニセアカシア)(5～6)、ヒトツバタゴ(5)、ベニバナスモモ(4～5)
常緑低木・潅木類	アセビ(3～5)、ジンチョウゲ(3)、ヒイラギナンテン(3～4)、ツツジ類(オオムラサキ、クルメツツジ、ヒラドツツジ、リュウキュウツツジ)(4～5)、サツキツツジ(5)、シャリンバイ(4～6)
落葉低木・潅木類	ボケ(3～4)、クサボケ(3～4)、オウバイ(3～4)、ミツバツツジ(3～4)、ミツマタ(3～4)、ユキヤナギ(3～4)、レンギョウ(3～4)、チョウセンレンギョウ(3～4)、ヒュウガミズキ(4)、エニシダ(4～5)、ドウダンツツジ(4)、サラサドウダン(4～5)、レンゲツツジ(4～5)、ヤマツツジ(半落葉)(4～5)、オオデマリ(4～5)、コデマリ(4～5)、ヤマブキ類(ヤマブキ、ヤエヤマブキ、シロヤマブキ等)(4～5)、カルミア(4～5)、シャクナゲ(4～5)、リュキュウバイ(4～5)、ハナナシ(5)、ガマズミ(5～6)、バラ類(5～6)
常緑グランドカバープランツ類	アジュガ(4～5)、シバザクラ(4～5)、ドイツスズラン(4)、シャガ(5～6)、ヒメシャガ(5～6)、ドクダミ(5～6)、クローバー(4～5)、セダム類(メキシコマンネングサ、モリムラマンネングサ、マルバマンネングサ、モリムラマネングサ、タイトゴメ、キリンソウ等)(5)
常緑多年草草花類	ガザニア(4～6)、ジューマンアイリス(4～5)、ゼラニウム(4～7)、ダイアンサス(4～6)、ユキノシタ(5～6)、
落葉多年草草花類	クロッカス(2～3)、アヤメ(5)、カキツバタ(5)、キショウブ(5～6)、ハナショウブ(5～6)、イチハツ(5)、ダッチアイリス(別名イリス)(4～5)、シラン(4～5)、ハナニラ(4)、アマドコロ(5)、アッツザクラ(4～5)、シャクヤク(5～6)、シャスターデージー(5～6)、シレネ(別名ムシトリナデシコ)(5～6)、チューリップ(4～5)、ルピナス(4～6)、スノーフレーク(4～5)、ムラサキカタバミ(4～5)、オキザリス(4～5)、ボタン(5)、ムスカリ(5～6)、マーガレット(5～6)、ポピー(4～6)
ツル植物類	ビンカ・マジョール(4～5)、ビンカ・ミノール(4～5)、フジ(4～5)、モッコウバラ(5)、ハゴロモジャスミン(4～5)、
ハーブ類	ローマンカモマイル(5)、フィーバーフュー(4～8)、チャイブ(5)、ロケット(5)、ポットマリーゴールド(3～5)、センテッドゼラニウム(3～7)、ローズマリー(10～6)
1・2年草草花類	クリサンセマム・ノースポール(3～6)、クリサンセマム・ムルチコーレ(3～6)、ロベリア(4～7)、ペチュニア(4～9)、ムラサキハナナ(4～5)、デージー(2～5)、アネモネ(4～5)、キンセンカ(3～6)、キンギョソウ(5)、スイートピー(5～6)、ディモルフォセカ(別名アフリカキンセンカ)(4～5)、ハナビシソウ(5～6)、ワスレナグサ(4～5)、クサフジ(別名ヘアリーベッチ)(4～6)

3）夏（6～8月）と秋に咲く主な植物（関東近辺の月）

常緑高中木類	イボタノキ(5～6)、タイサンボク(6)、キョウチクトウ(7～8)、
落葉高中木類	ブラッシノキ(5～6)、ザクロ(6～7)、サルスベリ(7～9)、シマサルスベリ(7～8)、ムクゲ(7～8)、アメリカデイコ(6～7)、ネムノキ(7)、ヤマボウシ(6)、ナツツバキ(6～7)、ヒメシャラ(6～7)、エンジュ(7～8)、ホザキナナカマド(7～8)、オオヤマレンゲ(6～7)、ハンカチノキ(5～6)、リンデン(6～8)
常緑低木・潅木類	ハクチョウゲ(5～7)、コクチナシ(6～7)、クチナシ(6～7)、キソケイ(6)、アジサイ(6～7)、ガクアジサイ(6～7)、ハイドランジア(6～7)、ヤマアジサイ(6～7)、カシワバアジサイ(6～7)、ビヨウヤナギ(6～7)、アベリア(6～8)
落葉低木・潅木類	ウツギ類（ウツギ、タニウツギ、バイカウツギ等）(5～6)、シモツケ(5～6)、ニワフジ(5～6)、ムレスズメ(5～6)、キンシバイ(半落葉)(6～7)、フヨウ(7～8)、ハギ類(7～9)、ブッドレア(6～9)
常緑グランドカバープランツ類	ヒペリカム・カリシナム(5～6)、ヒペリカム・ヒデコート(5～6)、アベリア・エドワードゴーチャー(6～9)、アベリア・フランシスメイ(6～9)、ヘメロカリス(7)、マツバギク(5～6)、ノシラン(7)、ヤブラン(8～9)、フイリヤブラン(8～9)、ヒメイワダレソウ(7～10)
落葉グランドカバープランツ類	ギボウシ(6～8)、ヒメツルソバ(6～10)、イワダレソウ(5～8)、フウロウソス(4～7)、ヒメフウロウソウ(4～7)
常緑多年草草花類	セイヨウノコギリソウ(5～6)、アガパンサス(7)、ガザニア(8～10)、タマスダレ(7～9)、ランタナ(亜熱帯性)(5～11)、アカンサス(6)、ヒマラヤユキノシタ(3～4)、オオベンケイソウ(8～9)、ベゴニア類(4～10)、ダチュラ(6～9)
落葉多年草草花類	アスチルベ(7)、イトバハルシャギク(6～8)、キキョウ(6～9)、クサキョウチクトウ(6～8)、クロコスミア(6～7)、ストケシア(6～8)、シュウカイドウ(8～10)、サフランモドキ(7～9)、宿根バーベナ(4～10)、三尺バーベナ(4～10)、ルドベキア(6～10)、ナツズイセン(8～9)、ホトトギス(7～9)、ヒルザキツキミソウ(5～6)、ブルーデージー(5～10)、アメリカフヨウ(8～9)、カンナ(7～9)、グラジオラス(7～9)、宿根フロックス(7～8)、ストケシア(6～9)、ノコギリソウ(6～9)、ムラサキツユクサ(6～8)、モミジアオイ(8～9)、クロコスミア(7)、ユリ類(6～8)、ミソハギ(7～9)、サルビア・グアラニチカ(6～10)、ガウラ(6～11)
ツル植物類	テイカカズラ(6)、サネカズラ(8)、カロライナジャスミン(7～8)、ノウゼンカズラ(7～8)、アメリカノウゼンカズラ(7～8)、クレマチス(5～6)、トケイソウ(5～10)、ソラヌーム・シーフォーシーアーヌム(6～8)、ソラヌーム・ヤスミノイデス(6～8)
ハーブ類	コモンマロウ(5～8)、セントジョージワート(7～8)、コモンヤロウ(5～8)、エキナケア(6～9)、ダイヤーズカモマイル(5～9)、ラムズイヤー(6～8)、キャットニップ(5～7)、カラミント(6～10)、オレガノ(6～9)、フェンネル(6～8)、ソープワート(7～8)、ディル(5～7)、コリアンダー(6)、ナスタチューム(6～10)、サントリナ(6～7)、レモンバーベナ(6～8)、コモンタイム(5～8)、コモンセージ(6～7)、ラベンダー類(6～8)
1・2年草草花類	バーベナ(4～10)、キンケイギク(7～9)、キバナコスモス(8～9)、ヒメキンギョソウ(5～7)、カスミソウ(5～7)、カンパニュラ(5～6)、ロベリア(5～7)、アゲラタム(6～10)、アスター(6～9)、インパチェンス(6～9)、オシロイバナ(7～9)、クレオメ(7～9)、ケイトウ(7～9)、サルビア(7～10)、ブルーサルビア(6～10)、ジニア(7～10)、センニチコウ(7～10)、セイヨウマツムシソウ(6～7)、トレニア(8～10)、ダリア(7～10)、タチアオイ(7～8)、ニチニチソウ(7～9)、ヒマワリ(7～8)、ハナトラノオ(7～9)、ペチュニア(6～10)、ホウセンカ(7～9)、マツバボタン(7～8)、マリーゴールド(6～10)、ハナスベリヒユ(7～8)

4）秋（9～11月）に咲く主な植物（関東近辺の月）

常緑高中木類	キンモクセイ(9～10)、ギンモクセイ(9～10)、サザンカ(11～12)
落葉低木・潅木類	バラ類(9～10)
常緑多年草草花類	ゼラニウム(10～11)、キク(10～11)
落葉多年草草花類	シュウメイギク(9～10)、ツワブキ(10～12)、シュウカイドウ(9～10)、サルビア・エレガンス(別名パイナップルセージ)(10～12)、サルビア・レウカンサ(10～12)
1・2年草草花類	コスモス(9～10)

E18　紅葉と葉の美しい植物・芳香植物等

1）紅葉の美しい主な植物

紅系	落葉高中木	モミジ類（ヤマモミジ、ハウチワカエデ、ベニシダレ等）ナナカマド、トウカエデ、フウ、アメリカフウ、ナンキンハゼ、ハゼノキ、ヤマハゼ、ヌルデ、ヤマザクラ、ハナミズキ、カキノキ、マユミ等
	常緑低木	ナンテン、オタフクナンテン等
	落葉低木	ニシキギ、ドウダンツツジ、サラサドウダン、メギ等
	ツル植物	ナツヅタ、ツタウルシ、ヤマブドウ等
	地被植物	モリムラマンネングサ、タイトゴメ、コーラルカーペット等
黄系	落葉高中木	イチョウ、イタヤカエデ、カツラ、ポプラ等

2）葉の美しい（カラーリーフ）の主な植物

針葉樹（コニファー）類	ヨーロッパゴールド（黄系）、ホプシー（シルバー系）、ブルーヘブン（シルバー系）、プンゲンス・トウヒ（シルバー系）
常緑高中木類	ベニカネメモチ（新緑・淡紅色）、クスノキ（新緑・淡紅色）、ツバキ（新緑）、
落葉高中木類	カツラ（新緑・紅葉・黄色）、ケヤキ（新緑）、ノムラモミジ（紅系）、ベニカネメモチ（紅系）、ネグンドカエデ・フラミンゴ（斑入り）、ベニスモモ（紅系）
常緑低木・潅木類	フイリノアオキ（斑入り）、アセビ（新緑・淡紅色）、セイヨウヒイラギ（斑入り）、マサキ（斑入り）
常緑グランドカバープランツ類	フィリフェラ・オーレア・ナナ（黄系）、ライン・ゴールド（黄系）、ブルースター（シルバー系）、ブルーカーペット（シルバー系）、アベリア・ホープレイズ（斑入り）、セイヨウイアワナンテン・レインボー（紅系）、カンスゲ・バリエガタ（斑入り）、ヘデラ・カネリエンシス・バリエガータ（斑入り）、アジュガ（紫系）、フイリヤブラン（斑入り）、コクリュウ（黒系）、
落葉グランドカバープランツ類	ギボウシ（斑入り等）、オキザリス・トリアングラス（暗紅系）、ツボサンゴ（半落葉・暗紅系）
ツル植物類	ゴシキテイカ（ピンク系）、ツルマサキ（斑入り）
ハーブ類	サントリナ（シルバー系）、ラムズイヤー（シルバー系）、ドクダミ・カメレオン（紅系）
イネ科類	タカノハススキ（斑入り）、ベニチガヤ（紅系）
観葉植物類	ムラサキゴテン、クロトン、観葉ベゴニア、コリウス、ドラセナ類、カラジューム等

3）主な芳香植物（花に香りのするもの）

常緑高中木	オガタマノキ（4月）、ミカン（5月）、タイサンボク（6月）、キンモクセイ（10月）
落葉高中木	ウメ（2～3月）、ニオイザクラ（4月）、ライラック（4～5月）
常緑低木	ジンチョウゲ（3月）、クチナシ（7月）、コクチナシ（7月）
落葉低木	ロウバイ（1～2月）、バラ（5月、10月）、ニオイフジ（4月）、オオヤマレンゲ（4～5月）
つる植物	テイカカズラ（5月）、ジャスミン（7～9月）
多年草	スイセン（3～4月）、チューリップ（4月）、ヒヤシンス（4月）、フリージア（4月）、ササユリ（5月）、テッポウユリ（6月）、ヤマユリ（6月）、ニオイスミレ（4月）、ジャーマンアイリス（5月）、シャクヤク（5月）、キク（10月）
1年草	ストック（3～4月）、スイートアリッサム（4月）、スイートピー（5月）

4）触覚を刺激する植物（触っておもしろい感覚がする植物）

葉の触感	コニファー類、ラムズイヤー、サントリナ、トクサ、アロエ、ベンケイソウ、セダム類等
実の触感	ガマ、ヒメガマ、コバンソウ、エノコログサ、ジュズダマ、ススキ等

5）風を感じるイネ科植物

イネ科	ススキ、タカノハススキ、ホソバシマススキ、ベニチガヤ、パンパスグラス、ドワーフパンパスグラス等

E19　主なハーブ

1) ハーブとは

ハーブは、ラテン語の「草」を意味するherbaから派生。ヨーロッパでは食用、香料、調味料、薬草などとして広く利用されている。ハーブの種類は豊富で、一般的なラベンダーやローズマリー、ミントなどのものから、タマネギやニラなどの野菜、マリーゴールド、ヒマワリなどの草花、キンカンやユズ、カリン、ザクロなどの果樹、キンモクセイやクチナシ、クスノキ、シラカバなどの造園樹木もハーブである。そのほか一般的には雑草として扱われているセイヨウタンポポ、オオバコ、スギナなどもハーブに含まれる。

[表1] 育てやすい主なハーブ類

分類	植物名	草丈cm	特徴
高木	ゲッケイジュ	～1000	常緑。葉は乾くにつれて芳香を。水はけがよい場所に。やや耐陰性有。
	リンデン	～2000	落葉。花に香りと効果が。7月淡い黄花。暑さにやや弱い。日当たり。
低木	ラベンダー類	30～60	常緑。イングリッシュラベンダーと耐暑性のあるフレンチラベンダー、各種の交配種がある。6～7月開花、春と秋の2季咲きもある。
	ローズマリー類	30～150	常緑。立ち性とハイ性種がある。11～5月に淡い紫の花。乾燥に強い。
	コモンセージ	30～60	常緑。5～6月、淡紫。高温多湿にやや弱い。水はけのよい場所に適。
	サントリナ	20～40	常緑。6～7月黄色。シルバー系の葉。乾燥気味に育てる。
	レモンバーベナ	90～120	6～8月白花。レモンの香り。やや寒さに弱い。日当たりのよい場所に。
	サルビア・エレガンス	100～150	10～11月赤花。別名パイナップルセージ。生長が早い。
	サルビア・レウカンサ	100～200	9～11月藤色の花。別名メキシカンブッシュセージ。
宿根草	ミント類	40～90	6～7月開花。ペパーミントやスペアミント、アップルミント、ペニーロイヤルミント。繁殖力旺盛で仕切り板などが必要。風通し良くする
	タイム類	30～40	立ち性のコモンタイムとハイ性のクリーピングタイム。開花6～7月。
	キャットミント	40～60	5～7月白花。猫に荒らされないように注意する。肥料不足に注意。
	フェンネル	100～200	7月頃小さな黄花。移植を嫌う。密生させない。日当たり。
	レモンバーム	60～80	7～8月に花。日なたから半日陰地で肥えた土壌。蜜源植物。
	レモングラス	60～120	寒さに弱い。イネ科でレモンの香り。日当たりのよい場所に。
	ヤロウ	50～80	7～8月に白、赤、黄の花。日当たりのよい場所に。
	スイートマジョラム	30～60	5～6月穂状の白花。日当たりと風通しのよい場所に。高温多湿に弱い。
	オレガノ	40～60	6～7月紅紫の花。茂りすぎてムレる。暖地向き。別名ハナハッカ。
	センテッドゼラニウム	60～100	葉にバラの香り。3～7月淡ピンク。日当たりのよい涼しい場所。
	チャイブ	20～30	4～5月に淡ピンク。ネギに似る。酸性土壌をきらう。北海道に自生。
	ローマン・カモマイル	30～40	過湿と乾燥に注意。6～7月に白。茂りすぎてムレる。暖地向き。
1・2年草	クラリーセージ	60～100	2年草。初夏・淡桃香りが強い。日当たりのよい場所に。
	ジャーマン・カモマイル	30～60	5～6月白花。過湿と乾燥に注意。日当たりのよい場所に。
	ボリジ	30～50	5～6月紫の花。排水のよい、日当たりのよい場所に。欧米に自生。
	ロケット	60～120	7～9月白花。アブラナ科。とう立ちして開花、支柱が必要。暖地向き。
	スイートバジル	40～70	日当たりと肥えた土壌。暖地向きで高温多湿に強い。アブラムシに注意。
	ディル	80～120	5～7月小さな黄花。直播し密生させない。
	ポットマリーゴールド	40～60	3～5月橙色の花。日当たりのよい場所に。乾燥するとハダニ害に。
	ナスタチューム	20～30	別名キンレンカ。6～7月橙、黄色。寒冷地向きで高温多湿に弱い。

参考図書　「ハーブ・スパイス館」小学館／「広田靜子のハーブ・アイテム33」広田靜子著・NHK出版／「こころと体に効くハーブ栽培78種」宮野弘司・宮野ちひろ監修・成美堂出版／「環境・景観デザイン百科 建築文化11月号別冊」彰国社

E20　管理の容易な多年草草花

常・落	植物名	開花時期	草丈cm	日照	備考
常緑	アガパンサス	7月	30～100	◎○	淡い紫。乾燥に強い。
	アカンサス	7月	90～120	◎○●	淡い紫。大型の葉。
	アジュガ	4～5月	10～30	◎○●	紫色の花。半日陰地が適。
	ガザニア	5～7月	10～30	◎	黄、白、オレンジ。
	クリスマスローズ	12～3月	10～60	◎○	白、淡い赤。
	シバザクラ	4～5月	10～20	◎	ピンク、白、赤、藤色。
	シャガ	4～5月	30～50	○●	白。半日陰地の乾燥地に。
	ジャーマンアイリス	6月	30～100	◎	パステルカラー。多湿に弱
	セイヨウノコギリソウ	5～6月	40～90	◎○	赤、ピンク、白、クリーム
	セダム類	5月	10～30	◎○	黄色。乾燥に強い。
	ゼラニューム	6、11月	20～100	◎○●	二期咲き。種類は豊富
	ダイアンサス	5月	20～60	◎	ピンク。ナデシコ科
	タイリンウツボグサ	6～8月	10～30	◎○	ブルー、ピンク、赤、白。
	タマスダレ	8～9月	20～30	◎○●	白。球根。
	ツワブキ	11月	15～30	◎○●	黄色。潮風に強い。
	ノシラン	7～8月	10～30	○●	白。半日陰地に。
	ヒメイワダレソウ	7～10月	5～10	◎○	桃、白。繁殖力が強い。
	ヘメロカリス	7月	30～100	◎○	オレンジ、黄色。ユリ科。
	ユリオプスデージー	11～5月	100	◎	黄色。木本化。花期が長い。
	マツバギク	5～6月	20～40	◎○	ピンク、オレンジ。ハイ性
	ヤブラン	8月	10～30	○●	藤色。フイリヤブランも同じ
落葉	アスチルベ	6月	30～100	○	赤。半日陰地で育つ。
	エノテラ	6～8月	20～60	◎	淡いピンク、乾燥に強い
	オキザリス	6月	10～30	◎○	紅、白。カタバミ科
	キキョウ	7～8月	30～100	◎○	ブルー、白。
	ギボウシ	7～8月	10～60	○●	淡い紫。寒さに強い。
	クロコスミア	7月	60～100	◎○	赤、黄色。別名モントブレチア。
	クロッカス	2～4月	10～15	◎○	黄色。球根。寒さに強い。
	シュウカイドウ	8～9月	40～60	○	ピンク。半日陰地に。
	シュウメイギク	9～10月	60～100	◎○	紅、白。八重咲き。
	シラン	4～5月	30～60	◎○	赤紫。
	スイセン	3～4月	10～60	◎○	白、黄色。種類は豊富
	ストケシア	6～8月	20～30	◎○	紫、ブルー、黄色。
	ドイツスズラン	4月	20～40	○●	白。日陰地でも開花する。
	バーベナ・テネラ	5～10	10～40	◎	花期が長い。リキダも適
	ハナニラ	4月	10～20	○	淡い青、白。球根
	ヒメツルソバ	6～10月	10～20	◎○	淡桃。はい性。
	フイリアマドコロ	5～6月	30～40	○	白。ユリ科。
	ルドベキア	6～9月	30～100	◎	黄色。

凡例　◎:日当たりの良い場所。○:明るい半日陰地。●:暗い半日陰地。

参考図書　「環境・景観デザイン百科　建築文化11月号別冊」彰国社／「ベストガーデニング」(財)都市緑化技術開発機構・ガーデニング研究会編・誠文堂新光社

E21　管理の容易な1年草草花と有毒植物

1）管理の容易な1年草草花

咲く季節	植物名	開花時期	草丈cm	日照	備考
春咲き	パンジー	12〜4月	10〜30	◎○	青、紫、黄色。耐寒性大
	ビオラ	12〜4月	10〜30	◎○	青、紫、黄色。耐寒性大
	クリサンセマム・ノースポール	3〜6月	15〜30	◎	白。開花期が長い。
	クリサンセマム・ムルチコーレ	3〜6月	15〜30	◎	黄色。開花期が長い。
	デージー	2〜5月	15〜30	◎	赤、白、桃、開花期が長い。
	ハナナ	2〜3月	40〜60	◎	黄色。丈夫。
	ヒナゲシ	5〜6月	50〜80	◎○	オレンジ、白、黄色。
	ムラサキハナナ	4〜5月	40〜60	◎○●	淡い紫。耐陰性大。
夏咲き	オシロイバナ	7〜8月	60〜100	◎○	赤、白、黄色。こぼれ種で増える
	キバナコスモス	6〜7月	60〜100	◎	黄色、橙。
	クレオメ	7〜9月	100〜	◎○	白、淡い桃。
	コスモス	9〜10月	100〜	◎	赤、白、桃。
	ジニア	7〜10月	20〜70	◎	赤、白、黄。別名ヒャクニチソウ
	マツバボタン	7〜8月	10〜20	◎	赤、白、黄色
	ホウキギ	10〜11月	60〜100	◎	紅葉。実は食べられる。
春〜夏咲き	ハナスベリヒユ	6〜9月	20〜30	◎	赤、橙、白、黄。乾燥に強
	ブルーサルビア	6〜11月	50〜100	◎○	青。花期長い。（多年草）
	ベゴニア・センパフローレンス	5〜11月	25〜30	◎○●	赤。花期長い。
	ペチュニア	5〜10月	20〜40	◎○	赤紫等。雨に弱い。
	マリーゴールド	6〜10月	20〜80	◎	黄色、橙。丈夫

凡例　◎:日当たりの良い場所。○:明るい半日陰地。●:暗い半日陰地

2）身近な有毒植物

症状		植物名と毒を有する場所
かぶれる	草花類	プリムラ類（株全体にある繊毛に毒素）、ラナンキュラス（全草）、ノウゼンカズラ（花汁）等
	樹木類	ウルシ類、ハゼノキ、ヌルデ、オニグルミ等
中毒症状	草花類	チョセンアサガオ（全草、実）、ハシリドコロ（全草）、フクジュソウ（全草）、オモト（全草特に根茎）、ホウチャクソウ（若芽）、ミヤマキケマン（全草、液汁）、ムラサキケマン（全草）、エンレイソウ（全草特に根茎）、スズラン（全草）、オキナグサ（全草）、キンポウゲ（全草）、クサノオウ（全草特に液汁）、テンナンショウ（根茎）、キツネノボタン（全草）、ジキタリス（全草）、タケニグサ（液汁）、キツネノカミソリ（全草特に鱗茎）、ヒガンバナ（全草特に鱗茎）、サワギキョウ（全草）、ナツズイセン（全草特に鱗茎）、センニンソウ（全草）等
	樹木類	アセビ（全株特に葉）、レンゲツツジ（葉と花）、シャクヤク（根）、ドクウツギ（全草特に実、猛毒）、エゴノキ（果皮と葉）、シャクナゲ（葉）、キョウチクトウ（葉）等
	実	イチイ、ヒョウタンボク、ニシキギ、ツルシキミ等
花粉アレルギー	草類	スズメノテッポウ、カモガヤ、ホソムギ、ブタクサ、ヨモギ等
	樹木類	スギ、ヒノキ、サワラ、メタセコイア、ヒヨクヒバ、アカシデ、オオバヤシブシ、ハンノキ、シラカバ、ヒメヤシブシ等

参考図書　「環境・景観デザイン百科 建築文化11月号別冊」彰国社

F1　屋上緑化の効果効用と大地の緑化との違い

1) 屋上緑化の主な効果効用

- 都市気象の改善効果(ヒートアイランド現象の軽減、過剰乾燥防止等)
- 都市大気の浄化効果
- 雨水の流失の緩和
- 省エネ効果
- 建物の保護効果(紫外線の遮断や温度変化の軽減などによる防水層の劣化防止等)
- 都市の自然性を高める効果(ビオトープネットワークの創出等)
- 都市のアメニティの向上、生理・心理的効果(潤いや安らぎ感の向上等)
- 空間創出効果、新たな利用空間の創出効果(屋上菜園や環境教育の場等)。

屋上緑化の主な効果・効用としては、屋上緑化の優れた点は、他の機械的な改善や設備的な処置と違い、緑化するという一つのことで上記の効果・効用のほとんどを得ることができることである。

2) 屋上緑化と大地の緑化との違いと対策・留意事項

屋上緑化は、建物の上につくることになるため、植物の生育環境面、安全への配慮の面、メンテナンス面で大地の緑化と大きく違う。

[表1]屋上緑化と大地の緑化との違いと対策・留意事項

項目	内容	対策・留意事項
生育環境	植物が十分に生育可能な土壌の厚さを確保することが難しい。	・植栽基盤を確保する(建築と調整)。 ・軽量で保水性のある土壌を使用する。 ・植える植物を考える。
	地下からの水分供給がなく乾燥しやすい。	・潅水設備を設置する。
	風が強く、風倒れと花芽が飛ぶなどの影響があるとともに乾燥しやすい。	・防風フェンスなどの設置による軽減。 ・支柱などによる風倒防止。 ・マルチングによる土壌飛散防止。
安全面	積載荷重条件(載せることができる重さに制限)がある。	・軽量な土壌および資材の使用。 ・植える植物を考える。
	漏水防止のため、防水層に影響を与えないように十分注意する。	・防水層の保護。
	階下への落下防止と転落防止など安全対策に十分注意する。	・安全対策。
維持管理	土壌の厚さに制限があるので水やり管理に注意する。	・保水性の高い土壌の使用。 ・潅水装置の設置と雨水利用。
	防水層改修、建物の増改築に伴う撤去などの問題が発生する。	・適切な植栽と植栽基盤の設計。

3) 屋上緑化を計画・設計する上での6つのチェックポイント

① 荷重条件内で植栽基盤の確保と整備を行う。
② 漏水防止対策を行う。
③ 風対策を行う。
④ 潅水設備を設ける。
⑤ 安全対策をする。
⑥ 自然環境条件に適した植栽をする。

F1　屋上緑化の効果効用と大地の緑化との違い

30年経過した屋上庭園(コマツビル)

駐車場上の屋上庭園

オフィスビルの屋上庭園

札幌の屋上庭園

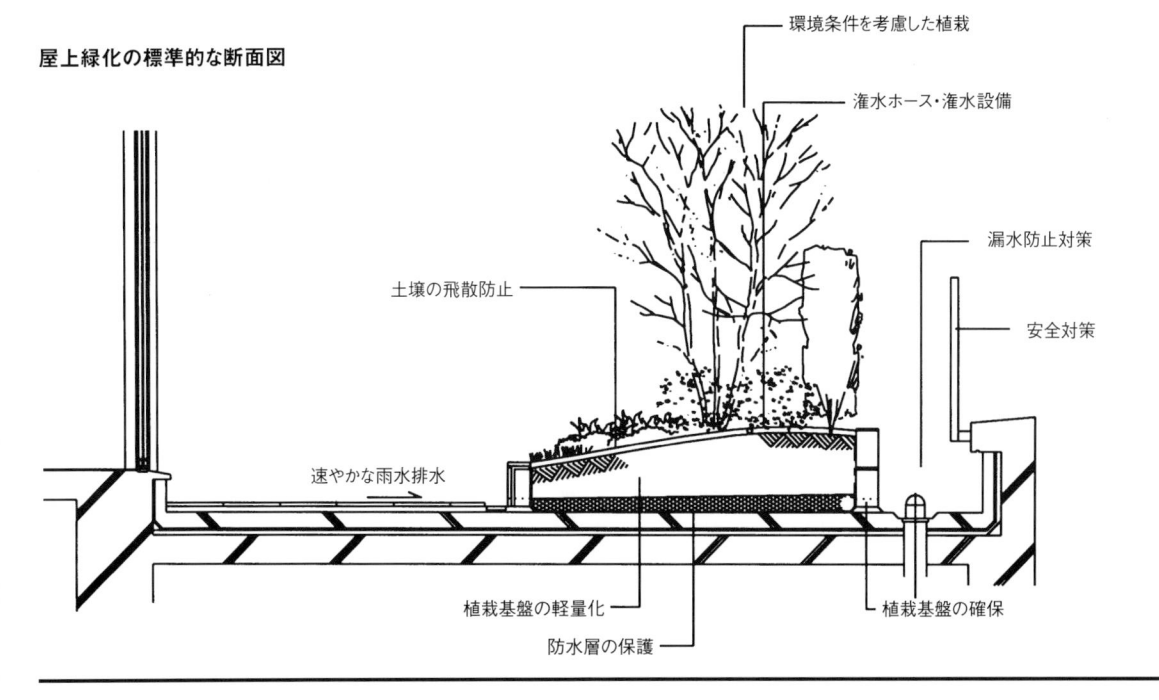

屋上緑化の標準的な断面図

- 環境条件を考慮した植栽
- 潅水ホース・潅水設備
- 漏水防止対策
- 安全対策
- 土壌の飛散防止
- 速やかな雨水排水
- 植栽基盤の軽量化
- 防水層の保護
- 植栽基盤の確保

F2　屋上緑化の調査項目

1）計画・立案のための主な調査項目
屋上緑化を計画・設計するにあたり、屋上緑化と大地の緑化の違いを考慮して、緑化目的や利用形態などの発注者の希望与条件の調査、気象条件や風の影響などの自然環境条件の調査、積載荷重条件や防水層の種類と状態などの建築条件の調査、消防法や緑化基準などの法規制等の調査が必要となる。

[表1]屋上緑化調査表（案）

JOB名称		年　月　日
計画・工事場所	工事名称	
	計画地の住所	
	依頼主　連絡先	
①発注者の希望与条件の調査・把握	・緑化目的	楽しみ、集客、宣伝など（デザインに関係）
	・利用形態	眺める、手入れをするなど（デザインに関係）
	・利用者	家族、子供、お客など（デザイン、安全対策などに関係）
	・管理運営方針	御自身、専門家など（維持管理を考慮した植栽に関係）
	・希望緑化内容	花壇、野菜、池、緑屋根など（デザイン、植栽基盤に関係）
	・予算	（規模、素材、植栽などデザインに関係）
	・希望完成時期	（設計期間、施工期間、植栽などの工程管理に関係）
	・その他	
②自然環境条件の調査・把握	・気象条件	（植栽に関係）
	・風の影響	（風害対策、植栽に関係）
	・日当たり	（植栽に関係）
	・潮風の影響	（植栽に関係）
	・景観	（植栽に関係）
	・その他	
③建築条件の調査・把握	・積載荷重条件	（植栽基盤、植栽、土留め材、床材などに関係）
	・防水層の種類と状態	（防水層の改修、防根処理、排水処理などに関係）
	・電源の有無	（夜間照明、自動潅水装置に関係）
	・散水栓の有無	（潅水計画に関係）
	・ルーフドレインの位置、状態	（雨水排水計画、ルーフドレインの処理に関係）
	・資材の運搬方法	（コストおよび軽量化、システム化などに関係）
	・エレベーターの有無	（施工コストに関係）
	・出入口	（デザインに関係）
	・部屋からの景観	（デザインに関係）
	・その他	

2）屋上緑化の計画段階でのチェックポイント

- 積載荷重条件：屋上に植物の生育に必要な土壌が載せられるな構造となっているか。（建物構造から屋上に載せられる重さに制限がある。）
- 防水層の種類と状況：屋上に植物を栽培しても水漏れの心配がないような防水となっているか。（簡易な防水層では植物の根が防水層を壊し、水漏れを生じさせる危険性がある。また、10年以上経過した屋上で防水層の改修時期にきている場合には、そのまま緑化すると水漏れを生じさせる危険性がある。）

F3　既存建物の屋上緑化

1）既存建物の緑化する場合のチェックポイント

①荷重条件を調べる。
②防水層の状態を調べる。改修の有無。
③風の影響。
④給水設備や電源の有無。
⑤階下への漏水の有無。事前に緑化前の写真を撮り、緑化による瑕疵のトラブルを防ぐ。

既存建物の屋上緑化をする場合には、積載荷重条件のチェックと防水層の改修の有無を確かめねばならない。基本的には、防水層の改修時に緑化をすることが望ましい。
チェックリストにより、十分な調査の元に計画をする必要がある。一般的には残存改修が多い。残存改修の場合、荷重条件がより厳しくなるので荷重条件を調査の上、屋上緑化することが必要。また、風の影響、給水設備、維持管理なども十分調査することが大事である。

2）防水層の改修

防水層の改修の有無は、それぞれの劣化の程度、改修後の耐用年数から判断する。また、防水層を残して改修するか、撤去して改修するかの判断は、屋上緑化の内容、撤去に伴う経済性、雨仕舞いなど、専門家の意見を聞いて、総合的に判断する必要がある。

[表1] 改修方法の比較

改修方法	問題点
撤去改修	・撤去工事、撤去時の騒音、廃棄物の処分費用、雨仕舞いなど。 ・荷重が軽減できる。
残存改修	・撤去工事、撤去時の騒音、廃棄物の処分費用が不要、雨の養生が容易など。 ・荷重が重くなる。サッシやドレインなどとの納まりの検討が必要。

緑化前

緑化後

F4 荷重条件

1）建物の荷重条件と資材

新規の建物の場合では屋上緑化をするということで構造補強を行うことが多いが、既存建物の屋上緑化の場合では、建築基準法で決められている積載荷重を考慮し、設計者などから情報を得て計画・設計する必要がある。

[表1] 建築基準法85条で定める積載荷重

対象	住宅	百貨店等	事務所
床板	180kg／㎡以上	300kg／㎡以上	300kg／㎡以上
大梁、柱、基礎	130kg／㎡以上	240kg／㎡以上	180kg／㎡以上
地震力荷	60kg／㎡以上	130kg／㎡以上	80kg／㎡以上

屋上に長期に載せられる荷重は地震力荷重に屋上の面積をかけたものが全体積載可能な重量である。たとえば、100㎡の住宅の屋上では60*100＝6000kgが全体積載可能な重量で、これ以下にする必要がある。また部分的には積載できる重さを180kg／㎡前後を基準にして床材や土留め材を計画・設計する。

[表2] 積載荷重チェックシート（例）

資材	仕様・規格	重さ・比重	数量	重量(kg)	備考
土壌		・比重*土壌厚	㎡		
排水層		・比重(重さ)*厚	㎡		
土留め材		・重さ	m		
植栽樹木	・樹木	・重さ	本数		
	・潅木	・重さ	㎡		
	・草花	・重さ	㎡		
	・芝	・重さ	㎡		
床材		・比重(重さ)*厚	㎡		
施設	・池	・池の深さ	㎡		
	・パーゴラ	・重さ	基		
	・ベンチ等	・重さ	基		
設備機器		・重さ	基		
その他					
総重量				kg	
基準重量	地震力荷重*屋上緑化対象面積＝			kg	

また、積載荷重条件と屋上緑化計画内容の例として下記のようなものがあげられる。

積載荷重条件	屋上緑化計画内容例
100kg/㎡前後	・セダムなどの超薄型軽量緑化工法が主体。梁などの上にプランターを設置した緑化。
180kg/㎡前後	・軽量土壌を使用し、20cm前後で、芝や地被植物、草花やハーブ、潅木類主体の緑化。コンテナによる野菜栽培。
300kg/㎡前後	・軽量土壌を使用し、生垣や中木、部分的には3m前後の高木のある緑化が可能。全面的な緑化が可能。
450kg/㎡前後	・軽量土壌使用で、3～4mの高木の他、改良土壌でダイコンなどの根野菜以外の栽培が可能。
600kg/㎡前後	・改良土壌で、3～4mの高木のある緑化が可能。改良土壌で本格的な野菜栽培が可能。
900kg/㎡前後	・自然土壌を使用した本格的な家庭菜園が可能。軽量土壌を使用して本格的庭園が可能。

F5 資材・土壌の重さ

1）主な排水資材と外構資材の比重

主な排水資材と土壌改良資材の比重	
黒よう石パーライトの比重：	0.2前後
真珠岩パーライトの湿潤時の比重：	0.6前後
バーミュキライトの湿潤時の比重：	0.6前後
ピートモスの湿潤時の比重：	0.8前後
火山砂利の比重：	0.8～1.4前後

主な外構資材の比重	
木材（ウッドデッキ）の比重：	0.9前後
砂利、砂の比重：	1.7～2.1前後
レンガの比重：	2.0前後
コンクリートの比重：	2.3前後
御影石の比重：	2.8前後

2）樹木の重さ（例）

- 芝生： 18kg／㎡前後
- 潅木類（樹高30cm前後）： 2kg／本前後
- 潅木類、地被植物蜜植： 25～30kg／㎡前後
- 生垣（2～3本／m）： 40～50kg／㎡前後
- 樹高2m前後の中木： 30kg／本前後
- 樹高3m前後の高木： 50kg／本前後
- 樹高4m前後の高木： 200kg／本前後

[表1] 植物と植栽基盤の厚さ及び荷重計算例

工法	植栽基盤	草花・ハーブ類	潅木類	中木(2m前後)	高木(4m前後)
自然土壌工法	自然土壌 排水層 荷重	25cm 8cm 448kg/㎡	35cm 12cm 632kg/㎡	45cm 15cm 810kg/㎡	60cm 20cm 1,032kg/㎡
改良土壌工法	改良土壌 排水層 荷重	20cm 7cm 302kg/㎡	30cm 10cm 450kg/㎡	35cm 12cm 527kg/㎡	45cm 15cm 675kg/㎡
軽量土壌工法	軽量土壌 排水層 荷重	15cm 5cm 150kg/㎡	20cm 7cm 202kg/㎡	30cm 10cm 300kg/㎡	40cm 13cm 378kg/㎡
軽量土壌工法	軽量土壌 排水パネル 荷重	15cm 3.5cm 138kg/㎡	20cm 3.5cm 178kg/㎡	30cm 3.5cm 258kg/㎡	40cm 3.5cm 338kg/㎡

注1）自然土壌の比重：1.6、改良土壌（30％混入）の比重：1.3、軽量土壌の比重：0.8、排水層の比重：0.6、排水パネル：18kg／㎡として計算。排水パネルは緑化防水工法（Gウーブ、グリーンルーフパネル等）をいう。土壌の厚さは植える植物の根鉢の大きさにより変わる。

植栽基盤20cmでの植栽例

植栽基盤40cmでの植栽例

F6　屋上緑化に使用する土壌

1）屋上緑化に使用する土壌の種類

屋上緑化に使用する土壌には、黒土などの良質な自然土壌と、パーライトやピートモスなどを混入して軽量化した改良土壌、自然土壌を含まない保水性の高い資材を主成分とした人工軽量土壌がある。[表1]
改良土壌は良質土にパーライトとピートモスまたはバーク堆肥を容積比で（7:2:1）、（5:4:1）の割合などで混合した土壌。

軽量土壌には、成分から分類すると無機質系人工軽量土壌、有機質混合人工軽量土壌、有機質系人工軽量土壌がある。各種の軽量土壌が開発されているが、有機質系人工軽量土壌の場合、有機質が分解することにより窒素飢餓と地盤沈下の恐れが生じるため、一般的には無機質系人工軽量土壌または有機質混合人工軽量土壌が適する。比重から分類すると、比重が0.6～0.8の土壌改良資材を主成分とした既存建物屋上等を考慮した人工軽量土壌と、火山砂利やリサイクル資材などを主成分とした比重が約0.9前後の人工軽量土壌がある。あまり軽量な土壌は飛散する問題がある。

また、養分要求量は造園樹木と草花では異なる。一般的に野菜が一番養分要求量が多く、次に草花、ハーブ、家庭果樹、花木、針葉樹の順になる。一方、屋上などでは樹木があまり大きく成長すると、荷重負荷や剪定作業などの問題が生じるため、植栽する植物に適した土壌を選ぶことが管理にも影響することになる。

[表1]屋上緑化に使用する土壌比較

比較項目	自然土壌	改良土壌	軽量土壌
内容	黒土やマサ土などの自然土壌。	軽量化と保水性向上のために、自然土壌にパーライトなどの土壌改良材を混入した土壌。	パーライトなどの軽量資材を主成分とした自然土壌を含まない軽量な土壌（培養土）。
比重	1.6～1.8前後	1.1～1.3前後	0.6～1.0前後
排水層	一般的にパーライトまたは火山砂利		一般的にパーライト
樹木の支持	一般的な丸太や竹などの支柱の使用が可能		樹木地下支柱等
潅水設備	十分な土壌厚が確保できない場合には、ドリップ式などの潅水装置が必要。		特別な潅水装置を必要としないものもある。
マルチング	乾燥防止や雑草防止を目的に行う。		乾燥防止、雑草防止、土壌飛散防止、景観などの目的に行う。
施工性	施工性は悪い。重いため運搬や荷揚げが大変。泥の汚れ防止のための十分な養生必要。	施工性は悪い。一般的に現地で混合を行うために、運搬以外に混合の手間がかかる。	施工性は良い。汚れの心配が少ない。雨天でも施工可能。軽量で運搬や荷揚げが容易であるが、風で飛散しやすいので注意する必要がある。
建設費	材料単価は安いが、構造施工費などのコストがかかる。	材料単価は自然土壌より改良材と混合費用が余計にかかる。	材料単価は高いが、構造や施工費用が安く、トータルコストは自然土壌などと変わらなくなる場合もある。
適用	屋上菜園等。駐車場の上の公園などの上などのような大規模で管理の容易な人工地盤等。	一般的な荷重条件が考慮された屋上緑化、庭園等。	荷重条件が厳しい屋上緑化、既存建物の屋上緑化等。テラス、ベランダガーデン等

2）屋上緑化の土壌の選択のポイント

・土壌の選択:荷重条件を考慮しながら、植栽植物の大きさに適した植栽基盤を確保する。基本的には軽量土壌を使用する。人工地盤などでは改良土壌を使用する。人工地盤でも土壌厚が十分に確保できない場所では保水性の高い軽量土壌を使用する。現地発生土を使用する場合には土壌検査を行い適切な土壌に改良して使用する

F6　屋上緑化に使用する土壌

軽量土壌による多彩な植物の実証試験(鹿島技術研究所)

各種軽量土壌の実証試験(鹿島技術研究所)

10cmでの草花の栽培試験(鹿島技術研究所)

黒土(左)と軽量土壌(ケイソイル)の発根状況*

軽量土壌を使用した果樹栽判試験(鹿島)

軽量土壌を使用しての野菜栽培試験(鹿島)

土壌の飛散防止のための散水しながらの施工

軽量土壌を使用した北海道の屋上の高木の植栽

*鹿島技術研究所・工藤善氏より写真提供

F7　屋上緑化の排水基盤

1) 排水層の資材と特徴
屋上に使用する排水層の資材には、軽量で通気性のある火山砂利、パーライトなどを使用する。火山砂利は微粒子のものは使用しない。パーライトは一般的に黒よう石パーライトを使用するが、パーライトは踏まれると潰れるので施工時に注意する必要がある。大面積の人工地盤などでは火山砂利や比較的軽量（比重約1.6前後）な石炭灰使用のリサイクル材（メサライト）などのリサイクル資材も使用する。排水層の厚さは一般的に、土壌の厚さの約1／3前後とする。

[表1]排水資材の種類と特徴

排水資材の種類	特徴
黒よう石パーライト	非常に軽量で通気性が高く、一般的な軽量土壌緑化工法の排水資材に使用。
火山砂利	比較的軽量で通気性が高い。改良土壌緑化工法やコンテナなどに使用。
石炭灰のリサイクル材	比較的軽量で安価。大規模な人工地盤などに使用。
廃ガラスの発泡材	軽量で通気性が高いリサイクル資材。土壌厚さがある場合や嵩上げ資材として使用。
発泡樹脂	非常に軽量、通気性はない。再利用資材。コンテナなどの排水資材に使用。

2) 保水排水パネル
排水層としての機能を確保しながら、排水層の厚さを薄くし、かつ保水性と通気性の機能を持たせた保水排水パネル（Gウェーブ、グリーンルーフ等）を使用する排水基盤（緑化防水工法）がある。
一般的な構造としては、下から防根シート、パーライト詰めの保水排水パネル（30～75mm）、透水シート（不織布）の構造となっている。ある程度の雨水を貯留しながら余分な雨水は速やかに排出させるとともに、通気性がよい、全面排水の構造となっている。露出防水の場合のほか、土壌厚が十分とれない場合や、防根性能を高めたい場合、雨水排水を十分に配慮したい場合、多目的の大勢の人が使用するような芝生、耕すような広い屋上菜園などに適する。

3) 植栽基盤の整備

植栽基盤	構造と特徴
一般的な植栽基盤	・一般的な屋上緑化の植栽基盤の構造は、アスファルト保護防水の上に防根シート（ポリエチレンビニールシート0.3mm同等品以上）を敷設後、排水層（パーライトや火山砂利等）を設け、フィルターとして透水シート（不織布）を敷設、土壌（自然土壌、改良土壌、人工軽量土壌等）を載せ、表層に乾燥防止や雑草繁殖防止などのためにマルチング材で被う。 ・排水層にパーライトなどのような通気性のある資材を使用した場合には、フィルターを敷設せず、有効土壌厚が厚くなるような構造とすることが一般的である。
底面潅水型の植栽基盤	・水やり回数の軽減と雨水の有効利用を目的に、人工軽量土壌と通気性のある黒よう石パーライトを排水層に使用し、雨水が底面に貯留するようにした植栽基盤。
保水排水パネル使用の植栽基盤	・屋上緑化する上で、軽量化のために押さえコンクリートを省き、防水層と一体化した保水排水パネル使用の緑化防水工法や、排水層を薄くしながら、保水と透水性機能を有する保水排水パネル使用した植栽基盤。

4) 屋上の排水基盤のポイント
・排水基盤:一般的には押さえコンクリートの上に防根シートを敷設し、黒よう石パーライトを敷設した構造とする。防根性と速やかな雨水排水を問題とする場合には保水透水パネル設置の防水緑化工法とする。屋上菜園の場合は、排水層と土壌の混合防止と防水層の保護および通気性のために緑化防水パネル設置の防水緑化工法とする。
排水資材には黒曜石パーライトのほか、人工地盤などでは火山砂利、人工発泡石（メサライト等）を使用する。排水層と土壌の間の透水シートは、軽量土壌工法や改良土壌工法などでは敷設しないこともある。

F8　屋上緑化の植栽基盤断面

植栽基盤断面図

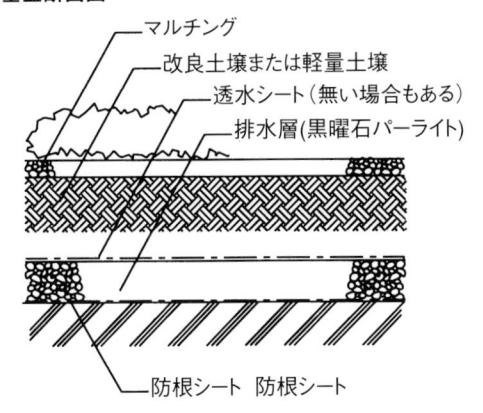

図1　植栽基盤標準断面(例)

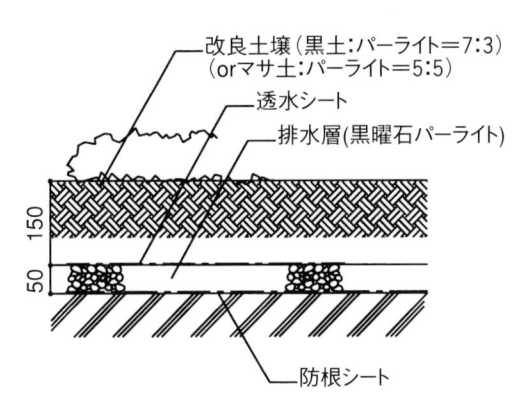

図2　都市機構ローメンテナンス型の植栽基盤

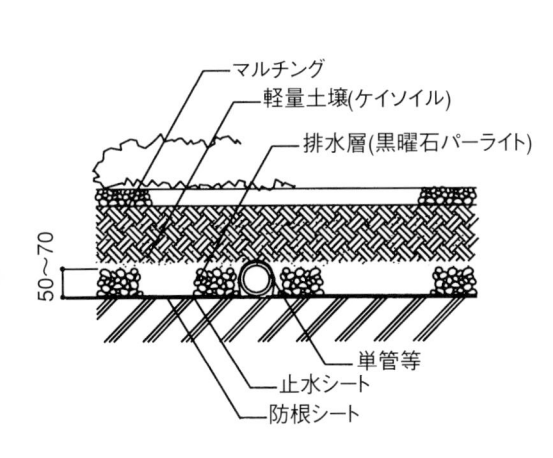

図3　底面潅水型の植栽基盤(例)
　　　（アクアソイル工法）

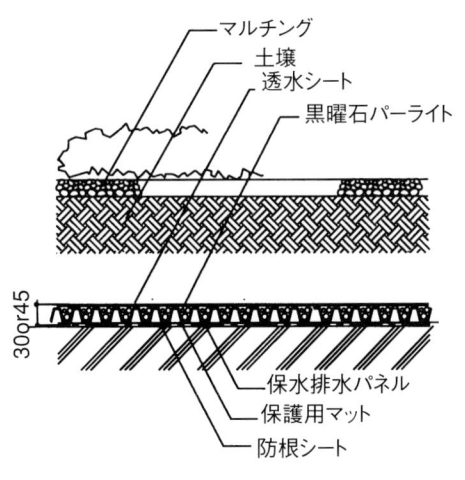

図4　保水排水パネル使用の植栽基盤(例)
　　　（Gウェーブ、グリーンルーフ等）

排水層のパーライトの敷設

保水排水パネル使用(G-ウェーブ)の断面モデル

F9　屋上緑化での漏水防止対策

1）防水工法の種類と防根シートの敷設

緑化により、雨水や水やりにより、土壌に水が停留していることになるので、十分に漏水に注意する必要がある。屋上緑化に関わる防水層の性能条件として、従来の性能に加えて、場合によっては耐根性、耐土中バクテリア性、耐薬品（肥料、消毒剤等）性なども考慮する必要がある。一般的には実績と耐用年数から、押えコンクリートのあるアスファルト保護防水が多いが、軽量化や耐根製などの点からウレタン＋FRP複合塗膜防水や防根シートと防水シートの2層防水工法とする方法もある。

屋上緑化において、植物の根が伸長して防水層の隙間から進入し、防水層を破断して漏水の原因となる危険性があるため、防根シートを敷設する必要がある。防水層の違いにより防根シートの種類が異なる。防根シートには、ポリエチレンビニールシート（0.3mm）などのような不透水性系シートのものと、透水性系シートのものがあるが、一般的には、不透水性系シートのものを使用する。

[表1] 屋上の防水の種類と特徴*

防水の種類	特徴	耐用年数・重量	防根対策
アスファルト保護防水	水密性に優れ、70年以上の実績がある。コンクリートなど保護する。	12〜15年 190〜286kg/㎡	押えコンクリートの伸縮目地などに根が侵入しないように、防根シートを敷設する。
アスファルト露出防水	気密性に優れ、70年以上の実績がある。	10〜12年 8〜10kg/㎡（熱）、4〜6kg/㎡（トーチ）	防根シートや防水保護シートと保水排水パネルと一体化した緑化防水工法とする。（Gウェーブ緑化工法等）
シート防水	安定した物性、自己消炎性を持つ	10〜12年 4kg/㎡	機械的衝撃に弱いため、衝撃防止材（不織布等）を敷設する。
FRP複合塗膜防	クラック追従性良好なシームレスな防水層。	10〜12年 4〜6kg/㎡	保護を兼ねて防根シートを敷設することが望ましい。
塗膜防水	簡易防水・ベランダ等に使用	—	基本的にはコンテナ緑化とする。
モルタル防水	簡易防水・ベランダ等に使用	—	基本的にはコンテナ緑化とする。

2）漏水防止と雨水排水上の留意点

- 緑化される屋上空間の排水設備計画をする場合でも、基本的には通常の排水計算に基づいた設計をし、緑化によって安全側に作用すると考えるのが望ましい。
- 排水のための水勾配は最低1／100以上とし、勾配は必ず躯体でとる。できれば1／75以上とする。
- パラペット部分などでは、土壌の高さを防水層より10cm以上低くする。できれば15cm以上確保する。または、植栽基盤との間を開ける。
- 防根シートは床のみならず、かならず立ち上がり部分にも土壌の高さまで設ける。端部は接着する。接合部分は30cm程度のラップをとる。
- ルーフドレインは1空間最低2個所以上設置することを原則とする。
- 植え込み内にドレインを設置する場合、点検可能な桝を必ず設ける。ルーフドレインの回りは耐圧透水板またはパーライト詰め透水管などを敷設して空隙をつくり、速やかな排水を図る。
- 皿型のルーフドレインは、落葉や土などで目詰まりを起こしやすいので避ける。
- 余剰水などを速やかに排水させる目的で、暗渠排水として合成樹脂透水管や耐圧透水板を排水層に設置する。水下やパラペット周辺、建物外壁線等に設置し、ルーフドレインまで導く。

*引用文献　「新・緑空間デザイン 技術マニュアル」から加筆して引用

F9　屋上緑化での漏水防止対策

図1　一般的な客土の場合の雨水排水（例）

（ラベル：開ける、側溝、水勾配（1%以上）、水抜き穴、排水層（パーライト等）、水抜き穴、合成樹脂透水管）

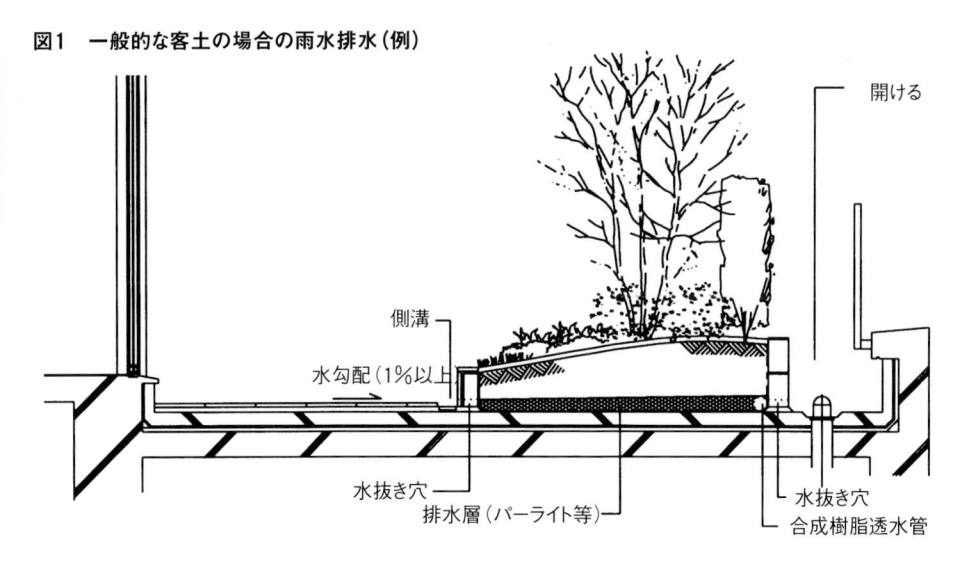

図2　全面客土の場合の雨水排水（例）

（ラベル：ルーフドレインカバー、砂利敷き、側溝、水勾配（1%以上）、排水層（保水排水パネル等）、パーライト詰め透水管（DOパイプ等）、150mm下げる（最低100mm））

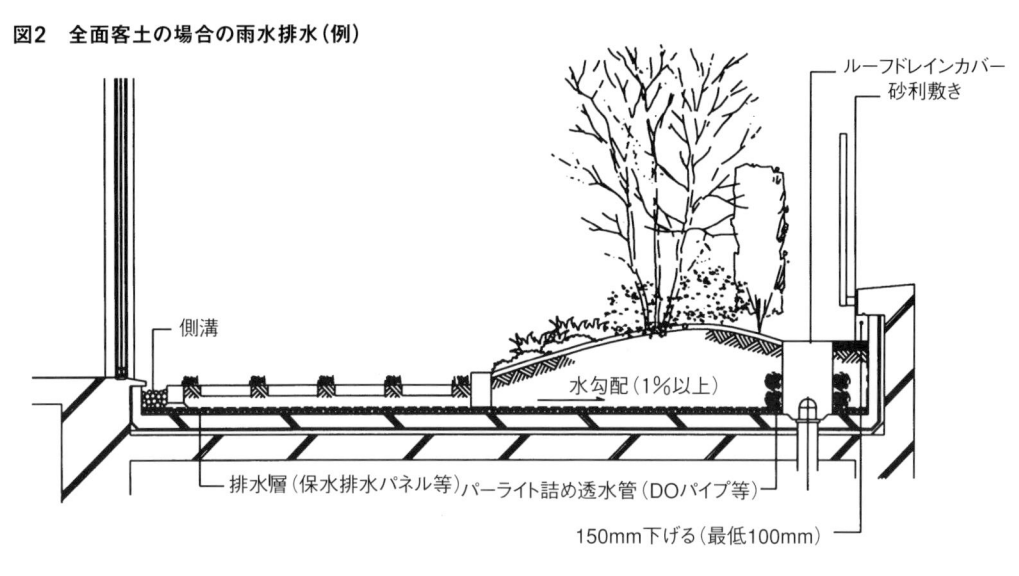

床の排水

ルーフドレインカバー

F10　屋上緑化での風対策

1) 屋上緑化での風対策
屋上では、吹き降ろしや吹き上げ風などもあり、かなり風は強い。壁や防風ネットなどによる風速の減速、支柱による風倒防止、マルチングなどによる土壌飛散防止や乾燥防止対策をする必要がある。

[表1] 風対策

対策項目	対策例
風速の軽減	壁、防風ネット、生垣、ラティスの設置等
風倒防止	支柱の設置（樹木地下支柱等）
土壌飛散防止	マルチング、地被植物の植栽等
乾燥防止	マルチング

2) パラペットの立ち上がり
パラペットの高さは植込みのレベルから90cm以上（手すりを含めて120cm以上）にすると、潅木や草花が風の害を受けにくい。ベランダなどではできれば日照などを考慮すると、光りを通すガラスブロックなどのものが植物にとっても望ましい。高層ビルなどで建物からの景観を重視するような屋上庭園の場合には、強化ガラスの壁にすると景色も楽しめるとともに風の影響を少なくすることができる。

3) 防風ネット、防風フェンス、生垣の設置
防風ネット、防風フェンスを設置する場合、風が渦巻かず、防風効果が期待できる遮蔽率が60％のものが適する。ラティスもある程度効果がある。小さな子供がいる場合にはラティスにネットを張るなど、登って下に落下しないような安全対策をする。また、防風ネット、竹垣、ラティスをフェンスに設置する場合、フェンスの強度に十分注意する。また、アンカーを床に打つ場合には防水層を破損させないように十分注意する。

生垣に使用する樹木は耐風性や耐乾燥性のある樹木を選ぶ。キンモクセイは適さない。サザンカやイヌツゲ、ウバメガシ、カナメモチ、ネズミモチ、カイズカイブキなどが適する。

4) マルチングの敷設
マルチングとは、植物の根元に敷きわらなどを敷いて、乾燥防止や保温、雑草の繁殖防止などを行うことをいう。屋上緑化では、土壌の飛散防止や乾燥防止のために、潅木やグランドカバープランツなどの植物で被うか、表層をバークチップなどでマルチングする。風が強い場所では人工発泡石（メサライト等）やレンガ砕石など風に飛ばされないものを使用する。厚さは3cm前後が一般的である。

[表2] 屋上緑化に使用する主なマルチングの種類と特徴

分類	種類	特徴
有機質系	バークチップ	松のバークチップやヤシガラのチップなどが一般的に使用されている。
	ウッドチップ	伐採材のウッドチップなどのリサイクル材。ただし、葉が混入しているウッドチップは土壌改良効果があるが、キノコが生えることがある。
	樹皮繊維	針葉樹系の樹皮繊維のマルチング材はタバコの火などで燃える場合があるので注意する。また、接着剤を混入させた樹皮繊維のマルチング材もある
無機質系	レンガ砕石	レンガ砕石は適度な保水透水性があるとともに、飛散しづらい。特に保水透水性リサイクルレンガ（商品名：フジ）は優れる。風の強い場所などに。
	人工軽量骨材	石炭灰を主原料とした黒褐色のリサイクルのマルチング資材（商品名：メサライト）。風の強い場所などに。

F10　屋上緑化での風対策

5）樹木支柱

一般的な屋上では支柱を支えるほどの土壌厚さが十分でなく、従来型の風除け支柱が使用できないため、抵抗板などを設置して根鉢を地中で固定する方法などで支持する。

[表3]屋上に使用する樹木支柱の種類と特徴

支柱の種類	特徴
八つ掛け支柱	中高木に使用する従来型で竹や丸太で3または4方向から支える方法。土壌厚が40cm以上ある場合で締まりの良い土壌に使用。
布掛け支柱	生垣や列植などに用いられる従来型で竹や丸太を使用して支える方法。土壌厚がある場合やフェンスに持たせる場合などに使用。
ワイヤー支柱	アンカーやフックで固定したワイヤーを使用して高木を固定する方法。防水層に注意する。
溶接金網固定法	溶接金網を土壌の下に敷設して根鉢を固定する方法。中木などの使用に適する。
単管井桁固定法	仮設用の単管を井桁に組み、土壌の下に敷設して根鉢を固定する方法。
抵抗板設置固定法	抵抗板を使用し、土壌の下に敷設して根鉢を固定する方法。高木や土壌厚が少ない場合に適する。

八つ掛け支柱

溶接金網による支柱

抵抗板の樹木地下支柱*

樹木地下支柱と八つ掛け支柱と組合せ

*写真提供：東邦レオ

F11　屋上緑化での潅水設備

1）潅水方法の種類と特徴

屋上などの人工地盤では、地下からの水分供給がないので、乾燥害の影響を受けやすい。土壌厚さが十分とれる場合は別として、一般的には、専用の潅水設備を設けて日常的に潅水する必要がある。保水性の高い軽量土壌を使用した場合やある程度の厚さがある場合には、大地の潅水と同じような水やり管理で済む。

屋上の潅水方法としては、ジョウロやホースなどによる手撒き。しみ出しパイプや点滴パイプなどのドリップ式ホース連動の手動または自動潅水装置などが一般的に使用されている。

自動潅水装置は、家庭用のものは逆止弁がセットされていないものがあるが、一般的には、逆止弁とタイマー連動の電磁弁がセットされている。電源は一般電源のほか、乾電池（約半年で交換）やソーラーのものもある。雨水センサーやセラミック製の土壌水分センサー連動も可能。

潅水の水は雨水タンクの貯留水や中水などの利用が資源の有効利用、省資源の観点からのぞましい。また、庭の雨水や汚水が上水に逆流しないように、自動潅水装置の潅水ホースを直接蛇口に接続せず、タンクに溜めてから自動潅水装置に接続するのが義務化されている場合があるので注意する必要がある。

[表1] 潅水方法の種類と特徴

潅水装置	方法	建設費	維持管理	特徴・適応
散水ホース	手撒き	安価	難	潅水量が少なめになることが多い。植物に適した潅水ができるが手間を要する。小庭園や花壇、菜園などに適する。
移動式スプリンクラー	手動	安価	比較的容易	ホースに接続し、作動と移動は手動で行う。範囲は狭く、散水ムラが大きい。芝生地に適。
しみ出しパイプ	手動	安価	比較的容易	多孔質のパイプから、水がしみ出す方式高低差がない植込みや花壇に適する。
	自動	比較的安価	容易	
点滴パイプ	手動	安価	比較的容易	砂漠地で開発された方式で、点滴の穴は植物の配置に合せられる。各種のアダプターが用意されている。高低差のある場所でも可能。一般的である。
	自動	比較的安価	容易	

2）潅水設備設置上のポイント

・人工軽量土壌で、降雨利用の無潅水型の場合でも、天候や植物の水分要求に応じた潅水が出来るように散水栓は必ず設ける。雨水や中水利用が望ましい。

・天候や植物の生育状況を見ながら潅水するジョウロや散水ホースによる手撒き潅水が望ましいが、大面積の場合は点滴パイプなどの散水ホースを設置し、必要に応じて手動で潅水する方法が建設費も安く、手間もかからず便利である。また、芝生地の場合は、移動式スプリンクラーなどを使用すると便利である。ただし、潅水量に注意する必要がある。

・手撒きまたは清掃用と、手動または自動潅水用の散水栓の2口の設置が望ましい。

・自動潅水の場合、設備機器の定期点検が必要である。できれば、雨水センサーまたは土壌水分センサーと連動した自動潅水装置が望ましい。

・植える植物によって違うが、一般的な1回当りの潅水量としては、7～10mm。植栽基盤の状況にもよるが、潅水の回数は、夏の7～9月で週に4回前後で早朝、春と秋では週に3回前後で早朝、冬の1～3月で週に1回前後で9時から10時頃の潅水が一般的である。

・植栽当初、活着までの間は水やりは十分行うことが必要であるが、その後、水やりを軽減して植物を乾燥に耐えれるようにするのが望ましい。

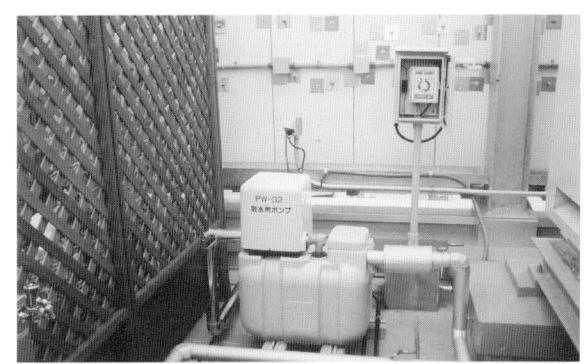

F11　屋上緑化での潅水設備

自動潅水用の給水タンクとポンプ

給水タンクとポンプの設置

ドリップホースの敷設

雨水センサーとドリップホース

散水栓の設置

移動式スプリンクラー

着脱式の散水ホース

F12　セダム緑化

1) セダム類とは
セダム類植物は、ベンケイソウ科に属し、日本では「万年草」「ベンケイソウ」と言われ、世界に400種以上、日本にも30種以上存在する。
また、セダム類の特徴としては、多肉植物で乾燥に強い特性があり、繁殖力が強く、切れた茎を放置しても容易に活着する。多くの種類は、春から秋は緑色を、冬は赤から褐色を呈し、初夏に茎の頂に黄色の小花をつける。

[表1] 主なセダム類の種類と特徴

種類		特徴
メキシコマンネングサ	常緑	メキシコ原産で本州～九州に見られる。黄色い花を咲かせる。草丈15cm前後。
モリムラマンネングサ	常緑	日本に自生のメノマンネングサの変種。本州～九州。冬は紅葉。草丈は5cm前後。
タイトゴメ	常緑	関東以西～奄美にかけ自生。葉は緑からオレンジ、赤に変化。草丈は10cm前後。
コーラルカーペット	常緑	ヨーロッパ～シベリア、モンゴルが原産。耐寒性あり。葉は紅葉。草丈は15cm前後。
サカサマンネングサ	常緑	ヨーロッパ中部～ノルウェーなどに分布。青い色の色合いが特徴。
マルバマンネングサ	常緑	本州から九州の山地に自生。耐寒性あり。比較的明るい半日陰地を好む。
オノマンネングサ	常緑	日本の低い山地に自生。淡黄緑色の葉。耐寒性あり。草丈は15cm前後。
ツルマンネングサ	落葉	本州から北海道。はい性で成長力旺盛。草丈は15cm前後。
キリンソウ	落葉	日本～シベリア。耐寒性あり。草丈は25cm前後。

2) セダム緑化とは
セダム緑化とは、耐乾燥性の強いセダム類による、土壌厚35～70mm前後と非常に薄く、30～60kg／m²と非常に軽く、一般的には水やりを必要としないローメンテナンスの軽量薄層タイプの屋上緑化。
単植ではメキシコマンネングサが使われているが、厳しい環境条件を考ええるとメキシコマンネングサ、マルバマンネングサ、モリムラマンネングサ、サカサマンネングサなどの混植が望ましい基本的には日当たりのよい場所に使用する。高温多湿と雪に弱い。また、セダム緑化は100%被覆する事はなく、70%前後の被覆率が一般的で、繁茂しすぎると蒸れにより病気にかかりやすくなる。

[表2] セダム緑化の5つの工法

工法	特徴
茎葉蒔き工法	葉や茎を2～3センチに切ったものを蒔く、ヨーロッパで主流の緑化方法。一番ローコストで2～3年かけてゆっくりと緑化する。
プラグ蒔き工法	茎葉を根の生えたものにした、プラグを蒔撒く緑化方法で茎葉撒きより安定した活着が出来る。ローコストな工法で生育に1～2年かかる。
ポット植工法	9cmのポットを植え込む緑化工法で植物の選択範囲が広く、意匠性の自由度が高い。
マット工法	農場で予めセダムを成育させたマット、局面などへの施工性が良い。運送配達が難しい。マット工法では、茎葉蒔き工法またはプラグ蒔き工法との併用もある。
ユニット工法	プラスチックの器に予め農場でセダムを成育させ、ある程度生育したユニットを敷きならべ固定する方法。施工が早い。耐風性や防根性に考慮してある。

3) セダム緑化の維持管理
基本的には、降雨のみで潅水は必要ない。除草は手抜き除草を年2～3回行うときれいなセダムガーデンとなる。施肥は緩効性肥料(60～90g/m²)を秋に散布するのが望ましい。病虫害防除はほとんど必要ないが適宜行う。風が強い場所では土壌の補給をする必要がある。

参考図書　「知っておきたい屋上緑化のQ&A」(財)都市緑化技術開発機構・特殊緑化共同研究会著・鹿島出版会

F12　セダム緑化

セダム緑化基盤断面図

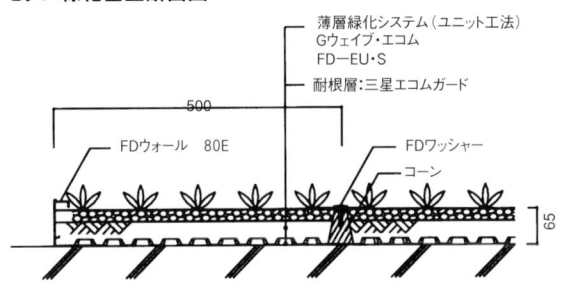

ユニットタイプ（G-WAVEエコム）
- 薄層緑化システム（ユニット工法）Gウェイブ・エコム FD-EU・S
- 耐根層：三星エコムガード
- FDウォール 80E
- FDワッシャー
- コーン
- 500
- 65

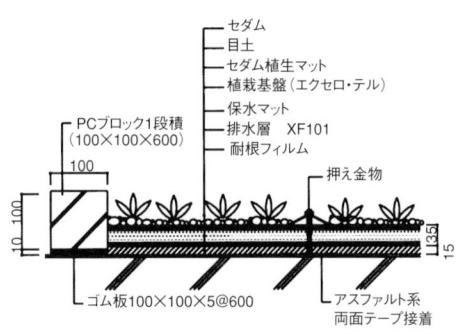

マットタイプ（グリーンベール）
- セダム
- 目土
- セダム植生マット
- 植栽基盤（エクセロ・テル）
- 保水マット
- 排水層 XF101
- 耐根フィルム
- PCブロック1段積（100×100×600）
- 押え金物
- ゴム板100×100×5@600
- アスファルト系両面テープ接着

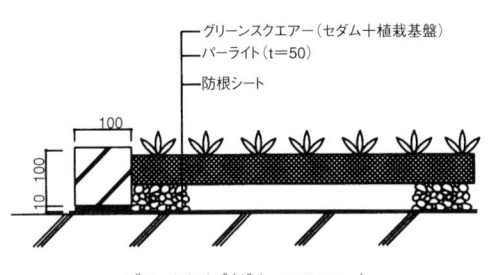

ブロックタイプ（グリーンスエアー）
- グリーンスクエアー（セダム＋植栽基盤）
- パーライト（t＝50）
- 防根シート

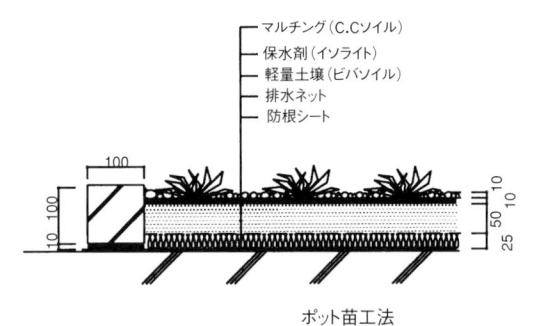

ポット苗工法
- マルチング（C.Cソイル）
- 保水剤（イソライト）
- 軽量土壌（ビバソイル）
- 排水ネット
- 防根シート

セダムの屋根緑化（G-ウェーブエコム）

セダムの混植

飛散防止用ネットを張ったセダム緑化

折板屋根のセダム緑化

F13　薄層緑化工法

1）薄層緑化工法
非常に薄型で軽量な緑化システムは薄層緑化工法とよばれ、荷重条件が厳しい建物の緑化で維持管理の容易な緑化などの目的で開発された。植栽基盤の厚さは10cm以内で、重さは60kg／㎡前後。薄層緑化工法には乾燥に強いセダム類を使用したセダム緑化以外に、芝やコケなどを使用した薄層緑化がある。
コケを使用した薄層緑化工法では、基盤には壁材などに使用する天然素材に乾燥と日当たりに強いスナゴケなどのコケを接着したタイプのものなどがある。重さは湿潤時で約20kg／㎡前後。きれいな緑を保つには適切な水分が必要。

2）シバの薄層緑化工法とセダム緑化との違い
芝生の薄層緑化は、水分や基盤の厚さなどからセダム緑化と比べて環境改善効果が高い結果が出ている。維持管理から見ると、セダムは水やり管理はほとんど必要としないが、芝は定期的な潅水を必要とする。また、芝刈りなどの維持管理が必要となる。薄層緑化では芝以外でもタマリュウなども植えることが可能。
芝を使用したシステムには、各種の工法が開発されている。[表1]

[表1] 主な薄層緑化工法の種類と特徴

主な薄層緑化工法	特徴
ユニットタイプ （底水型スクエアーターフ）	防水層に影響を与えない、水分センサー型自動潅水連動の簡易な緑化システム。防根と潅水、保水、排水を兼ねたトレーとリサイクル資材使用の植栽基盤コンテナからなる。厚さ7.5cm。
高分子吸収剤混入タイプ （ドムターフ）	特別な潅水設備を必要としない簡易な緑化タイプ。再生ウレタンフォームに、低温で水を吸水保持し、特定の温度を超えると排水させる高分子吸収剤を混入した基盤を使用。厚さ7cm。
ヤシ繊維タイプ （ガーデンマット）	腐りづらいココヤシのリサイクル資材を基盤に使用した簡易な緑化タイプ。基本的には潅水装置は必要。厚さ10cm。
ブロックタイプ （ユニットグリーン）	国産材の針葉樹皮を2年以上完熟させた完熟バーク・腐植と、育成用培土と肥料が含まれる網目状の構造の植栽基盤と排水性のよいボラ石を使用した簡易な緑化タイプ。保水性が高く特別な潅水装置は不要。耐久性のある成形品で土壌の飛散の心配が非常に少なく、マルチングが不要。大きさは約28cm×35cm、厚みは約6.5cmと小型。平面のみならず、斜め屋根緑化も容易。

3）薄層緑化での留意点

- 高分子吸収剤混入タイプやブロックタイプのユニットグリーン以外の薄層緑化では、自動潅水装置が必要。
- 風が強い場所では十分な風対策が必要。
- 防根対策を十分にする。
- 底面潅水型の場合、外部の温度上昇に伴い水温が上昇することがある。夏場などでは、水温上昇を防ぐために水を入れ替えることが必要となることがあ
- 薄層での芝生は、植栽基盤が20cm以上の芝生に比べて表面が湿っているので、芝生に座った場合には洋服が湿ることがある。そのため、寝転んだりするような利用には適さない。
- 薄層の場合、一般の土壌厚に比べて植物に必要な養分量が少ないため、養分やミネラルなどを多い土壌を使用するか、緩行性の肥料分を増やす必要がある。
- 薄層では、数年後に根詰りの心配があり、張り替えなどが必要となることがある。

F13　薄層緑化工法

薄層緑化工法断面図

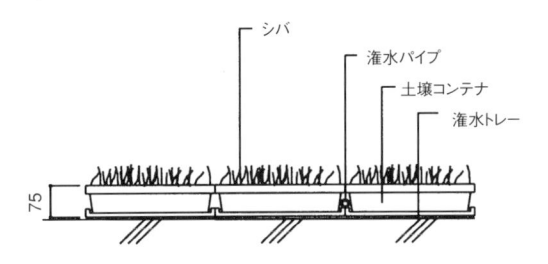

パレットタイプ
（底面型スクエアターフ）
- シバ
- 潅水パイプ
- 土壌コンテナ
- 潅水トレー
- 75

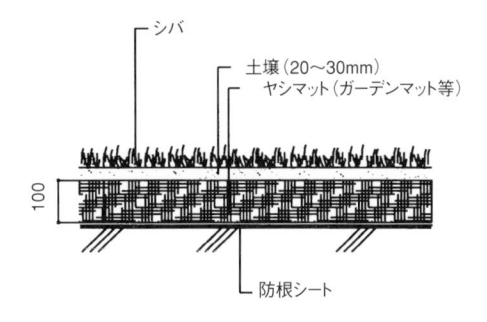

ヤシマットタイプ
（ガーデンマット）
- シバ
- 土壌（20〜30mm）
- ヤシマット（ガーデンマット等）
- 防根シート
- 100

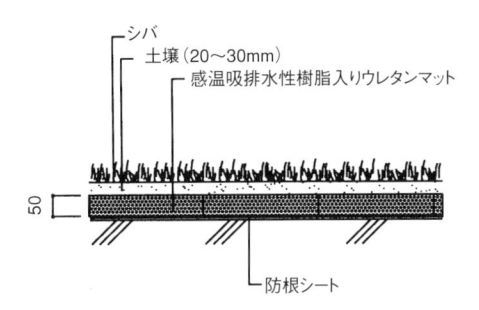

高分子吸水剤入りタイプ
（ドムターフシステム）
- シバ
- 土壌（20〜30mm）
- 感温吸排水性樹脂入りウレタンマット
- 防根シート
- 50

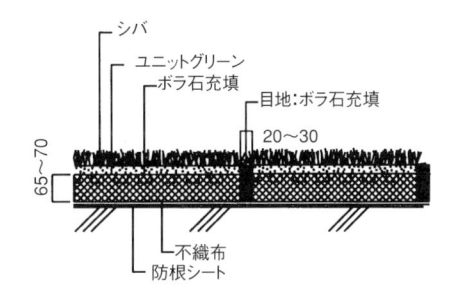

完熟樹皮ブロックタイプ
（ユニットグリーン）
- シバ
- ユニットグリーン
- ボラ石充填
- 目地：ボラ石充填 20〜30
- 不織布
- 防根シート
- 65〜70

土壌コンテナの設置（底水型スクエアターフ）

切り芝設置（底水型スクエアターフ）

ブロックタイプの薄層緑化（ユニットグリーン）

10cmの植栽基盤での草花栽培

F14　屋上緑化での植栽

1）屋上緑化での植栽の留意点

- 計画地の気象条件、自然環境条件に適した樹木の中から、積載荷重条件や植栽基盤の厚さ、樹木の成長度、搬入などを考慮して樹種及び形状を選ぶ。
- 大きくなる樹木は荷重負荷などの点から適さない。
- 植栽する植物は、防風対策や軽量土壌などを用いて植栽基盤を確保すれば、たいていの植物を植えることは可能であるが、風が強い場所では風の影響をあまり受けない背の低い植物が望ましい。背の高い草花は風で倒れやすい。
- 風害やメンテナンスを考慮して、1階の人工地盤では街並みを形成するような高木を植栽し、低層部の屋上では中高木のある緑化で、上に行くに従い潅木類主体、グランドカバー主体となるような植栽計画が望ましい。また、株立ちの樹木は1本立ちより風の影響を受けるのが少ない。
- 植え方としては、外周部に風や乾燥に強い樹木を植えて風をさえぎり、内部に草花などを植栽するのがよい。
- 乾燥に強い植物として、コノテガシワ、イヌツゲ、サザンカ、ハイビャクシン、ノシバ、セダム類、マツバギク、ローズマリーなどがある。
- 都心では、ヒートアイランド現象により亜熱帯化しており、ホンコンカポックやオリヅルランなどの観葉植物も植栽可能である。

[表1]屋上緑化に適する植栽植物リスト（関東～九州）

分類	植物名
高中木・針葉樹	カイズカイブキ、コノテガシワ、ニオイヒバ、エレガンテシマ、イヌマキ等
高中木・常緑樹	イヌツゲ、ウバメガシ、カクレミノ、カナメモチ、ゲッケイジュ、サカキ、サザンカ、ヤブツバキ、ネズミモチ、ヤマモモ、ユズリハ、マサキ、ヤツデ、ソヨゴ、トキワマンサク、ブラッシュノキ等
高中木・落葉樹	サルスベリ、ネムノキ、ハナズオウ、ハナミズキ、エゴノキ、シャラノキ、ヤマボウシ、ムクゲ、ロウバイ、マンサク、ウメモドキ等
生垣	カイズカイブキ、ニオイヒバ、イヌツゲ、ウバメガシ、セイヨウベニカナメモチ、カナメモチ、サザンカ、ネズミモチ等
低木・針葉樹	ブルーパシフィック、ブルーカーペット、ブルースター、フィリフェラ・オーレア等
低木・常緑樹	アベリア、アベリア・エドワードゴーチャー、アベリア・サンライズ、シャリンバイ、トベラ、ハマヒサカキ、マメツゲ、サツキ、ヒラドツツジ、キリシマツツジ、ミツバツツジ、カンツバキ、コクチナシ、ジンチョウゲ、ハクチョウゲ、ヒペリカム類、フイリノアオキ、ヒイラギナンテン、ナンテン、オタフクナンテン、セイヨウイワナンテン・レインボウ、カルミア、西洋シャクナゲ等
低木・落葉樹	一才サルスベリ、エニシダ、ボケ、ユキヤナギ、ドウダンツツジ、ヒュウガミズキ、レンギョウ、ミヤギノハギ、ヤマブキ、アジサイ、ガクアジサイ、カシワバアジサイ、コデマリ、コムラサキ、ニワフジ等
芝	コウライシバ、ノシバ等
地被植物	タマリュウ、リュウノヒゲ、コクリュウ、フッキソウ、ヤブラン、フイリヤブラン、ヤブコウジ、シャガ、ヒメシャガ、コトネアンスター、トクサ、ハラン、コグマザサ、スナゴケ等
ツル植物	ヘデラ類（カナリエンシス、ヘリックス、コルシカ）、ビンカミノール、ハツユキカズラ等
セダム類	メキシコマンネングサ、マルバマンネングサ、サカサマンネングサ、モリムラマンネングサ、タイトゴメ等
グラス類	チガヤ、ベニチガヤ、レッドバロン、フウチソウ、ススキ、タカノハススキ、シマカンスゲ、ウラハグサ、エンゼルフェアー、パンパスグラス等
常緑・多年草草花	アジュガ、タマスダレ、ノシラン、ツワブキ、アカンサス、ガザニア、宿根バーベナ、シバザクラ、マツバギク、クリスマスローズ、ユリオプスデージー、サルビア・レウカンサ、アガパンサス、ヘメロカリス、ランタナ等
落葉・多年草草花	ギボウシ、シラン、ムスカリ、ドイツスズラン、ハナニラ、フイリアマドコロ、ホトトギス、クロッカス、クロコスミア、イトバハルシャギク、ガウラ、サルビア・ガラニチカ、サルビア・エレガンス等
ハーブ類	ローズマリー、ラベンダー、タイム、コモン・セージ、スペアミント、ペパーミント、ジャマン・カモマイル、ローマンカモマイル、スイートバジル等

F14　屋上緑化での植栽

雑木の庭
・エゴノキ、ヤマボウシ、シャラノキ、サザンカ、ヤブツバキ、キンモクセイ、ドウダンツツジ、サツキ、カンツバキ、ヒラドツツジ、コクチナシ、ジンチョウゲ、ミツマタ、タマリュウ等

品川エコヒーリングガーデン
・ハナミズキ、ブラッシュノキ、オリーブ、ムクゲ、サザンカ、ドウダンツツジ、レンギョウ、カシワバアジサイ、サツキ、カンツバキ、ヒラドツツジ、コクチナシ、ジンチョウゲ、ヒペリカム類、ハイビャクシン、アベリアエドワードゴーチャ、ガウラ、イトバハルシャギク等

常緑樹主体のデパートの屋上庭園
・エレガンテシマ、ベニバナトキワマンサク、シマトネリコ、ソヨゴ、キンモクセイ、サツキ、カンツバキ、ヒラドツツジ、コクチナシ、ジンチョウゲ、セイヨウイワナンテンレインボウ、ハイビャクシン、アベリアエドワードゴーチャ、フィレフェラオーレア、フイリヤブラン、タマスダレ、ローズマリー等

乾燥に強い植物主体の屋上緑化
・セイヨウイワナンテンレインボウ、ハイビャクシン、アベリアエドワードゴーチャ、フィレフェラオーレア、ローズマリー、宿根バーベナ等

マンションの屋上庭園
・エレガンテシマ、グリーンコーン、ドウダンツツジ、カルミア、シャクナゲ、ローズマリー、ラベンダー、タイム、ユリオプスデージ、季節の草花等

北海道の屋上庭園
・イチイ、チシマザクラ、ドウダンツツジ、サラサドウダン、ガマズミ、マユミ、シャクナゲ、ヤマツツジ、キバナシャクナゲ、フッキソウ、スナゴケ等

F15　屋上菜園

1）屋上菜園のメリット・デメリット
屋上で野菜を栽培する場合、栽培から収穫、芽吹きから花まで楽しめるため、心理・生理的な効果が高いほか、屋上菜園のメリットとしては、日当たりがよい。雑草種子の飛散が少ない。生ゴミの堆肥の利用可能などがあげられる。また、デメリットとしては、風が強い。鳥の害を受けやすい。鳥の糞などの影響を受けるなどがあげられる。

2）屋上菜園設計での留意点
- 野菜や花、家庭果樹などを栽培する場合には肥料分の多い土壌と栽培する野菜に適した量の堆肥や肥料、微生物資材などを施す必要がある。
- 土壌は、微生物性や土壌の飛散性の問題などから、畑土同等品または改良土壌が適する。
- 軽量土壌を使用する場合、耕すと土壌の飛散が問題となるので、大規模に耕す場所には使用しない。コンテナなどによる菜園に使用する。また、必要以上に耕す必要のないように枕木などを利用して通路を設置する方法も考えられる。
- コンテナ、プランター栽培では、水はけのよいことが重要。
- 耕すような広い屋上菜園の場合、鍬による防水押えコンクリート破損防止と排水層と土壌との混合防止、通気性など点から、保水排水パネル（Gウェーブ等）使用の排水層とするのが望ましい。
- 土壌の厚さは、葉菜類では約20cm前後の厚さでも栽培が可能、一般的には30〜40cmとする。ダイコンなどの根菜類を植える場合には50cm以上とすることが望ましい。
- 野菜は水分要求量も多いので、潅水設備は自動潅水と手撒きができるような設備とするのが望ましい。
- 風により芽が切れたり、倒されたりするほか、土壌が飛散して近隣に迷惑をかけることがあるので防風ネットや生垣など設置して防ぐ。
- 防風ネットは遮蔽率50〜60％のものが望ましい。
- 風の影響のない屋上では気象条件や植栽基盤厚によるが、いろいろな野菜や家庭果樹の栽培が可能であるが、風の影響を受けやすい背の高いトウモロコシなどの野菜は適さない。ナス、ジャガイモ、キュウリ、カボチャ、サツマイモ、カブ、コマツナ、ニンジン、アオジソ、オクラ、モロヘイヤ、ニラ、シュンギク、ブロッコリー、リーフレタス、ハツカダイコン、ワケギ、ショウガ等が適する。

保水排水パネルの設置　　　防風ネット

参考図書　「知っておきたい屋上緑化のQ&A」(財)都市緑化技術開発機構・特殊緑化共同研究会著・鹿島出版会／「ビックリするほどよくできる　野菜の袋栽培」益田繁著・農文協より加筆して引用　　「図解　プランターの野菜つくり」山田貴義著・農文協／「図解家庭園芸　用土と肥料の選び方・使い方」加藤哲郎著・農文協

F16　バルコニー緑化

1）バルコニー緑化での留意点
バルコニーは一般的には、地震力荷重は60kg／㎡で、積載荷重は180kg／㎡以下である。また、塗膜防水やモルタル防水などのような簡易な防水である。したがって、バルコニー緑化では一般的な屋上緑化より、積載荷重条件、漏水対策、安全対策に十分注意する必要がある。基本的にはコンテナ緑化とする。
また、維持管理でもプランターの落下や水やりによる階下への水の飛散、野鳥の糞などの十分注意する必要がある。

2）屋上ガーデンと庇のあるバルコニーガーデンとの違い

- 屋上に比較して、積載荷重条件が厳しいので、重いものは載せられない。
- 階下が室内でないために簡易な防水で、十分な漏水対策が必要。一般的にコンテナによる緑化、ガーデニングとする必要がある。
- 雨が当らないので、水やりの仕方を考慮する必要がある。また一般的にバルコニーには散水栓が設置されていない。
- バルコニーの方位、立ち上がり壁の高さと種類によって日当たりは大きく異なる。
- 上階ほど風が強くなる。また、フェンスのバルコニーでは風の影響を強くうけるので風を防ぐような防風ネットなどの設置が必要となることが多い。
- 避難経路となるバルコニーでは、避難を妨げるものを設置せず、幅60cm以上の通路の確保する必要がある。
- マンションのバルコニーは一般的に共有スペースで、管理組合の協定を考慮して利用する必要がる。容易に動かせるものとする必要がある。
- メンテナンス上の留意点を十分に説明しておく。（台風時コンテナを倒れないようにするための処置、水やりの仕方、土壌の飛散防止、転落防止、大きくならせないための剪定などの点）

コンテナによるバルコニー緑化

バルコニーに適した水やり管理の容易な雨水貯留機能を有する大型コンテナ

風対策を十分に行った荷重条件がよいバルコニーの坪庭

参考図書　「屋上・ベランダガーデンべからず集」屋上開発研究会企画編集・創樹社

F17　屋上緑化での安全対策

1）屋上緑化での安全対策

屋上やバルコニーにガーデンを計画する場合、積載荷重や漏水防止などの建物に対する安全対策とともに、転落防止や枯れ枝や物などの落下防止など人の安全への配慮を十分考慮する必要がある。また、近隣への配慮、防災への配慮も考慮する。

[表1]安全対策と近隣への配慮

分類	項目	内容・対策
建物に対する安全対策	積載荷重	・植栽基盤の軽量化、軽量な資材の使用等。
	漏水防止	・排水勾配、防水層の保護、ルーフドレインカバーを設置する。 ・パラペットとの納まり、室内への雨水流入防止。 ・防水層を傷つけない、アンカーを使用しない設置方法。 ・植込み内の排水、テラス部分の雨水排水を妨げない。 ・ドレインの定期的な清掃をする。
人に対する安全対策	転落防止	・手すりの高さを110cm以上にする。 ・足がかりになるものを置かない。花壇の縁に足をかけて転落しないように十分配慮する。 ・ラティスも110cm以上で、小さな子供がいる場合、ラティスに足がかからないようなものとする。
	落下防止	・壁掛けプランターなどが下に落ちないよう、置き方、固定などに十分注意する。 ・枯枝や実などが落ちてケガなどをさせないように、樹木の配置には注意する。 ・倒木や物が飛ばないようにしっかりと固定する。
近隣への配慮	防音	・ウッドデッキのガタつきを防ぐ。ゴムマットなどを敷く。
	日照	・プライバシーの確保とともに、近隣への日照も考慮する。
	汚れ	・餌台などを設置する場合、野鳥などの糞が階下に迷惑にならないように注意する。 ・落葉やツル植物が階下に影響しないように管理する。
	水	・階下に水が降りそそがないように水やり方法に注意する。
防災への配慮	避難経路	・避難経路、避難用隔壁、避難用ハッチ部分に物を置かない。

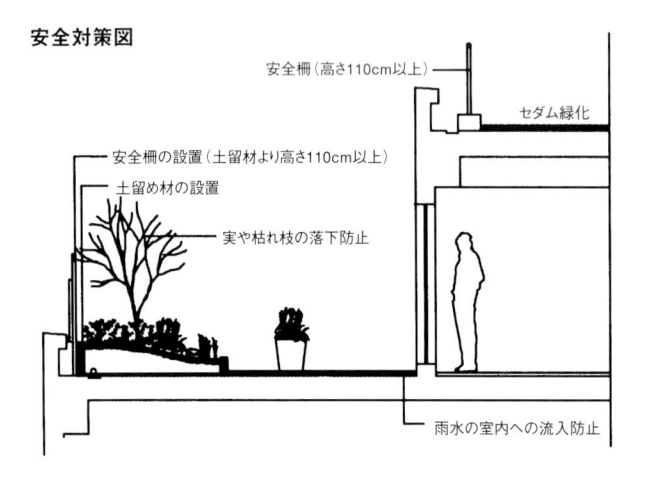

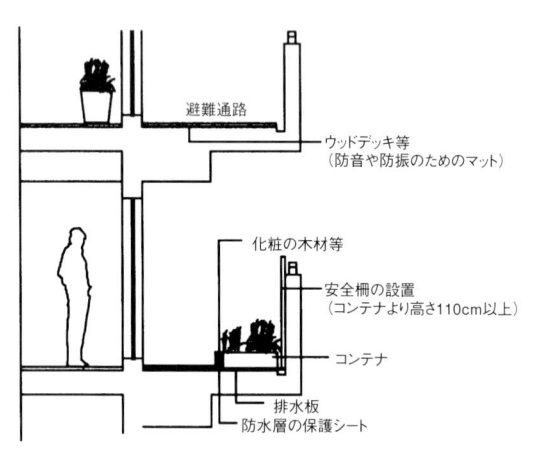

安全対策図

- 安全柵の設置（土留材より高さ110cm以上）
- 土留め材の設置
- 実や枯れ枝の落下防止
- 安全柵（高さ110cm以上）
- セダム緑化
- 雨水の室内への流入防止
- 避難通路
- ウッドデッキ等（防音や防振のためのマット）
- 化粧の木材等
- 安全柵の設置（コンテナより高さ110cm以上）
- コンテナ
- 排水板
- 防水層の保護シート

参考図書　「屋上・ベランダガーデンべからず集」屋上開発研究会企画編集・創樹社／「知っておきたい屋上緑化のQ&A」鹿島出版会

F18　屋上緑化に使用する土留め材と床材

1）土留め材

植栽の土留めにはコンクリートやブロック積み、レンガ積みなどの造成型と、組み立て式のシステムコンテナ型、簡易なコンテナ型がある。造成型では、コンクリートやブロック積みにタイルや石張りの仕上げをするか、化粧ブロック積みまたはレンガ積みなどがある。いろいろなデザインが可能。システムコンテナ型では、GRC（ガラス繊維強化セメント）のものや軽量コンクリートを使用したもの、FRP（ガラス繊維強化セメント）のもの、発泡樹脂を使用したもの、タイルを張り超軽量ブロックのもの、高耐久性木材を使用したもの、さらには枕木によるシステムコンテナ型などがある。簡易なコンテナ型では、移動や撤去が容易で、補修性や施工性などが良い。
防水層の改修時の撤去、再利用などを考えると、システムコンテナ型や簡易なコンテナ型による緑化が望ましい。また、枕木の防腐処理に使用されているクレオソートには発癌性があるのと、植物に障害を起こすので使用しない。

[表1] 土留め材とシステムコンテナの特徴

名称	特徴
コンクリート土留め	大規模な屋上緑化などに使用、表面はタイル張りなどの仕上げとすることが多い。
コンクリートブロック	小規模な屋上緑化などに使用、表面はタイル張りなどの仕上げとすることが多い。
化粧ブロック積み	大規模でローコストな屋上緑化などに使用されている。
レンガ積み	屋上ガーデンなどに使用されている。高さは低いのが一般的。
自然石	六方石や御影石などを使用した土留め。高さは10〜30cm前後。
枕木	ボンゴシなどの高耐久性木材などを使用し、カスガイ等で固定した簡易なもの。幅は100〜140、高さは200〜240、長さは2000前後。
GRC	ボルトによる接着方式、砂岩調、岩肌調などがある。幅は120mm、高さは300mmと450mmが基本寸法。曲面のものがある。(TLC:トーシンコーポレーション)
軽量コンクリート	リサイクル資材を主成分としたコンクリートパネルで、タイル張りなどが可能。幅は50mmで、高さは415mmが標準で、高さは調整可能。(LPパネル:ネオジャグラス)
発泡樹脂	GRCの1／4の重さの発泡樹脂を素材としたもので、表面は石調。(ラピュタ・ウォール:日比谷アメニス)
ウッドシステムコンテナ	リユース、リサイクルを考慮した、デッキ材などに使用する防腐処理を必要としない高耐久性木材を使用したウッドコンテナ。木材のための大きさ、高さは自由。曲面は無理。木材のため反りや割れが生じる恐れがある。(バラウ材:ユアサ商事)
緑化コンテナ	廃プラスチックの大型のリサイクルコンテナを使用したもの。化粧用のウッドパネルも用意されている。高さは245mmと345mmのものがある。(緑化コンテナ:リス興業)

2）床材の種類と特徴

床材の仕上げはデザイン、コストとともに荷重や台風時の飛散、照り返しなどを考慮して選ぶ。

[表2] 床材の種類と特徴

床材の種類	特徴と留意点
塗り床	荷重負荷が少なく、安価。滑らないものを使用する。
タイル張り	テラコッタタイルや磁器タイルなど豊富。パネル式の取り外し可能なものもある。
石張り	石灰岩やスレート系の自然石の使用が多い。荷重に注意する。
レンガ敷き	保水性のあるレンガが照り返しが少ない。荷重に注意する。耐圧透水板を使用した工法が適する。風が強い場所では接着張りとする。
ウッドデッキ	軽い。浮き床式の構造とすることによりバリアフリーとなる。照り返しが強いので注意する。風が強い場所ではパネル設置型は飛ばされる危険があるのでネタなどに固定する。
ゴムマット	軽く、怪我などがしづらい。病院等に適する。照り返しが強いので注意する。

F18　屋上緑化に使用する土留め材と床材

図1　システムコンテナ断面図例

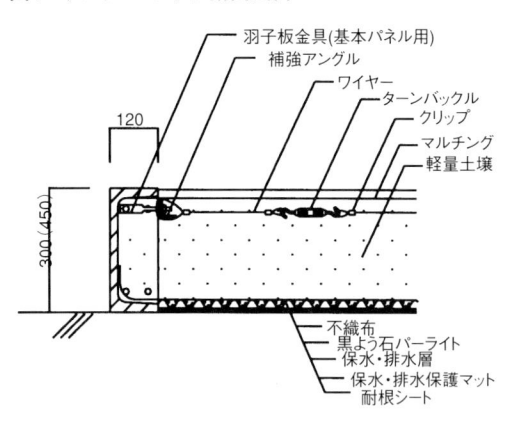

左図：GRCシステムコンテナ（TLC）
- 羽子板金具（基本パネル用）
- 補強アングル
- ワイヤー
- ターンバックル
- クリップ
- マルチング
- 軽量土壌
- 不織布
- 黒よう石パーライト
- 保水・排水層
- 保水・排水保護マット
- 耐根シート
- 寸法：120、300/450

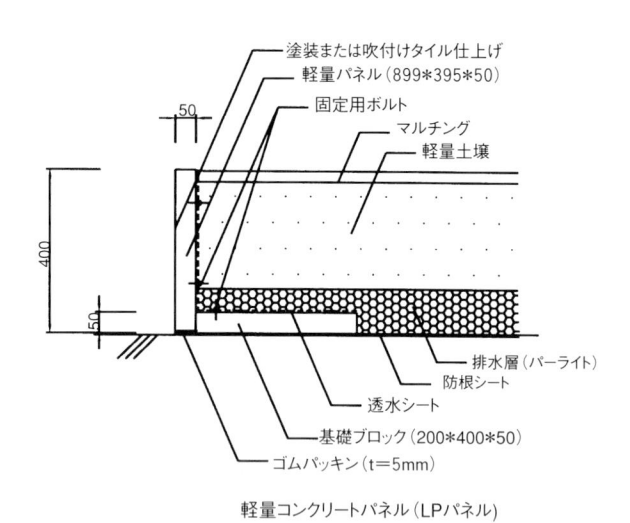

右図：軽量コンクリートパネル（LPパネル）
- 塗装または吹付けタイル仕上げ
- 軽量パネル（899*395*50）
- 固定用ボルト
- マルチング
- 軽量土壌
- 排水層（パーライト）
- 防根シート
- 透水シート
- 基礎ブロック（200*400*50）
- ゴムパッキン（t=5mm）
- 寸法：50、400、50

GRCのシステムコンテナ（TLC）

軽量コンクリートのシステムコンテナ（LPパネル）

大型コンテナによる緑化

自然石（六方石）の土留め

F18　屋上緑化に使用する土留め材と床材

図2　詳細図例

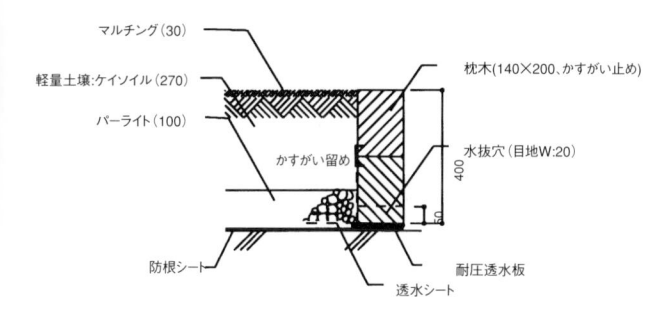

枕木2段積み

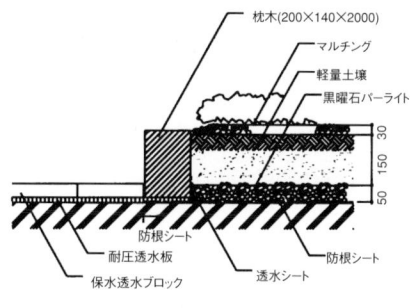

枕木の土留め（H=200）の例

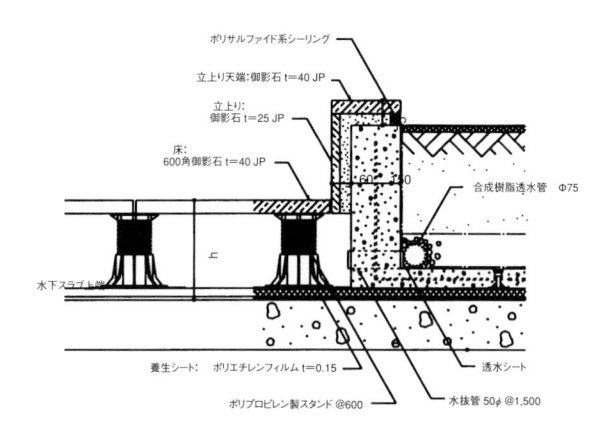

浮き床断面詳細図例

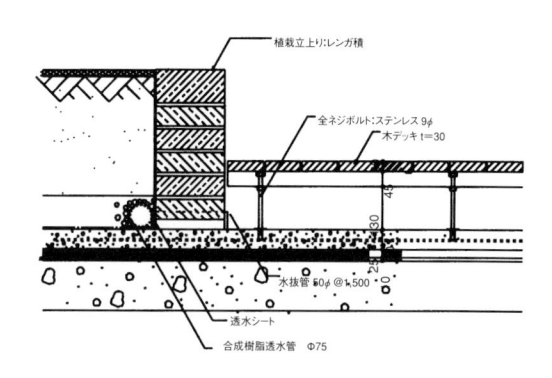

ウッドデッキ断面詳細図例

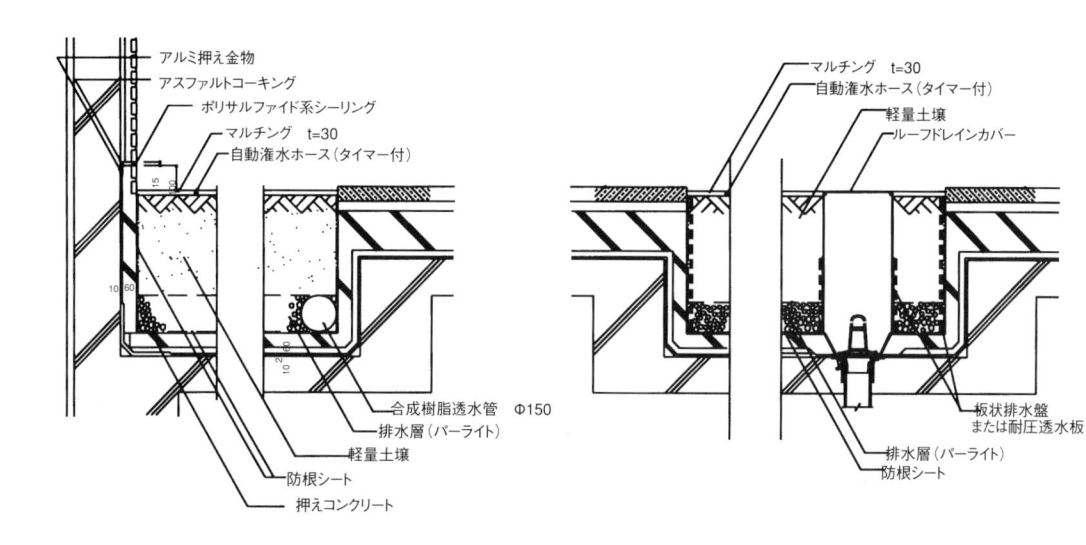

人工地盤の場合の雨水排水例

プラントボックスの場合の雨水排水例

G1　屋内緑化の留意点

1) 屋内緑化の効果効用
室内緑化の効果効用には、リラックス感の向上、室内環境のアメニティの向上のほかに、ホルムアルデヒドなどの揮発性化学物質を吸収する空気浄化効果がある。空気浄化には土壌への吸収が大きく、植物を植えるとさらに大きくなる。

2) アトリウムの緑化と室内環境条件

光量	・耐陰性の強い観葉植物でも最低500lx以上必要（冬の曇天で20,000lx、明るい室内で2,000lx、居室で200lx、ビルの通路で100lxある）。 ・ガラス張りは側面からだけではなく、できるだけ真上もガラス張りにする。 ・全面ガラス張りの温室のような場合でも、外部の光の85%以下で、一般的には40%程度しか取り込めない。4層吹き抜けのビルの場合でも30%の光量で、木の下では5%以下の場所もある。 ・吹き抜けが高くなればなるほど光量は少なくなる。
室温	・通常よく使われる室内用植物を導入する場合、室温は12〜30℃の範囲に維持する。正月のような場合でも8℃以下にならないようにする。 ・一日の温度差は8℃以下にする。
湿度	・観葉植物などの場合、湿度は60〜70%が望ましいが、人の利用やOA機器などを考えると40〜45%前後の湿度に設定するのが一般的である。 ・植物には葉水を与えるなどの管理が必要。
風	・植物にとっては微風があたることが望ましく、風速0.5m/sec程度の風が当たるようにするのが望ましい。 ・空調設備機器の吹き出し口近くには植栽しない。

3) アトリウムの緑化での留意点

- アトリウムの緑化では、人工地盤緑化と同じように荷重条件や防水層の保護、潅水設備と排水設備に留意する。
- 特に光量や室温、室度などの室内環境条件を考慮して植栽する植物を選定する必要がある。
- メンテスやメンテナンス時のアクセス、冬期の暖房費や落雪によるガラスの破損などを十分考慮して計画・設計する必要がある。
- 室内に使用する土壌は腐敗菌などが発生しずらく臭気の問題の少ない人工軽量土壌が適する。または、水耕栽培と同じような原理で排水設備を特に必要としない構造のハイドロボールを使用したハイドロカルチャー方式も多く使われている。
- 照度や室温などの環境条件により、導入できる植物は限られる。一般的な室内の観葉植物や耐陰性の強い常緑樹が適している。1年中室温が20℃前後で湿度が45%前後の環境では、落葉樹は休眠期がなく、樹勢が弱るので適さない。また、光が弱い場所では開花が期待できない。
- アトリウムに導入する植物は、基本的には観葉植物の中で、特に病虫害の受けにくい植物を選ぶ。特にハダニに注意する。また、大きな樹木を植える場合は、苗圃などで室内環境に暗順化させてから植栽する。場合によっては、一部人工樹木の使用も検討することも考える。
- 最上階のアトリウムに草花を導入する場合、光量は十分であるが、温度が高くなるため一般の草花の花の寿命は短い。温室の草花が適する。
- 水やりはドリップ式のタイマー付きの自動潅水装置や、タンクによる底面潅水方式（モナタンク）などによる潅水が一般的で、1〜2週間に1回程度の葉水と、年2〜4回程度の葉の洗浄を行うことが望ましい。また、定期的な病虫害の調査と予防、こまめな剪定、定期的な設備機器の点検等を行う。

G1　屋内緑化の留意点

[表1] 照度条件と植物の生育（＊）

環境	照度lx	植物の生育
・冬の快晴時の外部	50000	
・冬の曇天時の外部	20000	
	10000	・一般造園の耐陰性の高い落葉樹の生育必要照度
	4000	・一般造園の耐陰性の高い常緑樹の生育必要照度
・一般的な明るいアトリウム内照度	3000	・一般の造園樹木では衰弱する照度
・窓際の曇天時の照度	1000	・一般的な観葉植物の生育必要照度
・一般事務所の床面照度	500	
	400	・ポトス、ドラセナ類の生育必要照度
・会議室等の照度基準最低値	300	・耐陰性大の観葉植物の生育必要照度限界
	200	・耐陰性大の観葉植物でも衰弱する照度

常緑広葉樹の植えられたアトリウム（大同生命ビル）

ホテルのアトリウム（ホテルモントレ）

ウッドコンテナによる屋内緑化（ユアサ商事ビル）

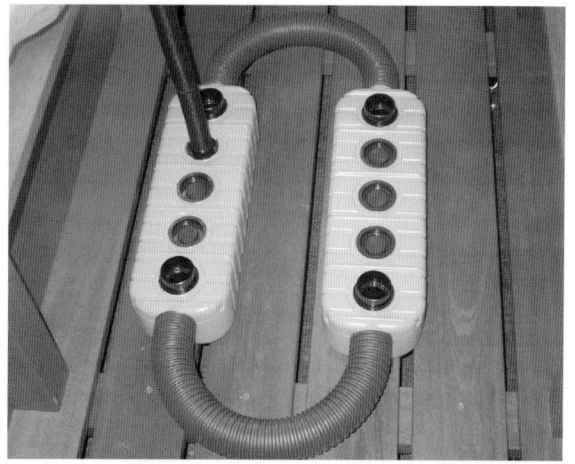

潅水用タンク（モナタンク）

＊**引用文献**　新・緑空間デザイン技術マニュアル」(財)都市緑化技術開発機構/特殊緑化共同研究会著・成誠文堂新光社より加筆して引用

G2　屋内緑化の手法と植物

3）屋内緑化の緑化手法と特徴

緑化手法	特徴
造成型緑化	緑化場所に合わせて形や素材をデザインして緑化。デザインの自由度が高いが、施工性が悪く、工期がかかる。また、給排水設備や十分な漏水対策が必要。新設で大規模な屋内緑化によく見られる。
システム型緑化	規格化されたシステムコンテナなどを使用して緑化。デザインの自由度は少ないが施工性が良く、工期が短い。また、漏水の心配が少なく、撤去が容易。新設および既存建物であまり小規模な屋内緑化に適する。
プランター型緑化	プランターを使用して緑化。一般的に見られる室内緑化。デザインの自由度は少ないが、簡易で移動が可能なため、いろいろな場所に設置が可能。潅水はプランター内に設置された底面潅水タンクなどによる潅水または手撒きなどによる。
養液栽培型緑化（ハイドロカルチャー）	発砲煉石（ハイドロボール）を使用したコンテナ使用の緑化。漏水の心配が少なく、潅水管理が容易であるが、ハイドロカルチャーに順化させた植物を利用する必要がある。デザインの自由度は少ないが、簡易で移動が可能なため、いろいろな場所に設置が可能。

4）主な空気浄化機能の高い観葉植物

分類	植物名	耐えられる最低温度	備考
背の高くなるもの	アレカヤシ	8～13℃	強い日光に当てない。通風をよくする。
	カンノンチク	3～8℃	乾燥を防ぐ。葉水も多くする。
	ゴムノキ	8～13℃	丈夫で、有害物質の除去能力が高い。
	ドラセナ類	8～13℃	乾燥と低温、根詰まりに注意。幸せの木も同種。
	フィロデンドロン類	13～18℃	低温と過湿に注意。エルベスケンスが除去能力が高い。
	ベンジャミン	8～13℃	強い直射日光は避ける。
小ぶりのもの	ボストンタマシダ	8～13℃	乾燥には比較的強い。蒸れるのを嫌う。
	スパチフィラム	13～18℃	白い花がきれい。薄暗い場所でも育つ。
	ディフェンバキア	13～18℃	寒さに弱い。ハダニに注意。汁液は有毒。
	シンゴニュウム	12℃以上	丈夫で乾燥と日陰に強い。
	カラテア類	12℃以上	葉の模様がきれい。乾燥に弱い。ハダニに注意。
下垂性のもの	イングリッシュ・アイビー	1～3℃	蒸れるのを嫌う。高温乾燥でハダニが付きやすい。
	ポトス	8～13℃	寒さに弱いが育てやすい。汁液は皮膚を刺激する。
	オリヅルラン	3～8℃	丈夫。乾燥しすぎる場所ではアブラムシがつく。
	シッサス・エレンダニカ	8～13℃	育てやすいが、湿度が低いとハダニが付きやすい。

5）人工の観葉植物

維持管理などを考慮して、シルク印刷の人工の観葉植物を導入することがある。一般的には、ポトスなどの下草類はほんものの物を使用し、大きな樹木はほんものの樹木の幹を使用してシルク印刷の葉をつけたものを使用することが多い。また、最近では酸化チタンを塗布した観葉植物も開発されている。酸化チタンで特殊処理した人工の観葉植物は汚れを光で分解することにより、葉の掃除の必要がなく、きれいな状態を長く保つことができる。さらに酸化チタン塗布したものは空気浄化機能があり、嫌な臭いを消してくれる。病院などでは導入されている。

参考図書　「エコ・プラント」B.C.ウォルヴァートン著・主婦の友社

G2 屋内緑化の手法と植物

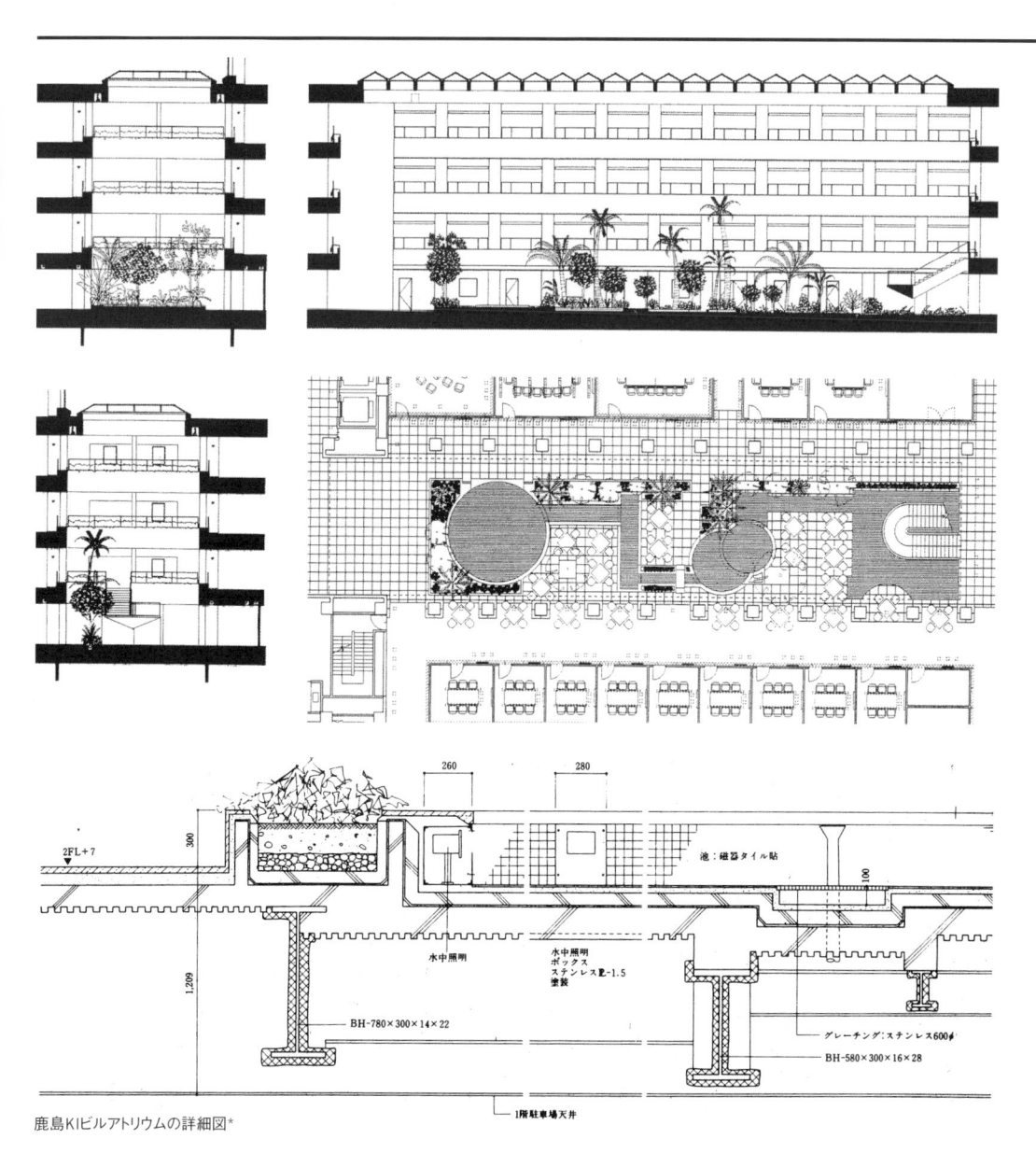

鹿島KIビルアトリウムの詳細図*

KIビル(ガジュマル、アレカヤシ、ヒカゲヘゴ、サガリバナ、ゲッキツ、サガリバナ、オキナワキョウチクトウ、トックリヤシモドキ、シマナンヨウスギ)

KIビル(パンノキ、ウツボカズラ、キングポトス、スパティフィラム、オオタニワタリ、クワズイミ、ツデー、シンゴニューム、モンステラ、ディフェンバキア、カラテマ・マコヤナ等)

*引用文献　SD別冊 NO21(1990)鹿島出版会より引用

H1　壁面緑化の手法と留意点

1）環境条件の把握
① 積載荷重条件や支持強度などを調査し、植栽基盤や登はん補助資材を計画する。また、給排水設備、電気設備の有無を調査し、計画や設計に反映させる。
② 壁面緑化下の利用用途を調査することにより、落葉や落枝、落実の被害の防止を図る。また、鳥の排泄物の汚れにも注意する必要がある。
③ 周辺の家屋の位置や利用状況を調査し、日照障害の防止、プライバシーの保護などを図る。
④ 搬入路や作業スペース、メンテナンス動線、維持管理スペースなどを調査し、植栽樹木の大きさや施工方法などを検討する。

2）壁面緑化を計画する上での留意点

- 壁面緑化の多くは植栽後の維持管理が容易に行えないため、植栽基盤の十分な整備を行うことが重要である。
- 壁面緑化では維持管理の点から、できるだけ雨水利用で、省エネ・省資源な緑化方法が望ましい。また、緑化手法や植栽基盤の違いにより潅水装置は異なるが、高効率・省資源型のドリップ式潅水方式が一般的である。
- 登はん補助資材について、材質、色、形、構造、耐久性、設置方法など十分検討する。一般的にはステンレス鋼線、アルミ被覆鋼線などを使用する。また、登はん補助資材は壁面から5〜10cm前後離して設置する。
- 壁面緑化する場所は風が強く、植物が壁などでこすれて切れるなどがある。そのため、壁の角ではネットなどの補助材を設置して切れるのを防止するなどの措置をする必要がある。
- 環境条件や景観などを十分考慮して、適切な植物を選択する。また、つる植物で緑化する場合、壁面を被うにはある程度時間を要することを十分認識する必要がある。一般的に早いもので1年で2m以上伸びる

ナツヅタによる登はんタイプの壁面緑化

補助資材使用の下垂タイプの壁面緑化

大型コンテナの植栽基盤取り付けタイプの壁面緑化

植栽基盤取り付けタイプの壁面緑化

H1　壁面緑化の手法と留意点

2）壁面緑化の手法と特徴

[表1] 壁面緑化の手法と特徴*

壁面緑化手法		特徴
壁面登はん型	自立登はんタイプ	・ナツヅタやキヅタなどの付着根をもつツル植物による安価でメンテナンスの容易な緑化。 ・被覆に時間がかかる。ガラスや金属面には登はんしない。
	補助材使用登はんタイプ	・登はんのための補助資材を取り付け、登はんする各種のツル植物による緑化。 ・補助材のコストアップ、補助材使用場所と取り付け方法に注意する。
壁面下垂型	自立下垂タイプ	・壁面上部または途中に植栽基盤を設け、ヘデラ類などによるメンテナンスの容易な緑化。 ・風に対して不安定。被覆に時間がかかる。
	補助材使用下垂タイプ	・下垂のための補助資材を取り付けた安定性の高い緑化。 ・補助材のコストアップ、補助材使用場所と取り付け方法、荷重に注意する。
壁面前植栽型	緑化コンテナ設置タイプ	・バルコニーなどに緑化コンテナを設置し、各種樹木の使用が可能なバルコニー緑化併用型の緑化。 ・緑化場所が限定される。
	植栽基盤取り付けタイプ	・育成養生してある植栽基盤つき壁面緑化植物を壁面に取り付けて緑化。早期緑化が可能で壁面緑化効果効用が高い。 ・高価、自動灌水装置が必要で維持管理費がかかる。取り付け方法、荷重に注意する。

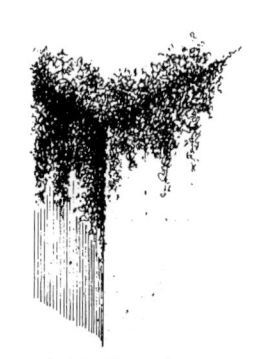

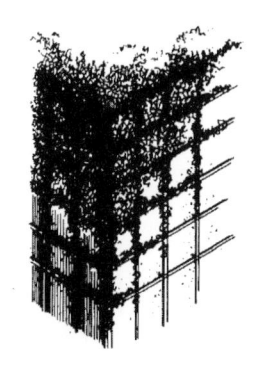

[図1] 緑化タイプ6種

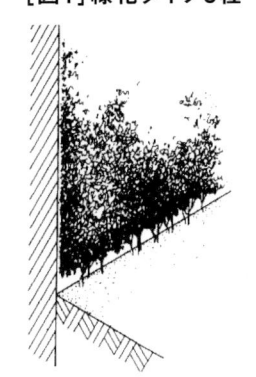

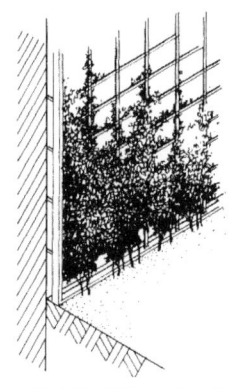

自立登はんタイプ　　自立下垂タイプ　　緑化コンテナ設置タイプ

補助材使用登はんタイプ　　補助材使用下垂タイプ　　植栽基盤取付けタイプ

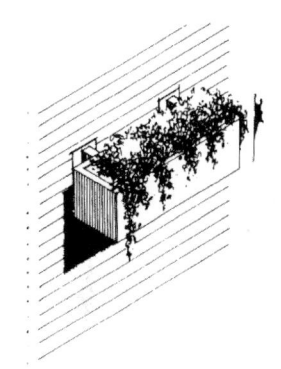

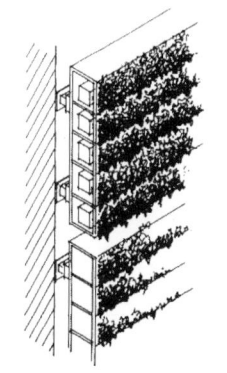

*引用文献　「新・緑空間デザイン技術マニュアル」（財）都市緑化技術開発機構/特殊緑化共同研究会著・成誠文堂新光社より加筆して引用

H2　壁面緑化に適したつる植物

3）壁面緑化の植栽での留意点*

- 壁面緑化に適する植物は、木本もしくは永続する多年草でなるべく恒久的な緑化が可能もの。生育旺盛で面的な被覆が早い。病虫害が少なく丈夫で維持管理が容易なもの。乾燥に耐え、やせ地でも比較的よく生育するものなどの条件を持つものが適する。
- つる植物は新しく伸びたつるに登はん器官が生じるので、大きなものを植える場合には人為的に誘引する必要がある。
- 付着根型の植物（イタビカズラ、キヅタ、テイカカズラ、ノウゼンカズラなど）は壁に湿り気がないと付着しにくいので、付着根型の植物（ナツヅタ）を先に壁面に付着させることにより湿り気を確保し、後から付着根型の植物を生育させ、付着させる方法もある。
- 一般的なつる植物は5～15cm前後の網目を使用するが、ノウゼンカズラ、ブドウ、フジ、キウイなどは20cm以上の網目が大きいほうが登はんしやすい。また、ビグノニア（ツリガネカズラ）やスイカズラ、ツルウメモドキなどは網目の大きさを問わない。

[表1] 登はんタイプの壁面緑化に適した主なつる植物

常・落	植物名	補助資材の有無	植栽可能地域	備考
常緑	イタビカズラ	無	沖縄～関東	耐陰性、耐潮性あり。
	オオイタビ	無	沖縄～関東	耐潮性あり。強い付着根。成長遅い。
	キヅタ	無	沖縄～東北	耐陰性、耐潮性あり。
	スイカズラ	格子	沖縄～北海道南	耐潮性あり。花に芳香。成長早い。
	テイカカズラ	無	沖縄～北海道南	耐陰性、耐潮性あり。
	ヘデラ・コルシカ	無・格子	沖縄～東北	耐陰性、耐潮性あり。
	ヘデラ・ヘリックス	無・格子	沖縄～北海道南	耐陰性、耐潮性あり。
	ムベ	格子	沖縄～東北	耐潮性あり。
半落	カロライナジャスミン	格子	沖縄～関東南部	花に芳香。暖地を好む。
	サネカズラ	格子	沖縄～関東	耐陰性あり。赤い実（10～12月）
落葉	ツキヌキニンドウ	格子	沖縄～北海道南	花が美しい。5～6月。
	トケイソウ	格子	沖縄～関東	花が美しい。成長早い
	ビグノニア	無・格子	沖縄～関東	花が美しい。5月。上に伸びる。成長早い
	ツルバラ類	格子	九州～北海道	花が美しい。5～10月。
	ナツヅタ	無	沖縄～北海道	紅葉が美しい。成長早い。
	ノウゼンカズラ	格子	沖縄～東北	花が美しい。7～9月。成長早い。
	フジ類	格子・棒	沖縄～北海道南	花が美しい。4～5月。成長早い。

[表2] 下垂タイプの壁面緑化に適した主なつる植物

常・落	植物名	補助資材の有無	植栽可能地域	備考
常緑	スイカズラ	無	沖縄～北海道南	耐潮性あり。花に芳香。
	テイカカズラ	無	沖縄～北海道南	耐陰性、耐潮性あり。
	ヘデラ・カナリエンシス	無	沖縄～東北	耐陰性、耐潮性あり。
	ヘデラ・コルシカ	無	沖縄～東北	耐陰性、耐潮性あり。
	ヘデラ・ヘリックス	無	沖縄～北海道南	耐陰性、耐潮性あり。
半落	カロライナジャスミン	無・格子	沖縄～関東南部	花に芳香。暖地を好む。
	サネカズラ	無	沖縄～関東	耐陰性あり。赤い実（10～12月）

*引用文献　「新・緑空間デザイン技術マニュアル」（財）都市緑化技術開発機構/特殊緑化共同研究会著・成誠文堂新光社より加筆して引用

H2　壁面緑化に適したつる植物

格子の登はん補助資材

特殊加工のヤシマット使用の補助資材

風の影響を受ける壁面緑化

風の影響で生育が不良な緑化

下垂補助資材とヘデラ

アルミの格子の登はん補助資材

階段状の緑化コンテナによる緑化

11　ビオトープを計画・設計する上での留意点

1) 自然保全のための5つの原則

「人間は自然生態系の一部」であり、自然から多くの恵みを受けている。持続的に自然の恵みを受けるには、生物の多様性に支えられた「健全な生態系」があってはじめてもたらされる。また、持続可能な循環型社会の構築に向けて、「環境への配慮」と「自然との共生」は重要な課題であり、自然との共生を図る上で「ビオトープの保全と復元・創出」は必要なものである。

1980年に国際自然連合が、より良い状態で自然を残していくために5つの原則を打ち出している。

> ①自然は広い面積ほど良い。
> ②自然は分割しないで大きな1つのかたまりの方が良い。
> ③自然は分散させず隣接している方が良い。
> ④自然は緑道でつなげた方が良い。
> ⑤自然は円形に近い方が良い。

2) ビオトープとは

ビオトープとはドイツ語でBIO(生物)とTOP(場所)の合成語で「生物たちが生きていける空間」を意味する。また、ビオトープは「特定な生物群集が生存できるような、特定の環境条件を備えた均質なある限られた地域」(築地書店の"生態学辞典"より引用)と定義される。

実際に身近なビオトープを創出するには、昆虫や野鳥など、多様な生物の生息に配慮した緑地(郷土樹種による多種類で高中木、低木などの多構成の植栽、原っぱなど)や、水辺(植生護岸や各種の水性植物の植栽)などの環境をつくることが大切である。特に水辺は多様な生物を呼び寄せる。

また、特にメダカやタガメなどの身近な小動物が絶滅の危機に瀕している状態である現代、調整池のビオトープ化やトンボ池、原っぱ、屋上のビオトープなどの小さなビオトープでも、地域の中でのビオトープ・ネットワークの一部としての機能をもつことになるので重要である。

3) 身近なビオトープを計画・設計する上での留意点

①調査	・ホタルなど特定の種の生息空間をつくる場合には、その動物の生態を調査の上、水質や水温、植生、餌となる動植物の導入も図った計画をする必要がある。 ・計画地の植生図、希少動植物等を調査し、積極的に誘致するような計画とする。
②近隣への配慮と説明会の開催	・日照や落葉などに配慮した計画とするとともに、雑草や虫、野鳥などの点での説明会などを開催して近隣及び利用者の理解を得ることが必要。 ・案内板などの設置が不可欠。
③計画	・多様な生物を誘致するには、ビオトープは樹林地、原っぱ、池の構成が望ましい。 ・ビオトープの主体は生物の生息ではあるが、身近な場所では人間が快適に利用できるようにデザインすることが必要である。 ・安全面にも留意する。注意のためのサインが必要。 ・自然の物質循環、エネルギー循環、浄化機能を活かした計画とする。 ・多様な生物が生息できるように、形状、高低、大小、素材などに変化を持たせ、多様で多孔質空間が多くなるようにする。 ・植物は郷土種、在来種から選ぶことを基本とし、周辺自生地からの移植が可能であれば、これを第一に考える。

参考図書　「ビオトープの基礎知識」ヨーゼフ・ブラーブ 著・(財)日本生態系協会／「まちに自然をつくる」トラスト・フォー・アーバン・エコロジー編・著・中央法規／「ビオトープ考」INAX出版／「環境復元と自然再生を成功させる101ガイド ビオトープ」近自然研究会・誠文堂新光社

11　ビオトープを計画・設計する上での留意点

4) ビオトープのメンテナンスでの留意点

- ビオトープでは野生生物の生息が主体であるため、無農薬が基本、除草剤、殺藻剤は使用しない。ただし、異常気象等で病虫害が異常発生した場合には適宜行うことも考える。
- 樹木の剪定は年1回で枯枝除去程度。植込み内の草刈りは初夏と秋口の年2回程度で、刈り過ぎない。原っぱの場合は年3〜4回の芝刈り、高刈りとする。施肥は必要とする植物に対して堆肥などの有機質を主体に施す。潅水は適宜行う。また、必要に応じて補植、間伐は適宜行う。
- 池の清掃は冬に年1回程度行う。水草や水辺の植物の整備は年2回程度、藻の除去は年3回程度。
- 利用者、近隣へ主旨を説明する。参加や観察してもらう。

5) ビオトープQ&A*

質問	回答
ビオトープと普通の池や花壇の違いは。	ビオトープは、見た目の美しさよりも、生物の暮しを第一に考え、池や花畑の周りに雑草を生やしたり、林の中に落葉を山積みにしたりして、こうした場所を好む虫たちのための処置を行う。
ビオトープの池に蚊が発生しないか。	蚊の幼虫であるボウフラは、ビオトープ池にいるモツゴやメダカなどの小さな魚や、ヤゴなどの水性昆虫のエサとなる。また、蚊はトンボが食べるから、それほど心配する必要はない。
ビオトープに生物を放してもいいか。	遠くの場所で捕まえた生物は放さない。特に、ビオトープの池に鯉やアメリカザリガニなどを放すと、ヤゴや水草を食べてしまうので、絶対に放さない。
生物に餌を与えてもいいか。	水辺については、餌を与えると池の水に余分な栄養が溶けこんでしまい、自然の生態系がくずれてしまうので注意が必要。また、野鳥に対して給餌を行う場合には、餌の量は1日でなくなるぐらいの量にする。一度に多量の餌を与えて、残った餌が腐ったまま放置されたり、野鳥を誘致しすぎて生態系のバランスをくずさないように注意する。
ビオトープの中に入ってもいいか。	ビオトープは小さな生物たちの棲み家。驚かしたり、邪魔をしたりしないように、観察は決められた場所で行うようにし、生物たちのための空間には立ち入らないようにする。
昆虫を捕まえてもいいか。	小さな昆虫でも、自然生態系の中ではなくてはならない役割をもっている。生態系のバランスをくずさないように、捕まえても観察が終わったら、すぐにもといた場所に戻す。

カブトムシの林とビオトープの案内板

ビオトープの住民への説明

*引用文献　「現場でできる簡単ビオトープ」鹿島建設パンフレットより引用
参考図書　「田んぼの学校　入学編」宇根豊著・(社)農村環境整備センター企画・農文協

12　ビオトープの池

1）ビオトープの池の特徴

比較項目	一般の人工的な池	ビオトープの池
主体	人間が主体で景観を重視。	生物が主体で生物の生息を重視。
形態	人工的、単調、単一等。	自然的、変化、多様性等。
水質保持	化学的・機械的ろ過装置または殺藻剤による水質保持、一般電源による水の循環。	微生物と植物などの自然循環ろ過による水質保持、雨水や自然エネルギーを利用した水の循環。
ボウフラ対策	ろ過装置や高濃度塩素、金魚などによる防除。	ヤゴやメダカなどの捕食による生態系を利用した防除。
管理	ろ過材や薬品の定期的な補充または交換。定期的な池の清掃。設備機器の点検等。	定期的な網などによる藻類の除去、年1回程度の池の落ち葉拾いなどの清掃、年2回程度の水草や護岸の下草刈り等、循環装置の点検。
環境配慮度	建設時での設備のCO_2の発生と、廃棄時の問題。	建設時のCO_2の発生が少なく、砂利は再利用が可能。

2）トンボが集まる池を設計する上での留意点

- 池の大きさは20～30㎡でもヤンマ等の大型のトンボも見られる。湧き水や井戸水を利用する場合は別として、水の循環設備は必ず設置し、酸素の供給と水腐れを防ぐ。設備として、水循環設備（電源、給水、水中ポンプ、吐出口）のほか、水位センサーと補給水管、オーバーフロー、排水桝等が必要。
- ろ過装置は、池や流れの底を砂利や砂敷きにすると、砂利や砂敷きに棲む微生物による浄化により、ろ過装置は特に必要としない。また、ビオトープではある程度藻が発生するのが自然であり、殺藻剤は使用しない。
- 護岸は水草や水辺植物が生える植生護岸、自然石護岸、乱杭、州浜など多様な護岸とすることが望ましい。空積みが望ましいが、安全面を重視する場合にはモルタル等で固定する。
- 池底の勾配は緩やかな勾配（3～5割）とし、水深は深いところで30～50cm、部分的に水深0～10cm程度の湿地をつくり、池に高低差をつける。また、中島や浮島などがあるのが望ましい。
- 池底は砂利、砂敷きで、水草部分の土は荒木田土または細かい赤玉土を使用することが望ましい。
- 水辺に水草や日陰となる低木を植える。また、池の周囲のうち半分くらいは背の高い水草や低木などを植えて人が近づけないようにする。
- 水草は、在来種から選ぶことを基本とし、外来種や園芸種は極力避ける。周辺自生地からの移植が可能であれば、これを第一に考える。
- 鯉などの大型魚はヤゴを食べてしますので池にはいれない。

調整池のビオトープ化

現地発生の石を利用したビオトープ

12　ビオトープの池

図1　ビオトープの池の断面例（ガーデンプラザ新検見川）

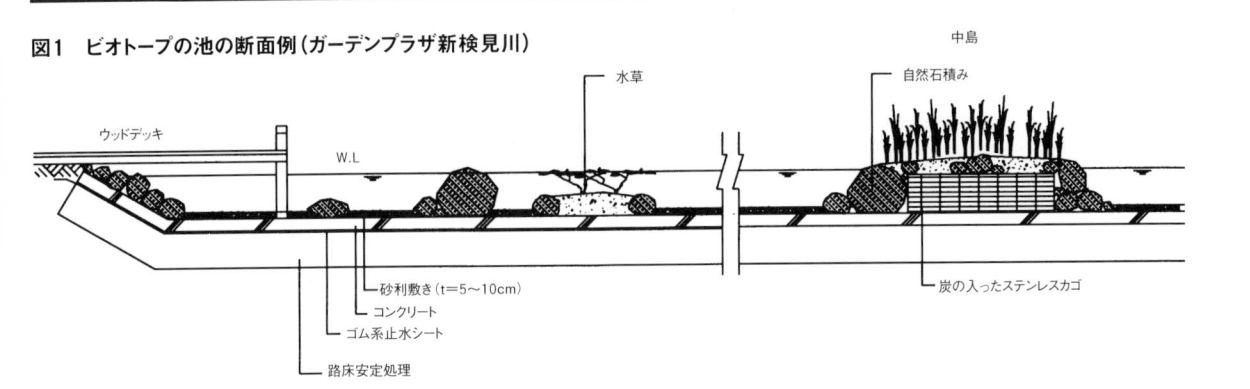

- ウッドデッキ
- 水草
- 中島
- 自然石積み
- W.L
- 砂利敷き（t＝5～10cm）
- コンクリート
- ゴム系止水シート
- 路床安定処理
- 炭の入ったステンレスカゴ

図2　ビオトープの池の断面例（ベントナイト系止水シート使用）

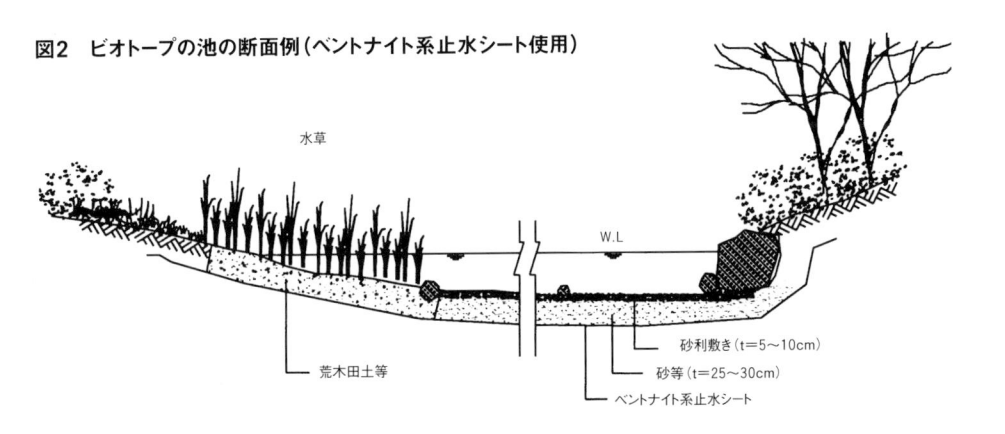

- 水草
- W.L
- 荒木田土等
- ベントナイト系止水シート
- 砂利敷き（t＝5～10cm）
- 砂等（t＝25～30cm）

ビオトープの池（新検見川マンション）

ビオトープの現地発生材使用の流れ

3）池底の仕上げの比較

池底の仕上げ	特徴
コンクリート・タイル等	ゴミや汚れなどを取り除きやすいが、汚れが目立つ。ろ過装置を設置しても藻類が池底などに付着する。
自然土	清掃しづらく、雨などで水が濁る。藻類が発生しやすい。水草などを栽培するような池に使用する。
砂利敷き	清掃しづらいが、汚れが目立たず、雨での水の濁りが少ない。動物性プランクトンなどが生息でき、植物性プランクトンを捕食する。また、砕石ろ過の機能も有する。

4）防水シート・工法の特徴

防水シート・工法	特徴
ポリエチレンビニールシート	物理的な衝撃などのより破損することが多く、漏水の危険性が高い。また、接合部は密着させる。安価。小さなメダカ池や屋上のミニ・トンボ池などに適する。
ゴム系防水シート	接合部分からの漏水の危険性がある。安価。大規模な調整池などに使用。また、コンクリートと併設して使用することが多い。
ベントナイト系防水シート	天然素材を使用し、自己修復機能があり、漏水の危険性が少ない。やや高価。ビオトープの池に適する。
コンクリート＋ゴム系防水シート	一般的な池に使用させる工法。セメントのアク抜きが必要。高価であるが構造物が設置しやすい。小規模なビオトープの池に適する。

5）藻類

藻類には、水が汚れてくると増えるアオコなどのラン藻類、ケイ藻類、アオミドロなどの緑藻類の3種類があり、一般的に問題となるのはラン藻類である。健全な池では緑藻類が発生し、藻類が発生し、それを動物プランクトンが捕食する関係になっている。また、藻類はCO_2を固定する。自然ろ過機能を有する砂利敷きでは、動物性プランクトンが生息でき、藻類を捕食し、水をきれいに保つが、アオミドロなどの緑藻類が発生する。自然界では洪水などで川などの清掃を行うが、人間が人工的に作った閉鎖空間の池では人間の手によって、30％以上水面を覆わないように、過剰に発生した藻類は網で取る必要がある。

6）蚊の発生源と対策*

蚊は産卵と幼虫期および蛹期を水中または水面で過ごすが、種によって生息水域が異なる。
ビオトープ池で繁殖する可能性がある種としては、コダマアカイエカ、シナハマダラカ。他所で繁殖して成虫が飛来するものとしては、ヒトスジシマカ、トウゴウヤブカ、キンイロヤブカ、キンバラナガハシカ。他所で発生するが、ビオトープが発生源として疑われる可能性があるものとしては、アカイエカ、チカイエカ。蚊と間違えられるものは、ユスリカ類がある。
幼虫の駆除・防除としては、天敵の放流・誘致を行う。蚊の幼虫を被捕食者として位置づけて生態系を構築する。また、止水の池を設置せず、流水の水域のみとする。都市部では流水性の蚊の出現はほとんどない。成虫の駆除・防除としては幼虫期ほど天敵の効果は期待できないが天敵の誘致を行う。

[表1] 主要な蚊と主な生息水域*

主な生息水域	主な蚊
池沼	シナハマダラカ、コガタアカイエカ、アシマダラヌマカ
水田・水溜まり	キンイロヤブカ、コガタアカイエカ
下水溝・汚水槽	アカイエカ、チカイエカ
空き缶・空き瓶・花立て・竹の切り株・防火用水・雨水	アカイエカ、チカイエカ、ヒトスジシマカ、トウゴウヤブカ、ヤマトヤブカ、キンバラナガハシカ
肥溜め（野つぼ）	オオフクロヤブカ

*引用文献　鹿島建設・「ドーミー柴崎におけるビオトープの維持管理技術の研究」1997年より加筆して引用

12 ビオトープの池

植栽2週間後ビオトープ**

植栽15週間後のビオトープ**

ゴム系止水シートとコンクリートの池の止水

透明感のある砂利敷きの池底

雑木と原っぱと池のビオトープ

自然側溝を兼ねた流れ

雨水利用の小さなミニビオトープ

ビオトープ池の水の吐出口と流れ

**鹿島技術研究所の実証試験場にて

13 主な水辺の植物

1）主な水辺の植物

分類	植物名	水深cm	草丈cm	備考
湿性植物	クサヨシ	水際	80〜180	5〜6月穂をつける。群生する。イネ科。
	セキショウ	水際〜30	20〜60	日陰地でも可。細い葉が美しい。
	ミゾソバ	水際	40〜80	7〜10月、白い花。
	ミソハギ	水際〜30	60〜100	7〜8月、赤い花。園芸植物。
抽水植物	オモダカ	水際〜30	20〜80	8〜10月、白い花。
	オランダガラシ	水際〜30	30前後	6〜7月、白い花。別名クレソン。
	カキツバタ	水際〜20	40〜90	5〜6月、淡い紫。アヤメ科。
	キショウブ	水際〜50	60〜100	5〜6月、黄色い花。ヨーロッパ原産。
	ショウブ	水際〜50	60〜100	花期5〜7月。サトイモ科。
	ガマ	水際〜50	150〜200	繁殖力大。穂綿の飛散に注意。
	ヒメガマ	水際〜50	150〜200	繁殖力大。穂綿の飛散に注意。
	コウホネ	100〜200	40〜50	6〜9月、黄色い花。
	サンカクイ	水際〜50	50〜120	繁殖力大。花期7〜10月。
	セリ	水際	30前後	7〜8月、白い花。食用。
	ハス	水際〜150	100〜200	7〜8月、淡紅色の花。食用。
	フトイ	水際〜50	150〜200	茎を観賞する。群生する。
	ヨシ	水際〜100	200〜300	繁殖力大。イネ科。
	マコモ	水際〜50	100〜200	繁殖力大。イネ科。
浮葉植物	スイレン	10〜30	10前後	園芸植物。
	ヒメスイレン	5〜15	10前後	小型のスイレン。園芸植物。
	アサザ	水際〜100	10前後	6〜9月、黄色の花。
	ヒツジグサ	30〜100	10前後	6〜9月、白い花。
沈水植物	エビモ	20〜50	30〜70	水中に群生。ラン科。
	クロモ	50〜150	30〜60	水中に群生。
	フサモ	—	30〜60	5〜6月、白い花。水中に群生。
浮遊植物	ウキクサ	—	0.5〜1	多年生水草。水底で越冬。
	ウォーターポピー	30前後	15前後	ブラジル原産。冬は5℃で保護が必要。
	ヒシ	50〜200	10前後	7〜9月、白い花。1年草水草。
	ホテイアオイ	—	15前後	南米原産。暖地では野性化。夏に花。

アサザ

ヒメガマ、クレソン等

参考図書　「グランドカバー緑化ガイドブック」(財)都市緑化技術開発機構・グランドカバー共同研究会編・鹿島出版会

14　屋上のビオトープの池

1）屋上のビオトープ造る上での留意点
都市の緑の喪失による自然度の低下は深刻であり、屋上に小さなミニ・ビオトープを創ることでも、地域の中でのビオトープ・ネットワークの一部として機能するので重要である。
また、ビオトープの池の水が蒸散することにより、周辺の温度が低くなるので、都市のヒートアイランド現象の緩和には効果が期待できる。屋上の水田なども意義がある。

2）屋上にビオトープを造る上での留意点
- 小さな屋上のミニ・ビオトープをつくる上で重要なことは、荷重条件、漏水対策、安全対策とともに、水循環設備の設置、水草が育つ基盤の造成、郷土樹種による草地や樹木の配置である。
- 防根シートの上に止水シート張りとする。
- 池の深さは20cm以上とし、砂や砂利敷きとする。石、枯枝などで小生物の隠れ家をつくる。
- 護岸は水草が生えるような水草用の土壌基盤、軽石の護岸、乱杭などとする。
- 水の循環と酸素の供給から噴水または小さな滝を設置する。
- 水循環設備（循環ポンプ、補給水管、水位センサー、オーバーフロー、排水管等）の整備する。
- 樋の水を池に導入するなど、建物から流失する雨水の利用を積極的に図るようにする。
- 日陰をつくる樹木の配置、野鳥などが好む樹木や植物、チョウとともに人間が楽しむ、四季折々に咲く花木、草花などの植栽する。

プールのコンテナによるビオトープ化

深さ30cmの屋上のビオトープ

深さ20cmの屋上のビオトープ

浅い屋上のビオトープの池（国土交通省）

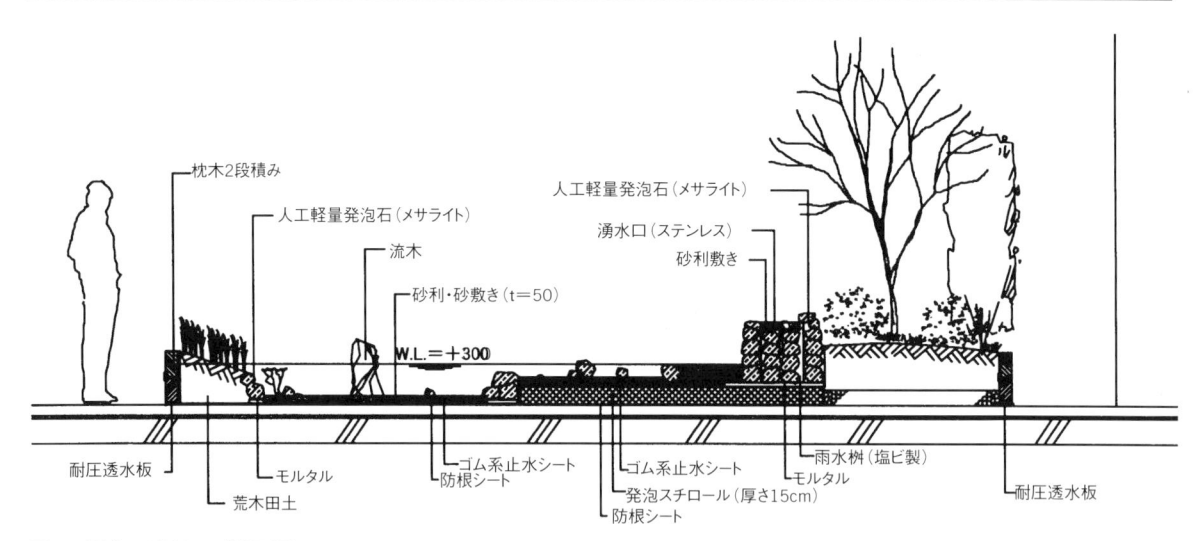

14 屋上のビオトープの池

図1 屋上のビオトープ断面例

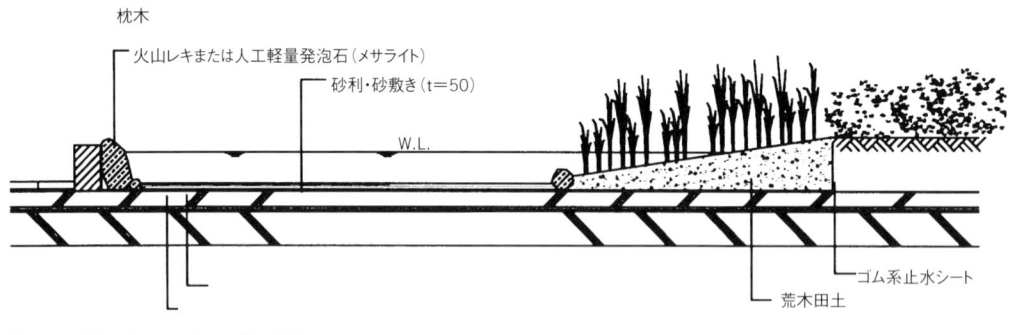

ラベル: 枕木2段積み／人工軽量発泡石(メサライト)／流木／砂利・砂敷き(t=50)／人工軽量発泡石(メサライト)／湧水口(ステンレス)／砂利敷き／W.L.=+300／耐圧透水板／荒木田土／モルタル／防根シート／ゴム系止水シート／発泡スチロール(厚さ15cm)／防根シート／モルタル／雨水桝(塩ビ製)／耐圧透水板

図2 屋上のミニビオトープ断面例

ラベル: 枕木／火山レキまたは人工軽量発泡石(メサライト)／砂利・砂敷き(t=50)／W.L.／荒木田土／ゴム系止水シート

既存屋上でのビオトープの造成

屋上のビオトープの池

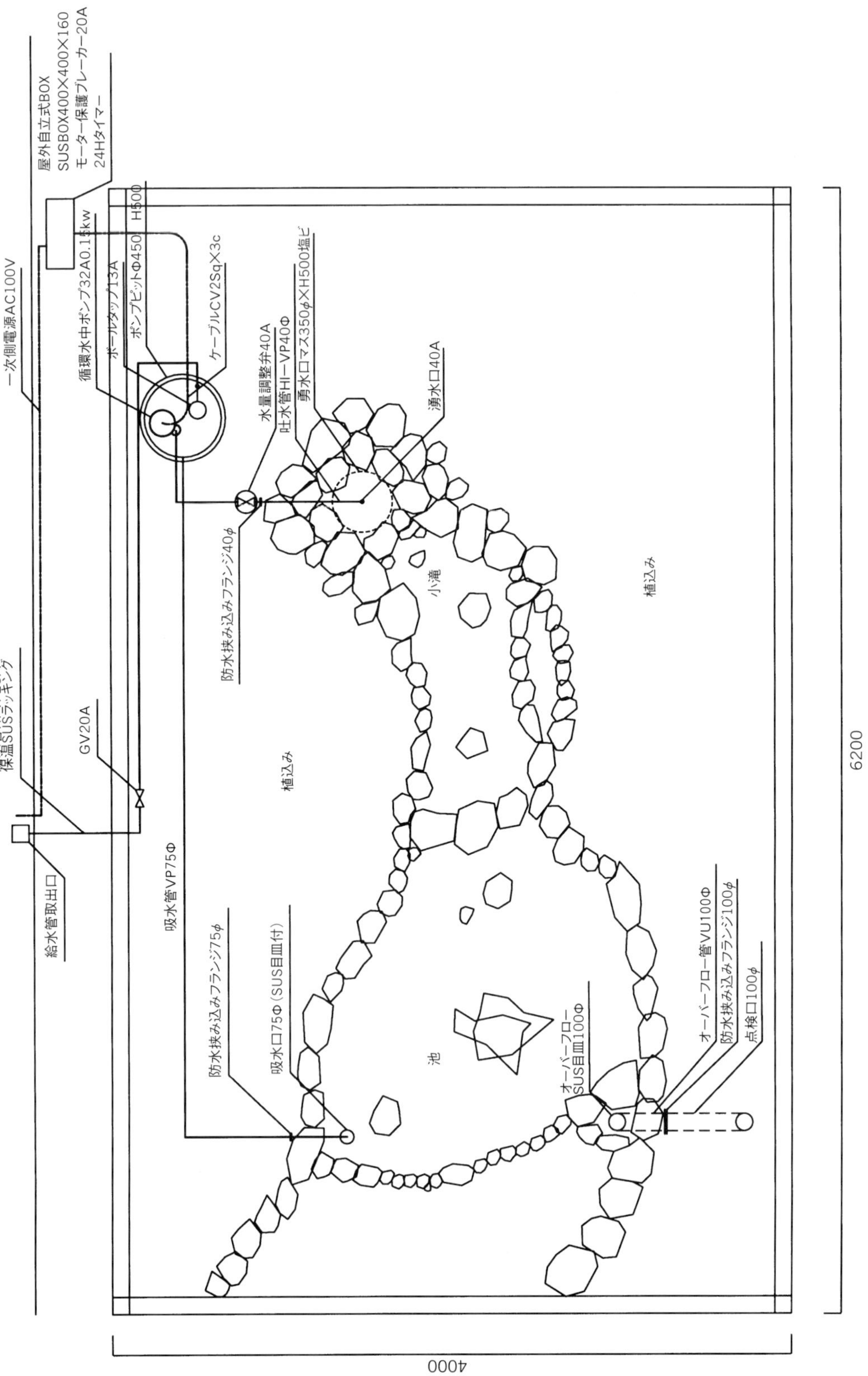

14　屋上のビオトープの池

図3　屋上ビオトープ設備図例

15　野鳥が訪れる緑地

1）野鳥が訪れる緑地をつくる上での留意点
野鳥が好む実のなる樹木や止まり木となるような大きな樹木を植える。餌台やバードバス（水深2cm程度の水飲み場）、砂遊び場（深さ20cm程度の乾いた山砂を敷いた砂場）などを人や車の動線から離れた場所に設置することが望ましい。餌台の高さは猫が飛びつかない高さ（50～100cm）に設置する。

2）野鳥の餌となる主な樹木

分類		植物名
高木	常緑	アカマツ、イチイ、イヌマキ、カヤ、クロマツ、サワラ、スギ、ヒノキ、アカガシ、クスノキ、クロガネモチ、サカキ、サザンカ、サンゴジュ、シキミ、シラカシ、シロダモ、スダジイ、ソヨゴ、タブノキ、タラヨウ、ツバキ、ニッケイ、ネズミモチ、ヒイラギ、ヒサカキ、ビワ、マサキ、マテバシイ、モチノキ、モッコク、ユズリハ等
	落葉	イチョウ、アカメガシワ、アズキナシ、イイギリ、イチジク、イボタ、イヌザンショウ、ウメ、ウルシ、ウワミズザクラ、エゴノキ、エノキ、カキノキ、クサギ、クヌギ、クリノキ、クワ、コナラ、シナノガキ、ズミ、センダン、ソメイヨシノ、タカモミジ、トネリコ、ナナカマド、ヌルデ、ハゼノキ、ハクウンボク、ハナミズキ、ハンノキ、ホオノキ、マメガキ、ミズキ、マユミ、ムクノキ、ムシカリ、モモ、ヤマザクラ等
低木	常緑	アオキ、イヌツゲ、クチナシ、チャノキ、ツゲ、ナワシログミ、トベラ、ナンテン、ピラカンサ、マンリョウ、ヤツデ、ヤブコウジ等
	落葉	ウグイスカグラ、ウコギ、ウメモドキ、ガマズミ、クコ、サワフタギ、サンザシ、サンショウ、タラノキ、ツリバナ、ニシキギ、ニワトコ、ハシバミ、ハマボウ、ミツバウツギ、ムラサキシキブ、メギ、ヤブデマリ等

3）巣箱の造りの留意点*

- 巣箱は野鳥の繁殖場所を提供するとともに、種によって冬季のねぐらとしても利用される。
- 前方が開けた幹に、風向きも考えて雨が入らないように架ける。底板には水抜き穴のための小さな穴を3～4個開けておく。内面は鳥が爪をたてられるようにぎざぎざにしておく。
- 繁殖期が終わった時期に古巣材を除去して掃除しておく。
- 巣箱の寸法は鳥により違う。また、設置の高さはシジュウカラでは2m以上であるが一般的な鳥では4m以上の高さに設置する。

[表1] 巣箱の大きさ*

鳥類	巣箱の内のり寸法					設置高さ(m)
	高さ(cm)	幅(cm)	奥行(cm)	孔の径(cm)	孔の高さ(m)	
アオゲラ	35～40	16	32	9～12	24～30	8～
アカゲラ	30～35	13	13	4	24	4～
コゲラ・アリスイ	25～30	11	11	3	15	4～
シジュウカラ科	18～25	12～15	12～15	2.8～3	12～15	2～
コジュウカラ	30	16	16	3	20	3～
ハタオリドリ科	30	15～16	15～16	3	18～20	4～
ムクドリ	35～45	18～21	18～21	5～8	30～40	4～
コムクドリ	30	16～18	16～18	4	20	5～

*引用文献　「現場でできる簡単ビオトープ」鹿島建設パンフレットより引用

16　小動物や蝶などが訪れる緑地

1）小動物などが訪れる緑地をつくる上での留意点

- エンカウンタースペースを設ける。エンカウンタースペースとは昆虫やカナヘビなどの小動物の棲みかとなる施設。
- 花壇や緑地などで草をぼうぼうに生やしておくと、バッタの棲み家となる。
- 円形に石などを積んで、中に枯れ葉や枯れ草を入れておくと、コオロギの棲み家となる。
- 丸太やよしずを集めて積み重ねておくと、カミキリムシの棲み家となる。
- 竹や小口にドリルで穴を開けた丸太などを重ねておくと、ドロバチの棲み家となる。
- 山状に自然石などを積み上げておくと、カナヘビやトカゲなどの棲み家となる。

2）蝶の来る花畑をつくる上での留意点

- 蝶が飛ぶ環境は明るい草原からくらい林の中まであり、環境によって種が違い、また林縁にいて両方を行ったり来たりする種もいる。そのため、多様な環境をつくり、1年を通して花を絶やさないようにすると多くの種類が見られる。林縁に似せた多様な環境をつくり、野草を積極的に導入し、園芸草花で密源を供給する。
- チョウが好むや野生植物や園芸植物、果樹、樹液のでる樹木などを植えた花畑をつくると吸蜜にチョウが訪れる。また、水飲み場（水を含んだ砂）と塩水を設けることが望ましい。農薬は散布しない。
- 幼虫が食べる草を植えることで繁殖させることもできる。チョウの幼虫は種類によって食べる草や木の実が違うため、誘致したいチョウの幼虫の好む植物を植える。しかし、近隣の畑や花壇に迷惑のならないように注意する必要がある。プランターなどで食草園などをつくることも考えられる。

[表1] 主なチョウの食草

チョウ	食草植物	チョウ	食草植物
アゲハ、クロアゲハ	カラタチ、サンショウ、ミカン等	キタテハ	クワ科のカナムグラ等
カラスアゲハ	カラタチ、キハダ、コクサギ等	オオミスジ	ウメ、スモモ等
モンキアゲハ	カラスザンショウ、キハダ、ミカン等	ルリタテハ	サルトリイバラ、ホトトギス等
キアゲハ	セリ、ミツバ、ニンジン等	オオムラサキ	エノキ等
アオスジアゲハ	クスノキ、タブノキ、ニッケイ等	ジャノメチョウ	イネ科のススキ等、カヤツリグサ科の草
モンシロチョウ	キャベツ等	ベニシジミ	タデ科のスイバ、ギシギシ等
モンキチョウ	ムラサキツユクサ、クローバー等	ヤマトシジミ	カタバミ科のカタバミ

ドロバチなどの棲みかとなる施設

カナヘビやトカゲなどの棲みかとなる施設

参考図書　「現場でできる簡単ビオトープ」鹿島建設パンフレット／「花と蝶を楽しむバタフライガーデン入門」海野和男編著・農文協

J1　いろいろな植物療法

1）癒しの環境づくりの意義

「人間は自然生態系の一部」であり、自然から多くの恵みを受けている。また、自然界には不要なものは一切なく、生態系の中で何らかの役割をし、健全な生態系を維持している。さらに、人間は社会的な動物として、家族との双方的の関係および社会との双方的な関係を営んで、健全な社会生活を過ごしている。また、一人のかけがいのない人間として人間性の向上および自己実現のために生きているといわれている。

しかしながら現代、自然環境の悪化、自然との触れ合う機会の減少、家族との断絶、社会からの疎外などが「孤独感」「うつ状態」「退屈」「生きがい感の喪失」などを発生させ、各種の病気、自殺、虐待、犯罪、医療費の増大などいろいろな社会問題が生じさせていると思われる。

このような現在の高齢化・ストレス社会において、病院や老人ホームのみならず、いろいろな場所での環境への配慮と自然との共生を図った、緑あふれる潤いのある癒しの環境づくりが望まれる。

2）植物に関係したいろいろな療法

植物に関係する療法にはいろいろなものがある。植物は自然生態系を構成する非常に大事な存在であるだけでなく、私たちの生活に潤いと喜びをもたらし、癒してくれる大きな存在である。また一方、「地球の健康なくしては人間の健康はない」とか、「治療は外から、治癒は内から」などが言われるとともに、治療医学ともに予防医学が重要となってきており、アロマテラピーや漢方などの各種の補完代替医療が見直されてきている。

自然食事療法	薬草や野菜などを食して体の滋養強壮に役立てる療法。 (参考図書：「食べるクスリ」ジーン・カーパー著・丸元淑生訳・飛鳥新書)
薬湯	菖蒲湯やハーブ湯などに見られる民間浴療法。 (参考図書：「薬湯・身近な野草で健康風呂」大海淳著・農文協)
森林浴	人の疲労回復や精神的緊張感の軽減効果があるとされる、木や草花から放出されるα―ピネンなどの揮発性のフィトンチッドが多く含む森の中の散策などによるリラックス効果を期待した療法。 (参考図書：「農林業がもつ環境保全機能の評価・耕草林からの他感物質とその作用」国土資源資料No.19等)
アロマテラピー （芳香療法）	ハーブなどのエッセンシャルオイル(精油)が持っている芳香を利用して、心身の健康増進や美容に役立てる療法。 (参考図書：「アロマテラピー・LESSON」林真一郎著・主婦の友社、「ガンを癒すアロマテラピー」安部博幸監修・長谷川記子著・リヨン社等)
花療法	東洋医学の「陰陽五行説」(自然界にあるすべての物質および生物は木、火、土、金、水の5つの物質から成り立っており、相互に働き合い、影響しながらバランスを保っているという考え)の中で、五臓(肝、心、脾、肺、腎)と五色(青、赤、黄、白、黒)が関連して、その形や色と芳香成分を加えることによって「気」のバランスを回復させようとする考えの療法。 (参考図書：「病気を治す花療法」孫維良・片桐義子著・リヨンブックス等)
バッチのフラワー・レメディー	野山の植物の花などが秘めている自然のエネルギーを水に転写し、それを利用して、恐怖心や孤独感、落胆や絶望などの心の病などを癒そうとする、英国のエドワード・バッチ医学博士が多年の研究と実践の上に生み出した療法。 (参考図書：「エドワード・バッチ 心を癒す花の療法」ノラ・ウィークス著・林陽訳・中央アート等)
園芸療法 （ホーティカルチャラル・セラピー）	園芸活動あるいは植物に関連した諸々の活動(フラワーアレンジメント、押し花等)を通して、身体機能や社会への適応力の回復などを目指した療法。 (参考図書：「園芸療法のすすめ」吉長元孝、ほか編・創森社、「園芸療法」グロッセ世津子編著・地研等)

参考図書　「代替医療」上野圭一著・角川書店／「ナチュラル・メディスン」アンドルー・ワイエス著・上野圭一訳・春秋社

J2　薬草となる身近な植物

1）薬草となる身近な植物

分類	植物名と効果
高中木	アカマツ（葉：冷え性等）、イチジク（果実・葉：滋養強壮、イボ取り等）、ウメ（果実：胃潰瘍、食欲不振等）、カキノキ（果実のへた・葉：しもやけ、かぶれ等）、カリン（果実：咳止め）、クリ（葉・イガ：漆かぶれ、脱毛防止等）、クワ（実・葉：消炎、疲労回復等）、コブシ（つぼみ：鼻炎等）、ザクロ（果実：更年期障害等）、トチノキ（葉・種子：浄血、下痢止め等）、ナツメ（果実：強壮、咳止め等）、ネムノキ（樹皮：利尿、強壮等）、ホオノキ（樹皮：利尿、健胃等）、ビワ（葉：喘息、皮膚炎等）、ミカン（果皮：健胃、咳止め等）、メグスリノキ（樹皮：眼精疲労等）、リンゴ（果実：動脈硬化防止、食あたり、美肌等）等
低木	クサボケ（果実：強壮、低血圧症等）、サンショウ（葉・果皮：健胃、駆虫等）、ナンテン（果実・葉：ぜんそく、のどの痛み等）、ニワトコ（葉・枝・花：利尿、むくみ等）、ハマナス（花・果実：下痢止め、低血圧等）、ブルーベリー（果実：眼精疲労等）、メドハギ（全草：腎臓病、むくみ等）、レンギョウ（果実：解熱、排膿、にきび等）等
つる植物	アケビ（つる・果実：腎臓病、むくみ等）、カラスウリ（根・種子：利尿、咳止め等）、クズ（根・花：発汗、解熱、二日酔い等）、サルトリイバラ（根茎：関節炎等）、スイカズラ（茎葉・花：利尿、解毒等）、ヒルガオ（全草：利尿、強壮等）、ヘクソカズラ（根茎・果実：しもやけ、肌荒れ等）、ヤブガラシ（全草：利尿、虫刺され等）等
野草	アカザ（茎葉・種子：健胃、強壮、ビタミン補給等）、アキノキリンソウ（全草：かぜの症状の緩和等）、アザミ（根：胃痛、湿疹等）、アマドコロ（根茎：滋養強壮、打ち身等）、イタドリ（根・果実：膀胱炎、じんましん等）、オオバコ（全草・種子：健胃、整腸等）、オトギリソウ（全草：鎮痛、打ち身等）、カキドオシ（全草：子供の癇、強壮等）、カタクリ（地下茎：解毒、胃腸炎等）、ガマ（花粉：消炎、火傷等）、ギシギシ（根・果実：便秘、皮膚病等）、キキョウ（根：咳止め、気管支炎等）、クコ（果実・葉・根皮：強壮、高血圧症等）、スイバ（全草：健胃、虫刺され等）、スギナ（全草：解熱、咳止め等）、スベリヒユ（全草：利尿、解毒、肝臓病等）、タンポポ（根・葉：胃腸病、強壮等）、チガヤ（根茎・花穂：消炎、動脈硬化予防等）、ツユクサ（全草：利尿、腎臓病等）、ツワブキ（葉・根茎：化膿、健胃等）、ドクダミ（全草：利尿、整腸、解毒等）、ナズナ（全草・果実：高血圧予防、強壮等）、ハコベ（全草：胃腸病、歯槽膿漏等）、ハハコグサ（全草：咳止め、扁桃腺炎等）、ヒメジョオン（花・葉：糖尿病の予防、むくみ等）、ヤブガラシ（全草：鎮痛、打ち身等）、ヤマユリ（鱗茎・花：滋養強壮、咳止め等）、ユキノシタ（葉：火傷、しもやけ等）、ヨシ（根茎：むくみ、健胃等）、ヨモギ（葉・茎：止血、強壮等）、リンドウ（根茎・根：健胃等）等
野菜・山菜	アズキ（母乳不足、整腸等）、アロエ（胃腸病、火傷、肌荒れ等）、ウコン（肝臓病等）、ウド（強壮、かぜ等）、カボチャ（糖尿病、疲労回復等）、キャベツ（健胃等）、コンフリー（貧血、強壮等）、シイタケ（便秘、冷え性、不眠症等）、シソ（健胃、整腸等）、ジャガイモ（胃潰瘍の予防等）、ショウガ（食欲増進、カゼ等）、ゼンマイ（強壮、貧血等）、セロリ（強壮、健胃等）、セリ（胃病等）、ダイコン（腹痛、健胃等）、ダイズ（高血圧症、二日酔い等）、タマネギ（血液の浄化、強壮等）、チャ（抗菌、虫歯予防、ガンの予防等）、トウガラシ（神経痛、保温等）、トマト（血液浄化、高血圧予防等）、ニラ（強壮、整腸等）、ニンジン（滋養強壮等）、ニンニク（強壮、疲労回復等）、ハス（滋養強壮等）、フキ（咳止め、胃病等）、ブロッコリー（ガンの予防等）、ホウレンソウ（貧血症等）、ヤモイモ（滋養強壮等）、ワサビ（健胃、鎮痛等）、ワラビ（利尿、虫刺され等）等

注）薬として利用する場合には医者に相談するなど十分注意する。

2）薬湯・健康湯になる身近な植物

針葉樹	マツの葉浴、スギの葉浴、ヒノキの葉浴等。アカマツ、クロマツ、カラマツ、ヒマラヤスギ、ツガ、モミ、スギ、ヒノキ、ヒヨクヒバ、コノテガシワ、サワラ、コウヤマキ、カイズカイブキ、ハイネズ、カヤ、イヌマキ等
広葉樹	ユズ湯、ミカン湯、ビワ湯、イチジク湯等。ユズ、ウンシュウミカン、レモン、ナツミカン、キンカン、ビワ、リンゴ、カリン、イチジク、クスノキ、タブノキ、シダレヤナギ、キンモクセイ等。
野草類	ショウブ湯、ヨモギの葉湯、オオバコ湯、ハスの葉湯、ハコベ湯、ドクダミ湯等。ショウブ、ヨモギ、タンポポ、ツワブキ、オオバコ、アロエ、ハス、ハコベ、ドクダミ、スギナ等

カキノキ　　　　　ザクロ　　　　　ニラの花

参考図書　「身近にある薬草」畠山陽一著・PW通信社／「図解・四季の薬草利用」小林正夫著・農文協／「薬湯・身近な野草で健康風呂」大海淳著・農文協

J3　園芸療法

1）園芸療法とは
「Improving well-being by using gardening.」「園芸療法とは、園芸を手段として身心の状態を改善すること（英国園芸療法協会による）。」または「専門的訓練を受けた人が、対象者（患者、ガーデナー）の状態を把握し、植物を媒介とした作業（植物の栽培や簡易な園芸作業など）を通じて、対象者の精神的、身体的な機能の回復や社会性の向上を図る活動」などと定義されている。

そして、園芸療法では植物を育てるが、植物の成長や園芸で得られる成果が目標ではなく、園芸作業・療法を行うことによって得られる肉体的に良い状態、精神的に良い状態、あるいは社会性の面で良い状態が得られることが目標である。

また、医師で日本園芸療法研究会の田中会長によると、「新鮮な空気を吸いつつ大地の恵みにふれ、植物を育てる行為は心身の緊張をときほぐしてくれる。そこで、このような園芸作業を病気や障害をもった人の治療やリハビリテーション、さらに職業訓練の手段のひとつとして使うのが「園芸療法」である。また、薬効のある植物を育て、その香りや栄養を役立てるわけではなく、園芸療法の効果はあくまで園芸作業そのものにあるので、植物の種類は問わない。作業を通して治療を行う作業療法（手芸や工作などの作業により、身体機能や社会への適応力を回復させる療法）の一環として位置づけられている。」

2）作業療法とその他の療法
作業療法とは、身体または精神に障害のある者、またはそれが予想されるものに対してその主体的な生活の獲得をはかるため、諸機能の回復・維持および開発を促す作業活動（日常活動の諸動作、仕事・遊びなどの人間の生活全般に関わる諸活動）を用いて行う治療、訓練、指導および援助を行うことである（（社）日本作業療法士協会・定義）。

現在、園芸療法を含め、医療制度上認知された療法から十分認知されていない療法などいろいろな療法がある。

[表1] 各種の療法
- 心理療法、薬剤療法、森田療法、カウンセリング（心理療法）、箱庭療法、傾聴ボランティア
- リハビリテーション（作業療法）、フィットネス（運動療法）、音楽療法（芸術療法）、絵画療法（芸術療法）
- 園芸療法（植物介在療法）、ペット療法（動物介在療法）
- 東洋医学、漢方、気功、鍼灸、温泉療法、マッサージ、食事療法、アロマテラピー

3）園芸療法が持つ長所
- 作業内容が多様である。（畑を耕すような重労働に近い作業から、挿し木、水やりなど多種多様な作業があり、それぞれに適した作業を選べることが可能である。）
- 五感を刺激する。（視覚、聴覚、味覚、触覚、臭覚のすべてを使うことができる。）
- 屋外での活動や運動を伴うプログラムが組める。（室内に比べて屋外のほうが視力を向上させる効果があるとともに、音や風など五感を刺激する。）
- 収穫物がある。（食べることができたり、花を花瓶に生けたり、枯葉による押し花などいろいろなものが作れる。）
- 自然と触れ合うと共に季節の移り変わりを知ることができる。（人は自然の一部であるという認識、人生のリズムと死を考えるきっかけができる。）
- 収入を得る機会を与えてくれる。（育てた植物の販売だけでなく、園芸作業の手伝いによる報酬を得る方法もある。）

参考図書　「園芸療法入門テキスト・医療に役立つ園芸療法」田中豊著・東京農業大学・生涯学習センター／「英国園芸療法協会認定・園芸療法基礎講座テキスト」

J4 園芸療法の効果

1) 園芸療法の効果

園芸療法の効果には、主に①精神的・生理的な効果、②身体的な効果、③社会心理的な効果の3つあげられる。特に、スタッフや家族の方々とコミュニケーションが図れる効果が大きい。また、園芸は楽しみと満足感を与えてくれる作業である。

[表1]園芸療法の効果

①精神的・生理的な効果	不安感や緊張感を和らげたり、情緒の安定、気分の高揚をもたらす、自信がつく、園芸作業そのものからくる楽しみ、やりがい、緑で気分が落ち着くなどの効果(実際に和歌山県にある老人保健施設「和佐の里」の医者の北出理事長によると、痴呆症の患者の回復や高血圧の人の血圧が低下したなどの効果が見られたという)。
②身体的な効果	五感の刺激による身体機能の回復や、作業による運動機能の回復などの効果。
③社会心理的な効果	社会性や公共性の向上などの効果、特に植物を媒体としてスタッフや家族の人たちとコミュニケーションが図れる効果。

2) 園芸療法の対象者

欧米における園芸療法の対象者は、身体障害者、精神障害者(分裂症、うつ病、自閉症患者など)、社会的ハンディキャッパー(麻薬中毒者、レイプされた女性など)、高齢者、身体的疾患を有する人々(入院中の児童など)である。現代のストレス社会においては、健常者も対象者となり得るし、予防医学的にも大事であると思われる。
注意しなければならないことは、療法にはいろいろあり、患者さんが好むものを行うことが大事である。また、多くの園芸療法の対象者は園芸療法をしているという意識ではなく、園芸作業または園芸活動をしているという意識で行っていること。さらに、重度の認知症患者では効果を期待できないと言われている。

3) 園芸療法のゴール

園芸療法は、人間が手で行っている日常生活に必要な動作(日常生活行為・ADL(アクティビティーズ・オブ・デイリー・リビング))の自立から、生活・人生の質(QOL・クオリティ・オブ・ライフ)の向上、社会参加を最終ゴールとする。具体的には下記の3つのゴールを目指す。

[表2]園芸療法の3つのゴール

①リハビリテーション	身体的、知的、心理的機能の向上あるいは回復をはかる。また、日常生活に要求される技術・技能、基礎的な学習能力を身に付ける。(協調性、責任感、自立、集中力などの社会・行動技能、運動能力、言葉とコミュニケーションの形成、読み書きや計算、天候や季節、時間の観念など)。
②レクリエーション・趣味	自宅での園芸作業、趣味として楽しむガーデニング知識や技術、道具の改善方法などを身に付ける。
③職業訓練	草花やハーブ、有機野菜などの栽培や販売、ガーデナーなどになるための知識、技術を身に付ける。

園芸療法(介護老人保健施設「和佐の里」)　　作業でできた花壇

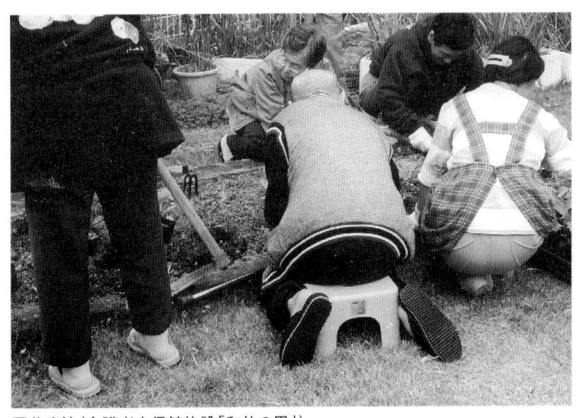

参考図書　「園芸療法のすすめ」吉長元孝、塩谷哲夫、近藤龍良編・創森社／「園芸療法」グロッセ世津子編著・地研

J5　園芸療法の内容とプログラムの組立て方例

1）園芸療法の内容例
ガーデナーの評価を行い、問題点を把握し、目標・実施期間を設定し、園芸作業・種目の内容の検討し、プログラムを実施し、再評価する手順を行う。その際、機能評価や園芸作業評価表、園芸経験のチェック表などを作成する。そして、プログラムに基づいて、種まきや植え付け、水やり、堆肥づくり、収穫などの一般的な屋外でのプランターや花壇での植物の栽培。簡単な庭造り。挿し木や苗づくり、観葉植物の栽培などの屋内の園芸作業。押し花やフラワーアレンジメントなどのクラフト。七草粥や花見、モミジ狩り、焼きいも大会などのイベントなどが行われている。

園芸療法では、いろいろなものが使えるとともに、園芸作業にはいろいろな動作が伴い、自然に楽しく療法が行える。また、視覚、臭覚、触覚、味覚、聴覚などの五感を刺激しながら、自然に楽しく療法が行える便利さがある。一般的に、園芸療法と同時にアロマテラピーやアニマルセラピーなども同時に導入されていることが多い。

園芸療法では、結果よりも園芸を楽しむ過程を重要視し、植物を介して会話が弾むような人間関係を大事に考えている。

2）認知症の高齢者に対する園芸療法プログラムの組立て方（例）
日本園芸療法研究会のシンポジュウムにおける、介護老人保健施設「和佐の里」北出俊一理事長の「痴呆性高齢者に対する園芸療法プログラムの組立て方とその効果」より加筆して引用。

（1）認知症の基礎知識

認知症における中核症状	・記憶障害　・判断力の障害　・抽象思考　・実行機能の障害 ・失認　・失語　・失行　・計算力の障害
認知症における周辺症状	・せん妄　・うつ状態　・幻覚　・妄想　・不眠　・興奮　・心気 ・徘徊　・易怒、攻撃　・異食　・不潔行為　・収集癖　・依存　・不安、焦燥

（2）中核症状に対して

意欲の低下	・達成感を感じる作業を行う。寄せ植え、鉢上げ、テラリウム栽培、押し花、細工など。 ・収穫の喜びを感じさせる。ジャガイモ、サツマイモ、トマト、豆、イチゴなどの収穫など。 ・赤い草花のガーデニングなど。
記憶力の低下	・回想的なものの作業を行う。土つくり、畦つくり、野菜や草花の栽培（ジャガイモやワケギなどの球根植え）、収穫など。 ・薬理的なものの作業を行う。脳を活性化するローズマリー等のハーブを利用するなど。
集中力の低下	・播種（小さな種の方が効果が大）、草花や野菜の植え替え、鉢上げ、挿し芽、間引き、駆虫、枯れた花の摘み取り、細工（ラベンダーバンドルス等）など ・黄色の草花のガーデニングなど

（3）周辺症状に対して

・徘徊	・除草、土つくり、畦つくりなど軽い疲労感を覚える作業。昼夜逆転の解消。
・暴言、暴力	*鎮静効果のあるハーブ（ラベンダー等）を植えている畑や花壇などでの作業、採取後の整理、スティックやポプリの作成、足浴など。 *鎮静色（青）の植物を用いた園芸作業など。

（4）心の交流とスキンシップ
・相手の言動を否定せず、ほめたり、励ましたり、調子をあわせるなど会話による心の交流を図る。
・できるだけ素手で作業するとともに、手をつないだり、体を支えたり、肩をもんであげたりするなどスキンシップを図ることが大事である。

参考図書　「認知症とは何か」小澤勲著・岩波新書

J5　園芸療法の内容とプログラムの組立て方例

163

皆で楽しくガーデニング

屋外に出て太陽にあたる

コンテナを使用した園芸療法

収穫したものを食べる

室内で園芸雑誌を使用しての園芸療法（実習）

イラスト：萩沼文代　資料提供：INAX・永松明子

J6　病院や老人健康施設の屋外空間

1）患者さんにとって、病院や老人ホームは「生活の場」

患者さんにとって、病院や老人ホームは治療・療養の場であるとともに「生活の場」でもある。病院の内容や利用者となる患者さんのタイプ、特性等を考慮した屋外空間とし、屋外のみならずバルコニーや室内にも植物が置けるようなスペースを設け、緑あふれる潤いのある癒しの環境とすることが望まれる。また、患者さんのみならず、見舞い客、介護する人、勤務する人の利用と快適性を考慮したものとすることが大事である。
さらに深刻な環境問題に対して、病院や老人健康施設においても環境への配慮と自然との共生を考慮した施設とする必要がある。

2）病院や老人健康施設の屋外空間計画でのポイント

① 病院の内容や利用者となる患者さんのタイプ、特性等を考慮した屋外空間とする。
　総合病院かリハビリテーション病院、緩和ケア病院、特別養護老人ホームなど。痴呆症患者か知的障害者、子供の長期入院患者、産婦、精神患者など。
② 病人や高齢者は健康な人と異なることを十分考慮・配慮した計画とする。
　病人や高齢者は健康な人と異なり、屋外の気温や風、光に敏感である。したがって、風を防いだり、日の当たるところや日陰となるところなど多様な場所を創り出したり、利用者が選択できるよう移動式のファニチャー類を設置する必要がある。
③ 子供の長期入院患者対象の場合、プレイエリアや自然と触れ合える屋外空間を創る。
　身体的な遊びや創造的な遊びできる屋外プレイエリア、自然と触れ合えるような屋外空間とすることが必要である。また、子供が遊んでいるのを見守っているスタッフや父兄の人のためのベンチ等を設置する。
④ 長期入院患者や老人ホームなどでは、参加型の庭（ヒーリングガーデン）を創る。
　園芸療法ができるような参加型のヒーリングガーデンを創ることが望ましい。

3）病院や老人健康施設の屋外空間計画・設計での留意点

- 屋外空間はバリアフリーとし、患者およびスタッフが利用できるような位置に配置する。
- 転倒防止や転落防止など安全面に十分注意する。
- プライバシーの確保とともに、患者が屋外を眺められるように計画する。
- 病院スタッフのための休養スペースを設けるとともに、患者から見えにくいように計画する。
- 屋外空間を食事エリアと隣接させたり、小児病棟から直接出れるような位置に屋外プレイエリアを配置することが望ましい。
- 病室のみならず、ロビー、ラウンジ、カフェテリアなどにできるだけ開放的な窓を設け、室内から自然景観を観賞できるようにする。
- 出入口はよく目立つようにし、どこからでも見えるようにする。
- 通路幅、通路の長さが適切で、方向転換できるスペースがある
- 散策路にはところどころ休憩できるようなスペースとベンチやイスを設置する。
- 色彩心理を考慮して色や材質を決めることが望ましい。
- 案内図、サイン計画は屋外空間の位置を分かりやすいようにする。
- 物置や散水栓、手洗い場、屋外コンセント、屋外照明等を設ける。
- 安全対策と緊急時用として監視用カメラや電話等を設置するのが望ましい。
- 省エネ・省資源、自然エネルギーの利用、エコマテリアルの使用、分別収集・再利用による廃棄物削減、自然との共生、地域環境との共生を図る。

参考図書　「人間のための屋外環境デザイン・オープンスペース設計のためのデザインガイドライン」クレア・クーパー・マーカス、キャロライン・フランシス編・湯川利和、湯川聡子共訳・鹿島出版会

J6　病院や老人健康施設の屋外空間

シンボルツリーのあるエントランス*

エントランスに面した光庭*

園芸療法用のヒーリングガーデン**

緩和ケア病棟前のビオトープ**

緩和ケア病棟の風呂場前の坪庭**

老人ホームの部屋に面した中庭***

屋上のウッドデッキとコンテナ*

ゴムマット舗装とレイズドベッド*

*有料老人ホーム・「ようみうり花ハウス」
**南部郷厚生病院併設・緩和ケア施設「郷和」
***有料老人ホーム・「じょうもんの里」

J7　ヒーリングガーデン

1）いろいろなガーデンと多様な植物の接し方
一般的なガーデンにはイングリッシュガーデン、ナチュラルガーデン、カントリーガーデンなど様式や植栽方式からのネーミング、フラワーガーデン、ハーブガーデン、キッチンガーデンなど植える植物からくるネーミングなどいろいろある。

一方、植物の接し方には、眺めたり、花や香りを楽しんだり、花や実などを採取したり、野菜やハーブなどを栽培したりするなど様々な接し方がある。また、華やか花やハーブなどが好きな人、山野草などの可憐な花が好きな人、食べられる野菜や家庭果樹が好きな人など人それぞれ好みがある。また、あらゆる人が、あらゆる人生で植物と何らかの接触をしており、いろいろな思い出や安らぎ感、自然との一体感など沢山のものを得ている。

2）園芸療法の庭
欧米の園芸療法に関連したガーデンでは、園芸療法や園芸技術の指導を目的としたデモンストレーション・ガーデン、センサリー・ガーデン（香りの庭）、タッチ・ガーデン、ヒーリングガーデン（人々の気分がより優れるような癒しの環境として設計された庭）、コミュニティガーデン（人々が共に、栄養豊かな野菜や果物、美しい草花などを育て、分かち合える土地を耕す庭）、瞑想の庭などの名称がある。

園芸療法用の庭の施設例としては、通路幅や段差、舗装の仕上げ・色、手すりなどバリアフリーを考慮されている外構。車椅子の人などが作業できるレイズドベッド（高床花壇）や休憩できるベンチ、日よけやシェルター、作業台、有害でない五感を刺激する植物の植えられた花壇、水空間などの施設などがあげられる。

3）ヒーリングガーデン
ストレス社会と病気の予防での庭の重要性を考え、ヒーリングガーデンを下記のように定義。「ヒーリングガーデンとは五感を刺激する参加型のガーデン」。または、「ヒーリングガーデンとは、緑を楽しめ、花や実がなったりする植物が植えられたガーデンで、健康な人のみならず、体が不自由な人、子供から老人まで、植物を育てたり、眺めたり、採取したりする園芸作業を通して心身をリラックスさせ、人間が本来持っている自然治癒力を向上または回復させることを目的とした参加型のガーデン」と定義。

4）「ヒーリングガーデン」の期待される効果
- 四季を彩る草木、香りのよい草花のある潤いのある環境となる。
- 自然との共生の場ともなる。
- 緑による潤いとともにリラックス感、生きがいや満足感を得ることができる。
- 病院などでは、患者さんのみならず介護する方々も癒される場であり、患者さんと御家族の方の語らえる庭、自然と親しめながら散歩ができる庭ともなる。
- レクリエーションやリハビリとしても利用可能な庭となる。
- 緑に親しめ、外部の人やスタッフなどとコミュニケーションが図れるような癒しの場となる。

5）「ヒーリングガーデン」・癒しの環境づくりの展開
「ヒーリングガーデン」は一人で楽しむ小さな庭から皆で楽しむ庭など範囲は広く、個人の庭のみならず、病院や老人ホームなど多様な場所で設置が可能。また、オフィスの屋上庭園に緑と花、香りを楽しめるとともに社員の人たちのコミュニケーションの場として設置したり、健康な長寿社会に対応したバリアフリーの公園の整備として既存の街区公園などへの展開が考えられる。。

J7　ヒーリングガーデン

屋上ヒーリングガーデンモデル（国際バラとガーデンショー）

学生の手作りの園芸療法用ガーデン

国営公園でのヒーリングガーデンのモデル

区役所屋上のヒーリングガーデン

グループホームの駐車場のコンテナ緑化

環境共生住宅のヒーリングガーデン

オフィスの屋上のヒーリングガーデン

公園の一部をリニューアルしたガーデン

J7 ヒーリングガーデン

6）植物の色と香りの効果

色彩心理学やカラーセラピーによると、色にはいろいろな心理・生理作用があり、植物のもつ緑や花の色などが人に心理的・生理的な作用を及ぼす。一般的に、高齢者は暖色の赤・黄・橙を好み、若年者は寒色の青・青紫を好むといわれている。また、花やハーブなどの香り成分である揮発性物質は直接脳を刺激し、さまざまな心理的な効果をもたらす。

〈色の効果〉	〈香りの効果〉
・緑：免疫力を高める。感情安定効果。 ・赤：自律神経を刺激する。やる気。温かさ。 ・黄：記憶力を高める。脳の働きに効力を現わす。 ・青：鎮静力。苦痛を和らげる。落ち着き。	・鎮静効果のある植物：ラベンダー、アップルミント、レモンバーム、ローマンカモマイル ・脳を活性化する植物：ローズマリー

7）ヒーリングガーデンをつくる上での留意点

- 利用者の好みを把握する。（庭仕事より観賞に重点をおくのか。野菜をつくるのか。草花を育てるのか。野鳥や昆虫の訪れる庭にするのか。香りを楽しむのか。実を収穫するのか。水のある庭にするなど）。
- 無農薬栽培を原則とする。できれば無農薬有機栽培が望ましい。
- 除草剤を使用せず、雑草を有効利用するなど、雑草との共生を図る。
- 毒性のない五感を刺激するような植物を植えるのが望ましい。
- バリアフリー。
- 滑らず、照り返しの少ない舗装材を選ぶ。
- 高床花壇（レイズドベッド）を設ける。
- 支柱などは、屈んだときなどに怪我をすることがあるので注意する。
- 1.5m前後の高さの生垣状（エスパリエ仕立てなど）の果樹は、車椅子使用者でも剪定や収穫ができる。
- 池の回りは手摺で囲む。または、池の回りを高くすると、安全でベンチとしても利用可能となる。
- 藤棚など木陰で休める施設を設ける。
- 高齢者に対しては、明るい色の草花と昔親しんだ植物を植える。
- 全員が庭に親しみ、利用でき、しかも快適であること。
- 維持管理作業が負担にならないようにする。

8）車椅子利用者、高齢者に合せた花壇例

花壇の高さ	・車椅子利用者：50〜60cm。（一般的なレイズドベッド） ・椅子に掛けて利用：70〜75cm。（ガーデニングテーブル、作業台） ・立ち作業　　：90cm。（高いレイズドベッド） ・腰掛けて利用：25〜40cm。
花壇の作業幅	・車椅子利用者の片側からの利用：60cm以下。 ・車椅子利用者の両側からの利用：120cm以下。
足ホール	・車椅子利用のレイズドベッド：花壇下部の深さ15cm以上、高さ30cm程度掘り込む。 ・立ち作業用のレイズドベッド：花壇下部の深さ15cm以上、高さ20cm程度掘り込む。 ・ガーデンニングテーブル：テーブル下は62cm前後の空間をとる。
花壇の縁	・幅は15cm以下、幅が有り過ぎると草花に届かなくなる。 ・ハンドルや体を支える支柱も設けることも考慮する。 ・腰掛けて利用の場合の縁石の幅は15〜20cm程度。 ・地植えの場合：車止めとして縁石を10cm程度上げる。
園路幅	・車椅子使用者：幅90cm以上。 ・車椅子の回転スペース：直径160cm以上。

参考図書　「ホティカルチャラル・セラピー実践のための庭づくり」（財）日本緑化センター

J7　ヒーリングガーデン

比較立っている人 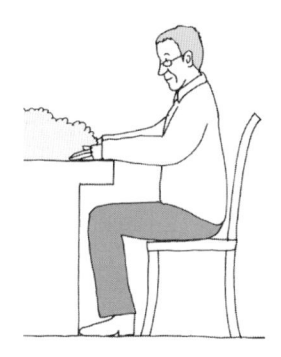　　比較座っている人 　　比較車椅子正面

比較車椅子横向きデル 　　比較横座り 　　小さな池

車椅子対応のガーデニングテーブル 　　レイズドベッド

菜園用のリサイクル製品のコンテナ 　　立体花壇とエスパリエ用の金網コンテナ

イラスト：萩沼文代

J8　リハビリガーデン

1）リハビリテーションとは*
上田敏先生の「リハビリテーション」（講談社）より、加筆して引用すると、
「リハビリテーションとは、障害をもった人が人間らしく生きる権利の回復、すなわち「全人間的復権」である。機能回復訓練は、この大きな目的を達成するための一つの手段にすぎず、ほかにもいろいろ行うべきことが多い。新しいリハビリテーションの立場は、失われた心身の機能を回復させるだけでなく、障害をもった本人も気づいていないような隠れた能力を生かして社会に戻り、生きがいのある新しい人生を創るのを援助するという、きわめて前向きの内容をもっているのである。また、リハビリテーションでは、運動機能を回復するだけでなく、精神機能についても、できるだけの回復を図らなければならない。リハビリテーションでは、自分の障害を自覚させながら訓練を進めることが重要である。さらに、自分は価値がなくなったと思っている患者さんを、周りの人が、「あなたは人間として立派な価値がある存在だ」として接することが重要である。」

2）心身の機能は使うことが大事
上田敏先生の「リハビリテーション」（講談社）によると、「人間の心身の機能は使わなければ衰え、心身の機能低下の影響は全身の広い範囲に及ぶ。筋肉は使わないとやせ細るので早期のリハビリが必要となる。また、寝たきりにすると骨からカルシュウムが溶け出して尿として排出されてしまうので、座ったり、動いたり、歩いたりすることが重要。運動不足によって便秘もおこる。さらに知的刺激が少ないと精神的機能が低下する。」と言われている。また、太陽の光など強い光に当たることにより、睡眠に関係するメラトニンの分泌が促させることがわかっている。屋外で太陽に当たりながら園芸作業を通して心身の機能は使うことが大事であると言える。

3）リハビリガーデンと留意点
リハビリガーデンとは、健康増進と病気の予防、実用歩行に重点を置いた歩行訓練や実際の生活の場での日常生活動作（ADL：Activities of Daily Living）の向上訓練などのリハビリを考慮した屋外の療養環境施設。また、身体的リハビリや治療を目的に園芸を実施する場合は、作業療法の一部として作業の中で園芸がより適当と思われる患者に対して、作業療法士と園芸療法士の協力体制のもとに行われるのが一般的である。

[表1]リハビリガーデンをつくる上での留意点

配置	・散策園路、歩行訓練園路、健康遊具、芝生、レイズドベッドなどの施設を設ける。 ・花木やハーブなどを植栽し、リハビリ空間としてのみならず癒しの空間となるようにする。 ・リハビリ室前などに配置することが望ましい。
散策園路	・施設周囲の外構を利用したウォーキングリハビリ空間、回遊園路を設置する。 ・歩いた距離がわかるサインの設置など達成感のための仕掛けづくりをする。 ・花木やハーブ、草花、オブジェ、池など楽しみながら歩ける仕掛けをつくる。 ・足のツボを刺激する園路など歩行を楽しくする工夫をする。 ・ベンチや木陰などの休憩スペースを設ける。
歩行訓練園路	・アスファルト舗装、タイル張り舗装、砂利敷き舗装など多様な舗装の部分を設ける。 ・実際の生活の中で遭遇するバリアを体験できるように階段やスロープ、縁石、側溝、誘導ブロックなど各種の外構資材を設置する。難易度によってコースが選択できるようにする。 ・緩やかなカーブの園路や直角に曲がる園路など多様なコースを設ける。 ・ベンチや木陰などの休憩スペースを設ける。 ・庭を散策する感覚で歩行訓練を行えるように、花木やハーブ、草花を植栽する。
健康遊具	・対象者を考慮して手軽のストレッチや筋肉トレーニングなどができる健康遊具を設置する。
芝生	・体操や気功、レクリエーションなどとしても利用可能な芝生を設ける。 ・車椅子利用者も利用しやすいように地面より高くなるように高床の芝生とする。
レイズドベッド	・園芸療法なども考慮して、高さの違うレイズドベッドを設け、五感を刺激する植物を植える。

*引用文献　「リハビリテーション」上田敏著・講談社
参考図書　「ホーティカルチャラル・セラピーの実践のための庭づくり」（財）日本緑化センター／「園芸療法のためのガイド」（財）日本緑化センター／「あせらず　あきらめず　地域リハビリテーション」長谷川幹著・岩波書店

J8　リハビリガーデン

リハビリガーデン*

誘導ブロックとスロープ*

踏み切りの線路**

砂利道**

多様な舗装***

リハビリ用のヒーリングガーデン****

気功や体操などに使用する芝生の原っぱ*****

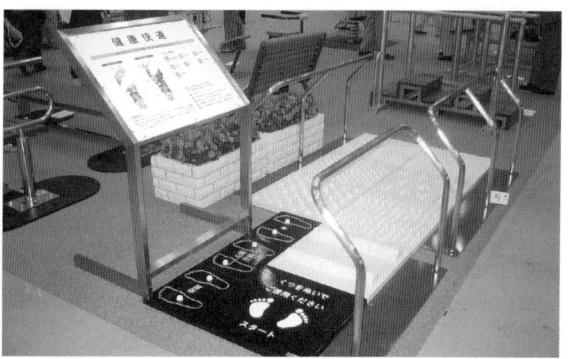

足裏刺激ブロックの舗装例

写真提供:INAX・永松明子／ *医療法人共愛会・戸畑リハビリテーション病院　**公立刈田綜合病院(宮城県白石市)・設計・「(株)アーク クルー」　***特定医療法人・黎明会・老人保健施設・和佐の里　****南部郷厚生病院　*****有料老人ホーム・じょうもんの里

K1　ユニバーサルデザイン・対象者の行動特性

1）ユニバーサルデザイン
提唱者である米国のロナルド・ロイス氏によると、「端的に言うと、ユニバーサルデザインとは、全ての人に最大限使用可能な製品や建物、空間をデザインすること」と定義している。

[表2]ユニバーサルデザインの7つの原則*

公平な利用	・どんなユーザーグループに対しても有益で売れるものであること。
フレキシブルな使用	・人の好みや能力に幅広く適応すること。
シンプルで直感的な使用	・ユーザーの経験や知識等にかかわらず使用方法を理解しやすいこと。
わかりやすい情報	・ユーザーの知覚能力等にかかわらず情報を効果的に伝えること。
間違いの許容	・偶然や意図しない行動による危険や逆の結果を最小限にすること。
少ない身体的な負担	・効率的に心地よく最小の努力で使われること。
接近し使用するためのサイズとスペース	・適切なサイズと、スペースがユーザーの体の大きさや姿勢、操作能力に関わらず、近づき、届き、操作し、使うために提供されること

2）対象者の行動特性と設計上の留意事項**

歩行障害者 （車椅子利用者）	・車椅子を自力で操作することを基準に設計する必要がある。
準歩行障害者	・杖や補装具等を使用する下肢障害者の人への配慮として、杖等が滑らないようなものにするか、手すりを設けるなどの配慮が必要である。 ・上肢障害者への配慮としては、自動式のドアにするか、ノブをレバー式のものにするなどの配慮が必要。
視覚障害者	・盲人誘導ブロックや点字案内板など手や足の感覚によって指示する方法や、音響式信号機などのような音による指示する方法、色や明るさによって指示する方法などを考慮する必要がある。
聴覚障害者	・わかり易い案内板など視覚を利用することに配慮する。
運動調整障害者	・脳や脊髄等の神経障害やまひをもつ人などで、障害は多種にわたることが多いが、特に歩行障害者や準歩行障害者と同様な配慮が必要である。
老齢者	・老齢者は運動機能や感覚機能の著しい低下が見られるため、歩行や聴覚低下への配慮が必要である。また、加齢によって、暗さへの順応力の低下や、遠近調整能力の低下、色の識別能力の低下（白と黄色、青とグレー、青と緑などの組合せが判別しにくい）、まぶしさに敏感になるなどの変化を生じるため、照明や色の組合せなどに配慮が必要となる。。

杖置きのあるベンチ

FRP製の水飲み

*引用文献　　「サイン環境のユニバーサルデザイン」田中直人＋岩田三千子著・学芸出版社より引用
**引用文献　　「福祉の都市環境づくり推進指針」横浜市より加筆して引用
参考図書　　「2000年度版 積算ポケット手帳 バリアフリー デザイン・ハンドブック」建築資料研究社

K2　バリアフリーでの基本寸法

173

1）バリアフリーの計画・設計に配慮したスペース及び基本寸法*

■身長・肩幅

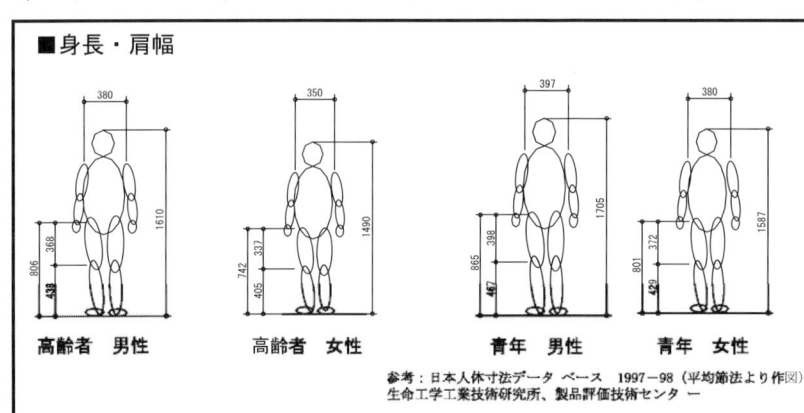

高齢者 男性：肩幅380、身長1610、806、368、438
高齢者 女性：肩幅350、身長1490、742、337、405
青年 男性：肩幅397、身長1705、865、398、467
青年 女性：肩幅380、身長1587、801、372、429

参考：日本人体寸法データベース 1997-98（平均節法より作図）
生命工学工業技術研究所、製品評価技術センター

■カウンターの基本寸法

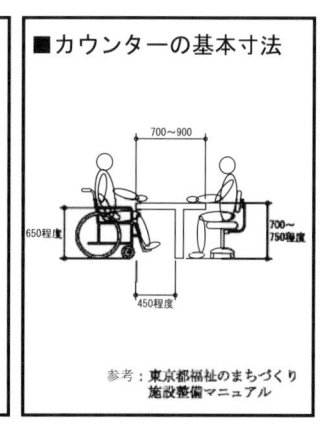

700〜900、650程度、700〜750程度、450程度

参考：東京都福祉のまちづくり
施設整備マニュアル

■幅

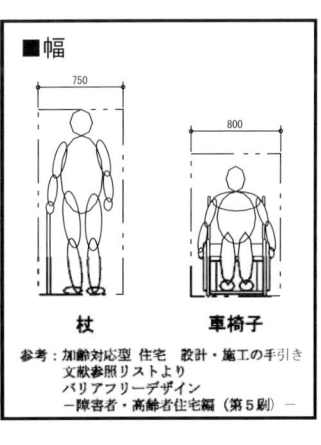

杖：750
車椅子：800

参考：加齢対応型住宅 設計・施工の手引き
文献参照リストより
バリアフリーデザイン
ー障害者・高齢者住宅編（第5刷）ー

■広さに関する基本的な数値

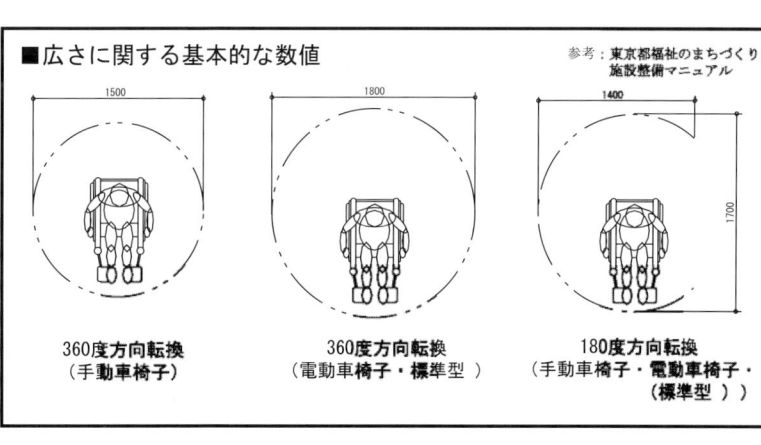

360度方向転換（手動車椅子）：1500
360度方向転換（電動車椅子・標準型）：1800
180度方向転換（手動車椅子・電動車椅子（標準型））：1400×1700

参考：東京都福祉のまちづくり
施設整備マニュアル

■幅員に関する基本的な数値

参考：東京都福祉のまちづくり
施設整備マニュアル

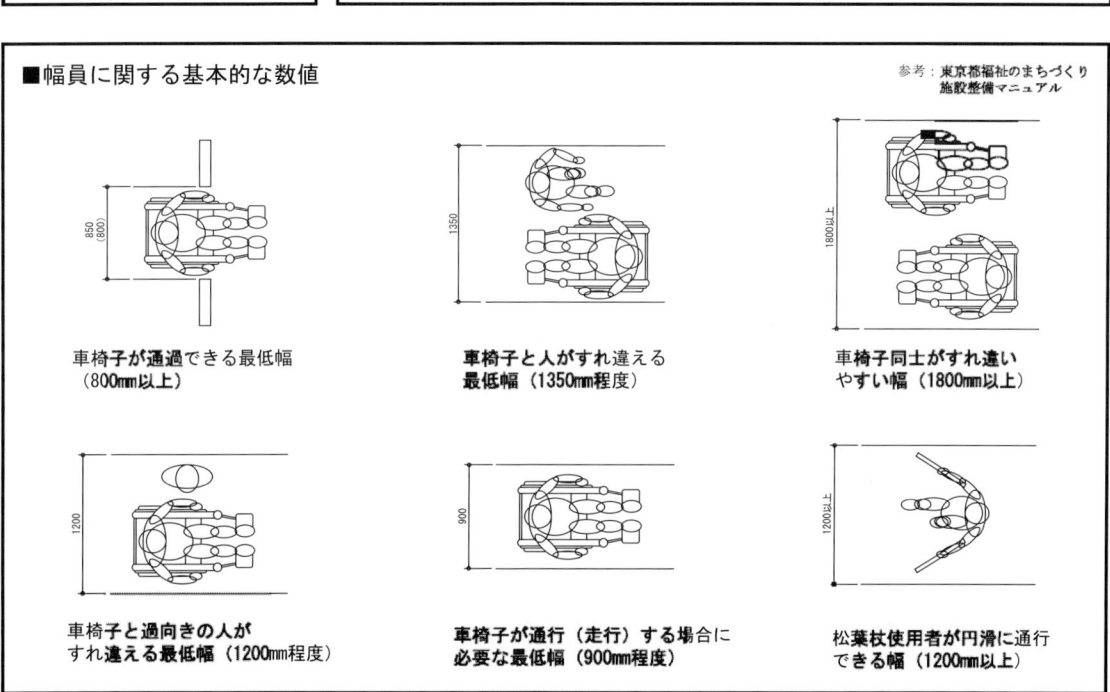

- 車椅子が通過できる最低幅（800mm以上）：850（800）
- 車椅子と人がすれ違える最低幅（1350mm程度）：1350
- 車椅子同士がすれ違いやすい幅（1800mm以上）：1800以上
- 車椅子と過向きの人がすれ違える最低幅（1200mm程度）：1200
- 車椅子が通行（走行）する場合に必要な最低幅（900mm程度）：900
- 松葉杖使用者が円滑に通行できる幅（1200mm以上）：1200以上

*資料提供：INAX
参考図書　「図解バリアフリーの建築設計 第二版」荒木兵一郎・藤本尚久・田中直人著・彰国社／「コンパクト建築設計資料集成（バリアフリー）」日本建築学会編・丸善

K3　バリアフリーの計画・設計でのポイント

2) バリアフリーの計画・設計でのポイント

部位	計画・設計のポイント
舗装	・滑りにくい舗装とする。 ・照り返しの強くない色（土色など）のものが望ましい。
段差	・段差は2cm以下とし、角は面をとる。 ・つまづかないように配色や材料を変える。 ・段差箇所前後には150cm以上の水平面を設ける。
スロープ	・勾配は原則として5％（1／20）以下とするが、傾斜路の高低差が75cm以下の場合は8％（1／12）以下、高さが16cm以下の場合では、12％（1／8）以下でもよい。 ・有効幅員は120cm以上、できれば150cm以上が望ましい。 ・手すりを設ける。できれば両側に設けることが望ましい。 ・スロープの起点と終点には、150cm以上の踊り場を設ける。高さが75cmを超える場合には、75cm以内ごとに踊り場を設ける。 ・車いすの前輪落下防止のために、5cm以上の立ち上がりを設ける。 ・スロープの上下に点字（警告）ブロックなどを敷設する。
階段	・義足使用者や片まひ者は階段の方が上り下りしやすい。 ・滑りにくい階段で、折れ階段または直階段とする。直階段には踊り場を設ける。 ・幅は150cm以上で、蹴上げが10～15cm、踏面を30～40cm程度とすることが望ましい。 ・手すりを設ける。できれば両側に手すりを設ける。 ・杖先が転落しないように、5cm以上の立ち上げを設ける。 ・階段の上下で、階段手前の30cmに点字（警告）ブロック等を幅30～60cmで敷設する。 ・照明はむらのない、通行に支障のない明るさとする。
手すり	・取り付け高さは、75～80cm前後。階段では段鼻よりの高さ。子供の利用の多い場所では、75～85cmと60～65cmの2段設置。 ・手すりの直径は32～40mm前後。壁とのあきは50mm前後。 ・階段およびスロープの上端と下端では、45cm以上水平に延長。 ・手すりの末端は、壁面または下方へ巻き込む。 ・手すりは耐久性のある材料とし、握りやすい形状のものとする。
側溝蓋	・排水溝等の側溝蓋は、通路面との段差をなくす。 ・溝蓋のスリットのピッチは12.5mmまたは15mmとして、杖先や車いすのキャスターなどが落ちにくいものとする。
アプローチ	・高低差を少なくし、歩車分離を原則とする。 ・通路幅は120cm以上とし、できれば180cm以上が望ましい。 ・視覚障害者用に誘導用ブロック等を設ける。 ・車止めの間隔は90～120cm。
駐車場	・駐車場の出入り口に近い位置など利用しやすい場所に設ける。 ・車椅子使用者用のスペースは幅330cm、奥行き500cm以上とする。 ・勾配1／50以下の水平面で、段差があってはいけない。

誘導サイン

緩やかなスロープ

参考図書　「高齢者・身体障害者の利用を考慮した建築設計標準」国土交通省住宅局建築指導課・日本建築主事会議監修・(財)建築技術教育普及センター・(社)日本建築士会連合会／「東京都福祉のまちづくり条例 施設整備マニュアル」東京都福祉局／「福祉住環境コーディネーター・検定試験3級完全マスター」東京都商工会議所・社会保険研究所監修

K3 バリアフリーの計画・設計でのポイント

段差の解消

園路と手すり

公園のバリアフリー化

出入り口の段差と手すり

車椅子とグレーチング

側溝蓋と誘導サイン

水飲み場

手洗い

L1　敷砂・敷砂利・景石・石組み

1) 砂、砂利、ごろた石、玉石

分類	特徴	主な石材
砂	直径3〜9mm程度のものを砂として造園では扱う。化粧砂として敷砂(化粧砂敷き、化粧砂利敷き)などに使用。	白川砂(白系)、新白川砂(白系)、伊勢砂利(白系)、寒水(白系)、白那智(白系)、黒那智(黒系)、大磯砂利(灰系)、大磯(灰系)、サビ砂利(褐系)、金華砂利(褐系)、秩父砂利(赤系)、五色砂利(混色)、秩父砂利(青系)、輸入赤玉、輸入砂利(各色)、輸入砕石(各色)等
砂利	直径10〜50mm程度のもの。敷砂利(化粧砂利敷き)などに使用。	
ごろた石	直径60〜150mm程度のもの。延段、洲浜などに使用。	伊勢ごろた、淡路ごろた、新鞍馬ごろた、美濃ごろた石等
玉石	直径200〜300mm程度の丸みをおびたもの。積み石、縁石、護岸などに使用。	伊勢玉石、甲州玉石その他現地発生の玉石等

2) 化粧砂・砂利敷きでの留意点

- 一寸は30mm、1分は3mm。一般的な敷砂の厚さは5cm程度、敷砂利の厚さは8cm程度。大きな砂利の場合、砂利の大きさの3倍前後の厚さにすると下地が見えず望ましい。
- 雑草防止と下の土に混ざるのを防ぐために、路盤整地転圧後に土木透水シートや防草シートなどを敷設し、砂利を敷く。土間コンクリートの場合、雨水排水に注意する。
- 平地に用い、傾斜地(勾配3%以上)では砂利が流れるために用いない。
- 年1回程度は砂利や砂の清掃、補充することが望ましい。

3) 景石と留意点、

景石とは、比較的大きな石を1石または大小2石程度を庭のポイントに据えるもの。庭石、捨石も同じ意味。
天端とは石の上部にある平らな部分をいい、見つきとは石を正面で観賞する面のこと。根入れとは石の地表面に接する部分のことをいう。

- よく目につく庭の一隅か、庭の主木や大きな木の根元などに据える。
- 一般的には、天端は山形あるいは平らなものにする場合が多い。
- 石を据える場合、石が浮いたような感じがせず、安定感のあるように石の向きや埋め込む深さに注意して据える。「根が切れる」といって石が浮いたような見える場合や、石の欠点がそのままでは隠せない場合、草木で隠す。また、根締めと称してサツキやササなどの低い潅木を景石の後ろや脇に植栽することが多い。

4) 石組みと留意点

石組とは、庭園の観賞のために据えられた石の組み合わせのこと。滝石組み、護岸石組みなどがある。

- 全体のバランスを考えて配石することが大事で、庭全体にバラバラに配石せず、重点を定め、変化と同時に一連の関連があるように配石する。
- 石組みは1石、2石、3石の組み合わせより構成され、5石の場合「2・2・1」あるいは「3・2」のように、7石の場合「3・2・3」あるいは「2・3・2」のように組み合わせる。
- 一直線上に並ぶことを避け、平面的にも立体的にも不等辺三角形になるように配石する。
- 同じ大きさのものや同じ高さのものを並べない。また、山石、川石、海石などを混ぜて配石しない。
- 天端の平らな石は安定感はあるが、あまり多く用いると動きのないものになりやすい。また、石を立てて使うと力強く、ダイナミックな感じになるが、逆に不安定な感じを与えるので注意する。

参考図書　「建築家のための造園設計資料集」豊田幸夫著・誠文堂新光社

L1　敷砂・敷砂利・景石・石組み

飛石と化粧砂利敷き

竹垣と化粧砂利敷き

白那智（径2cm前後）の砂利敷き

神社のごろた石敷き

北側の植栽と景石

景石と根締めのササ

既存の石を利用した石組み

彫刻家による石組み

L2　飛石・つくばい・灯篭

1）飛石と留意点
飛石とは、歩行や景観などの目的で庭の通路などに置かれる石。飛石の据え方（打ち方）には、二連打、三連打、二三連打、四三連打、千鳥掛、雁掛、七五三打などがある。材料としては、御影石、丹波石、鉄平石、根府川石、丹波鞍馬石、鞍馬石、甲州鞍馬石などがある。

- 飛石の線形は全体のバランスを考え、大小の石を使い、変化とリズム、バランスに注意して据える。踏分石（道の分かれ目に置く石）や踏止石（飛石最終の石）、始点石はほかの石よりやや大きく形の良いものを用いる。
- 石の大きさは30〜40cm前後で厚さ10cm前後のものが一般的。飛石の間は10〜12cm前後、据え付け高さは3cm程度、大きな飛石の場合は6cm前後。相接する飛石の側面がほぼ平行になるように据える（合端（あいば）のなじみ）。
- 天端が水平になるようにし、土や敷き砂の上に直接設置することが多い。

2）延段・沓脱石と留意点
延段とは、大小の自然石を使用した石敷き。あられこぼしとは玉石や大玉を使用した玉石敷き。あられくずしとはあられこぼしにやや大きな石をあしらったもの。庭に変化を持たせるために飛石に延段やあられこぼしなどを挿入する。沓脱石とは、にじり口や和風の建物の縁側から庭に出入りするための階段として据えられる石。

- 延段の幅は75〜90cm前後が一般的で、露地では60cm前後の場合もある。据え付け高さは3cm前後とする。
- 目地は十字目地や芋目地、通り目地にならないようにTまたはY形目地にする。目地幅は1cm前後で深目地または沈み目地とする。石臼や玉砂利などを混ぜる場合には煩雑にならないように注意する。
- 沓脱石の長さは4〜8畳で60cm〜150cm、幅は50cm前後が一般的。濡れ縁が低い場合は別として、据え付け高さは床面から30〜35cmほど低くし、にじり口前でかがんだときに畳とひざの高さが同じように据える。にじり口前では、踏石（一番石）のつぎの石を落石（二番石）、そのつぎを乗石（三番石）という。
- 一般的に延段では砕石を8cm前後敷き、その上に土間コンクリートを5cm前後打ち、モルタルを敷いて自然石を設置する。

3）蹲（つくばい）
つくばいはつくばい手水鉢の略称。前石（まえいし）に立ち、手燭と手桶を置くということでつくばいを囲み、手燭石（てしょくいし）と湯桶石（ゆとういし）などの役石がある。海（役石に囲まれた低いところ）には排水口を設置する必要から化粧としてごろた石や黒那智石などを敷くことが多い。

前石はかがむ動作に合わせて大きめの石を据える。また、前石の前端から鉢穴の中心までの距離は一般的に70cm前後。高さは、つくばいで前石の天端から30cm前後、手燭石、湯桶石とも前石より高く、つくばいより低くし、手燭石は湯桶石より3cm前後低く据える。

手水鉢は縁先手水鉢の略称で、建物の縁先で水を使用するもので、縁先で使用する関係から縦長のものとなる。

4）灯篭
灯篭には立ち型、埋込み型、置き型、雪見型などの種類がある。また、立ち型灯篭で、上から宝珠、傘、火袋、中台、竿、台石（基礎）、基壇などの名称がある。場所に合った大きさ、型のものを選ぶ。一ヶ所から見える灯篭の数は一つにするのが望ましい。鉢明りと称してつくばいの脇に灯篭を据えることが多い。また、最近ではモダン灯篭と称してオブジェ的に扱うこともある。

種類	特徴
立ち型	高さは1.5〜1.8m、3mを超えるものも。大きな庭園に。春日型、蓮華寺型、遠州型、山灯篭型等。
埋込み型	高さは1.2m前後で台石を省略して土に埋め込んだもの。茶室などに。織部型、道識型、宝珠型等。
置き型	高さ0.4〜0.6mで竿がなく、台石にのせて利用。水辺や通路わき等に。岬型、玉手型、六角置き型等。
雪見型	ほかの灯篭と異なり、傘が大きく、高さは低い。池や芝生地など広い場所に平石にのせて使用。

参考図書　「建築家のための造園設計資料集」豊田幸夫著・誠文堂新光社

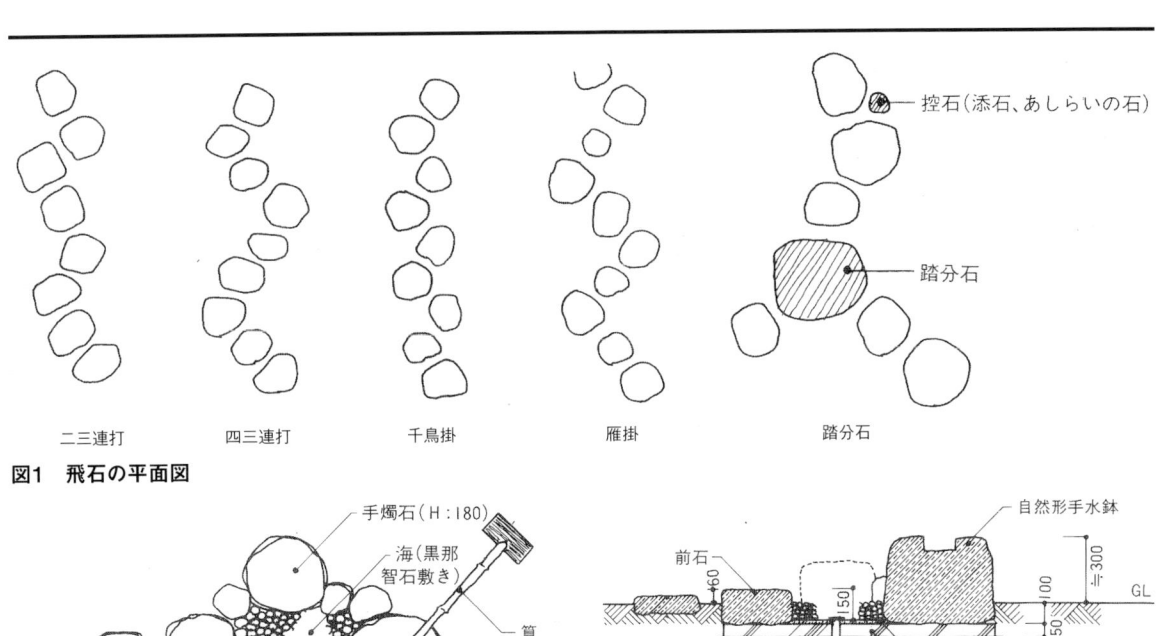

L2　飛石・つくばい・灯篭

二三連打　四三連打　千鳥掛　雁掛　踏分石

控石（添石、あしらいの石）
踏分石

図1　飛石の平面図

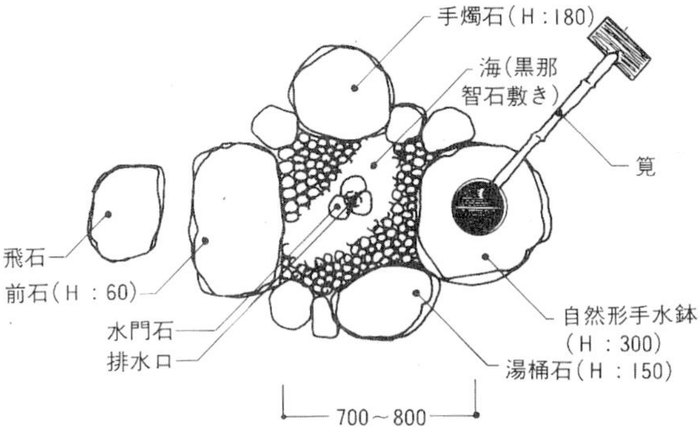

手燭石（H:180）
海（黒那智石敷き）
筧
自然形手水鉢
飛石
前石（H:60）
水門石
排水口
自然形手水鉢（H:300）
湯桶石（H:150）
700〜800

前石
自然形手水鉢
黒那智石 φ40前後
目皿
排水管（塩ビ管）φ45
防水モルタル(ア)20
コンクリート
切込砕石
GL
≒300
100
50 50
150
60

図2　つくばいの平面図

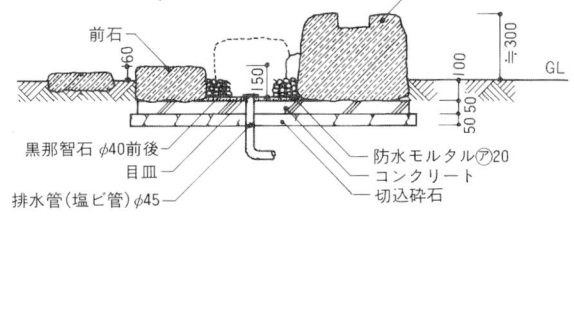

図3　つくばいの断面図

飛石と延段

つくばい

灯篭（道標型）

モダン灯篭

L3　滝・流れ

1）滝の種類と役石・役木
水の落ち方によりいろいろな名称がある。筋落ち（1本の筋ように落ちてくる滝）、布落ち（幅広く落ちてくる滝）、段落ち（段状に落ちてくる滝、二段落ち、三段落ち等）、伝い落ち（壁を伝うように落ちてくる滝）、離れ落ち（壁面から離れて落ちてくる滝）、糸落ち（糸状に落ちてくる滝）、すだれ落ち（すだれ状に落ちてくる滝）等。
役石としては、自然の滝に見えるように水落ち石（鏡石とも呼ばれる）、脇石（滝福石、不動石、守護石ともいう）、波分け石、水分け石、水受け石などの役石がある。また、奥深く見えるように飛泉障り木（滝の手前の脇にモミジなどの樹木）を植える。

2）滝の計画・設計での留意点
- 庭全体、レベル、室内外からの景観を考慮して計画・設計する。また、設備機器の配置を考慮する。滝の落ち口の水量（落ち口から落ちる水の厚さ）の違いによって、静かな滝から勇壮な滝まで変化する。（滝の高さにもよって異なる。）壁面を伝わるように落とすには、壁面を斜めにするか、滝の落ち口に丸みをつける。
- 大きな滝などの場合、杭を打つなど不等沈下しないような構造とする。
- 滝口上部には水が一定に流れるように水がめを作る。
- 滝つぼに水中ポンプを設置する場合、水中ポンプピットを設ける。上部はステンレス製の格子蓋とし、ゴロタ石などで化粧するのが望ましい。また、滝つぼに水中照明を入れる場合には、水中照明が入り、器具が水面から出ないような水深とする。一般的には30cm前後。
- 張り石を使用する場合には石材の吸水率の低いものを選ぶ。また、目地は白華現象防止のためにシール目地とする。自然石の場合には、モルタルが見えないように深目地とする。

[表1] 滝の水の厚さ例

壁面を伝うような静かな滝にする場合	水の厚さは3～5mm前後
一般的な滝の場合	水の厚さは10mm前後
勇壮な滝に見せる場合	水の厚さは20mm以上

3）流れと役石
流れには、自然の流れに見せるために各種の役石がある。水越し石（水面下にあり、水を盛り上げる石）、水切り石または波分け石（流れの中にあり、水を分流し勢いをつける石）、底石（水面下にあり、よく見える石）、つめ石（大きな石を支えるようなかたちの石）、横石（流れの幅を狭めて、瀬を作るために据える胴の盛り上がった2つの石）など。
また、瀬落としには、水切りのよい水越し石とその下に据えられる水を白くはね返させる迎え石が据えられる。

4）流れの計画・設計での留意点
- 庭全体、レベル、室内外からの景観を考慮して計画・設計する。立石が多すぎると重々しく乱雑になりやすいので注意する。また、流れの曲線は庭園を広く見せるために、流れの幅の大小の変化、曲がり方などを大きくしたりして誇張するとよい。
- 幅は1～2m前後、深さは5～10cm程度が一般的。勾配は緩やかに流れる場合には0.5%～1%程度でよい。一般的には早瀬などを含めると平均3%程度が望ましい。ただし、庭全体のレベルを考慮する必要がある。
- 水性植物を植える部分は水の勢いを弱くし、乱杭などで土を押させる。
- 流れの底は、玉石や砂利などを敷くか、埋め込むなどの仕上げとするのが望ましい。人が入って利用する可能性のある流れでは、浅くし、水底は滑らないようなものとする。
- 水漏れ防止のために、土木系の止水シートを敷設する。端部、配管部分も水漏れにも注意する。

参考図書　「建築家のための造園設計資料集」豊田幸夫著・誠文堂新光社

M3　滝・流れ

滝の役石
①水落ち石（鏡石）
②脇石
③水分け石
④水受け石
⑤波分け石

図1　滝の役石模式図

滝

石積みの滝

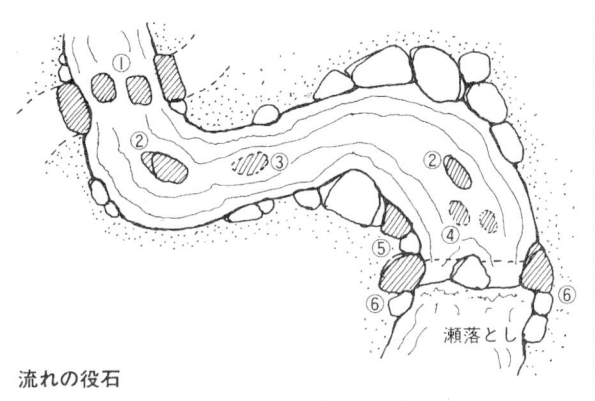

流れの役石
①沢飛び　②水切り石（波分け石）
③水越し石　④底石
⑤つめ石　⑥横石

沢飛びと流れ

図2　流れの模式図

L4 池

1）日本庭園の池の形と汀線（ていせん）、役石

日本庭園の本によると、広々とした形の亀池か細長い鶴池するのがよいとしたものや、水字形、半月形、心字形、流水形などの形のなかで庭の広さにより臨機応変にするのがよいとするもの、九の字の形にするものが良いとしたものなどがある。計画地の形状、観る視点などを考慮してデザイン的に美しい形の池にするのが望ましい。

日本庭園の池では形とともに、汀線のつくり方が大事である。水が緩やかに流れる凹場所には洲浜を、水流のつきあたる場所には立ち石を立てて接岸の感じをだしたり、自然石護岸や乱杭護岸などで変化をつける。日本庭園の池では、奥行きや広がりを感じさせるために、心字形や雲形のような形にして水際線を複雑に入り込ませる。水面を高くして汀線の変化を少なくすると水面が広く感じられる。また、周りの植栽を落葉樹主体で少なめにし、水深を浅くすると明るい感じの池になる。

日本庭園の池には、中島（島のこと）、多島（小島がいくつか群をなして池の中にあるように配置された小型の島）、岩島（がんとう）（池周辺の石組と関連をもって1石または数石、池の中に配置された岩の島）、鼻受け（岸から突き出た岩の一部が池の中に残った石）、出島（半島のこと）、拝石（別名礼拝石ともいい、池や庭の観賞に適した場所に据えられた大きな平石）などの役石のほか、洲浜や石橋、沢渡り、沢飛びなどがある。

2）池の設計での留意点

- 池の使用目的を明確にする。（観賞用なのか水遊び用か魚を飼うのかなど）。
- 水遊びを目的とする場合、水深を30cm以内とし、床を滑らない仕上げとして安全性に十分留意する。
- 止水シートを敷設して漏水を防止し、循環やろ過装置などの設置場所、スペースを確保する。
- 護岸のデザインとともに、池底の仕上げを考慮する必要がある。
- 魚を飼育する場合の水の深さは、金魚では30cm前後、鯉では30～60cm程度で1m前後の深さの冬眠や越冬用の場所が必要。観賞用の鯉を飼育するための池は、ろ過装置が必要で、水深1.2m以上、できれば1.5m、水面と地面との差は猫対策のために15cm以上の差をつける。
- ハナショウブやキショウブは水際に、カキツバタは7cm前後の水中に、スイレンは水深30cm前後で芽が水深10cmのところにあるのがよく、ハスは水深20cm前後、フトイは水深5cm前後の場所に植える。

図1　池の役石

① 中島
② 多島
③ 岩島
④ 沢渡り
⑤ 鼻受け
⑥ 拝石
⑦ 橋挟石
⑧ 沢飛び

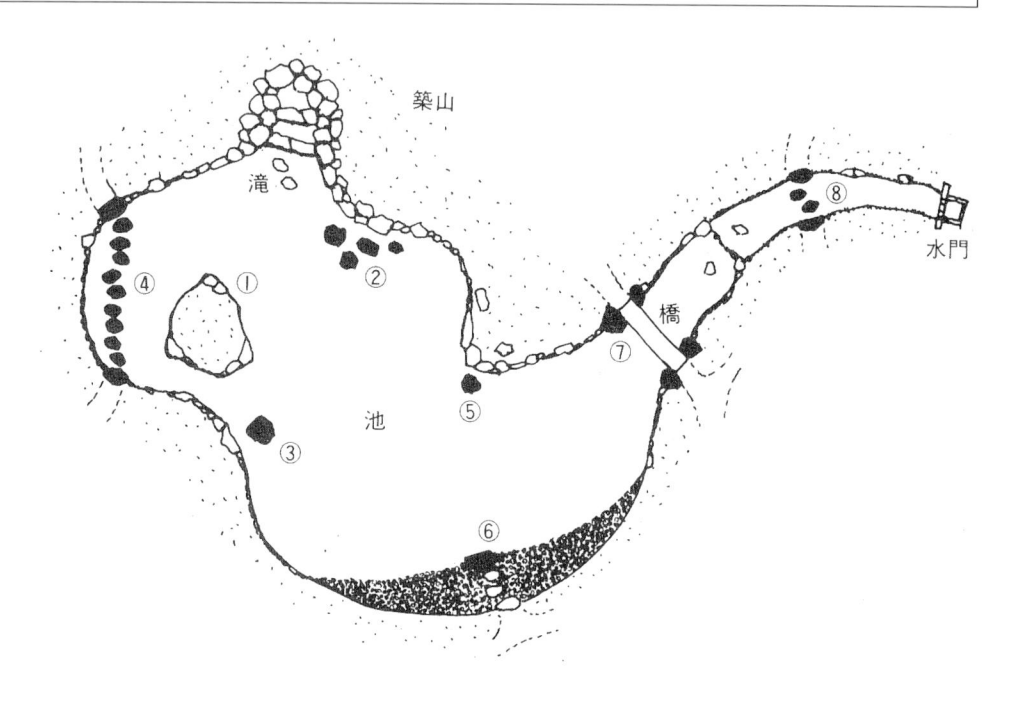

参考図書　「建築家のための造園設計資料集」豊田幸夫著・誠文堂新光社

L4　池

池と中島

小滝と池

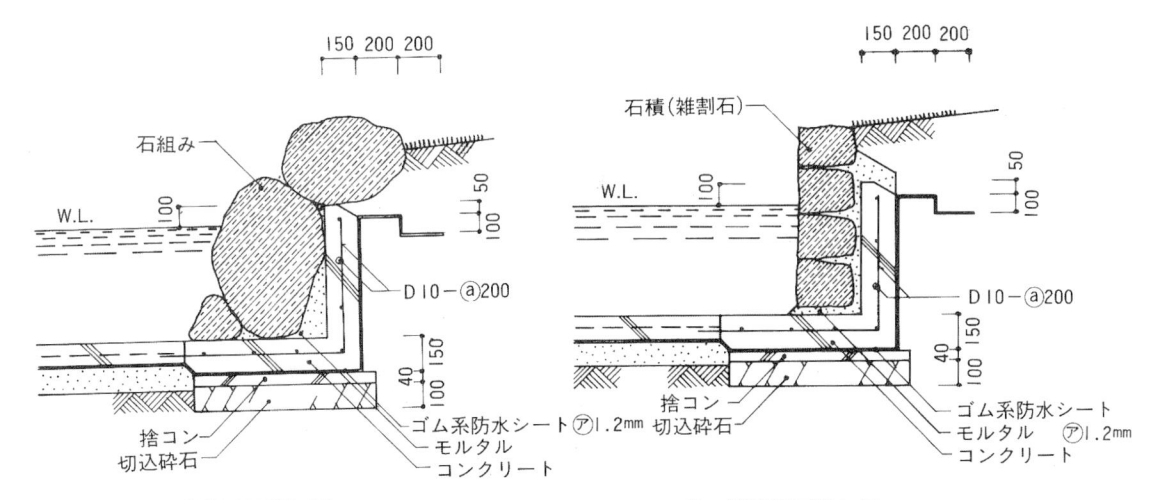

石組み護岸断面詳細図

- 石組み
- W.L.
- D10-@200
- 捨コン
- 切込砕石
- ゴム系防水シート㋐1.2mm
- モルタル
- コンクリート

石積み護岸断面詳細図

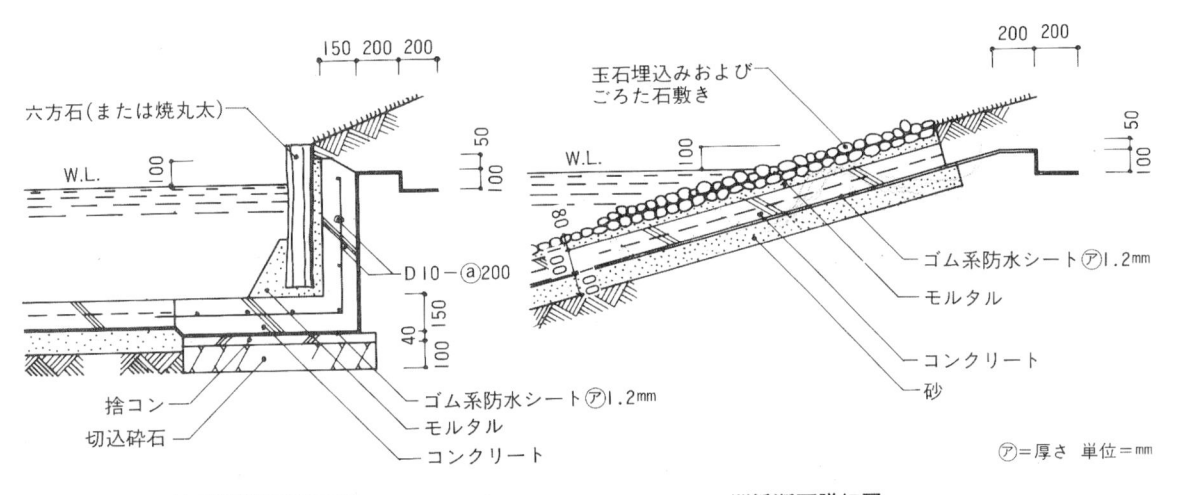

- 石積（雑割石）
- W.L.
- D10-@200
- ゴム系防水シート㋐1.2mm
- モルタル
- コンクリート

六方石護岸断面詳細図

- 六方石（または焼丸太）
- W.L.
- D10-@200
- 捨コン
- 切込砕石
- ゴム系防水シート㋐1.2mm
- モルタル
- コンクリート

洲浜断面詳細図

- 玉石埋込みおよびごろた石敷き
- W.L.
- ゴム系防水シート㋐1.2mm
- モルタル
- コンクリート
- 砂

㋐＝厚さ　単位＝mm

図2　池の護岸の断面図例

参考図書　「建築家のための造園設計資料集」豊田幸夫著・誠文堂新光社

L5　和風庭園の詳細

四つ目垣

鉄砲垣

御簾垣

竹垣の壁への取り付け方法例

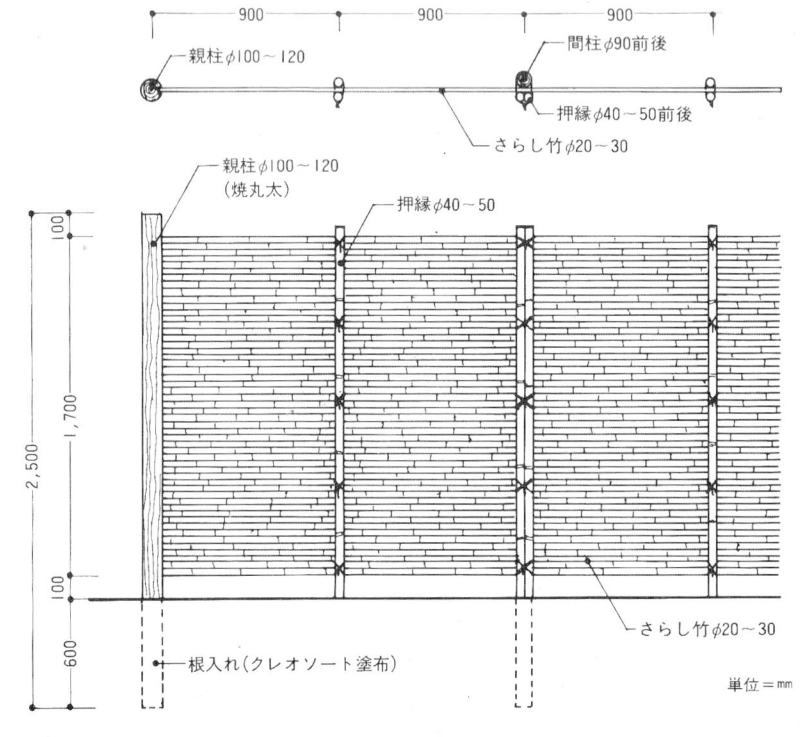

- 親柱 φ100～120
- 間柱 φ90前後
- 押縁 φ40～50前後
- さらし竹 φ20～30
- 親柱 φ100～120（焼丸太）
- 押縁 φ40～50
- さらし竹 φ20～30
- 根入れ（クレオソート塗布）

単位＝mm

御簾垣詳細図例

参考図書　「建築家のための造園設計資料集」豊田幸夫著・誠文堂新光社

L5　和風庭園の詳細

瓦の縁石

自然石切石の縁石

玉石の側溝

那智石敷きの排水溝

排水口

井筒

石橋

八つ橋

参考図書　「建築家のための造園設計資料集」豊田幸夫著・誠文堂新光社

M1　植栽地の維持管理と年間維持管理表

1）植栽地の維持管理の考え方
植栽地を管理するには、緑地の内容や将来の目標、要求品質によって、維持管理の仕方が異なるので、計画の中での植栽の目的や機能を理解し、目的や機能に沿った維持管理を行う必要がある。例えば、日本庭園のように非常に維持管理作業を必要とするものから、工場の緩衝緑地のように維持管理をかけないようにしたい緑地のように計画の目的と内容によって維持管理の仕方や回数が異なる。

2）植栽地の維持管理作業の項目（例）

樹木の場合	定期的作業としては、剪定や刈込み、施肥、除草、病虫害防除、潅水等がある。不定期作業としては、支柱の結束直し、枯損樹の除去、補植、土壌改良、葉の洗浄、台風などの際の復旧作業等。
芝生の場合	定期的な作業としては、芝刈り、施肥、除草、潅水、病虫害防除、目土かけ、エアレーション（通気穴あけ作業）等がある。不定期作業としては、張替え、土壌改良等。

3）植栽の管理で一般的にいえること
- 郷土樹種などその土地の環境に適している樹木は、丈夫で管理が容易である。
- 植栽環境と樹木本来の生育や樹形を考慮し、適切な配植、密度、間隔で植えられたものは管理が容易。
- 多種多様な植栽とすると、天敵などが殖えて病虫害防除が容易となる。
- 植栽地の土壌環境が良いと、樹木が健全に生育することができ管理が容易となる。
- ビオトープも刈込みや除草などの管理が必要で、ノーメンテナンスではない。
- 庭園として景観を保つには、かなりの管理が必要である。
- 仕立て物を樹木は維持管理の手間がかかり、自然形のものは維持管理の手間が少ない。
- 芝生の建設費は安いが、維持管理の手間は多くかかる。
- 雑草も緑化植物と見なした芝生の原っぱは比較的管理は容易である。
- 洋シバは日本シバに比べて、芝刈り、施肥、潅水、病虫害防除などの作業は倍以上行う必要がある。

4）比較的管理の容易な樹木（病虫害に強い樹木）

常緑高中木	イチイ、カイズカイブキ、カヤ、サワラ、シノブヒバ、ヒマラヤスギ、イヌツゲ、ウバメガシ、カクレミノ、キンモクセイ、クスノキ、スダジイ、タブノキ、トウネズミモチ、ネズミモチ、ヒイラギモクセイ、ヤマモモ、マテバシイ等
落葉高中木	イチョウ、エゴノキ、エノキ、カシワ、ケヤキ、トウカエデ等
常緑低木	アオキ、アセビ、キョウチクトウ、ナワシログミ、ナンテン等
落葉低木	ウツギ、レンギョウ等
地被植物	セダム類、タマリュウ、リュウノヒゲ、ヘデラ類等

5）維持管理費を決めるための留意点
- 植栽地での樹木の役割、将来の景観、管理作業の行う意味を理解して、最小の費用で最大の効果を上げる。
- 管理のグレードを設定する。庭園なのか、緑化を目的とするのかなど。
- 緑地の中でも管理のグレードを分ける。エントランス部分や主庭や中庭などは重点的に管理するなど。
- 直営か、管理を委託するのか検討する。剪定や刈込み、病虫害防除など部分的に委託する場合が一般的に多い。
- 植栽の維持管理費用はおおよそ植栽工事費の2割前後が一般的である。

M1　植栽地の維持管理年間と年間維持管理表

[表1] 樹木の植栽維持管理年間スケジュール表(例)

作業項目		年間作業回数	4	5	6	7	8	9	10	11	12	1	2	3
樹木	支柱結束直し	1~2回／年				○							○	
	高中木剪定（針葉樹）	1~2回／年							○					◎
	（常緑樹）	1~2回／年			◎			○						
	（落葉樹）	1~2回／年				○					◎			
	中木・生垣刈込み	1~2回／年		○					○					
	潅木等刈込み	1~2回／年			○				○					
	施肥	2回／年			○								○	
	除草	2回／年			○		○							
	病虫害防除	適宜(3回／年)			△			△						△
	潅水	適宜（週の回数）	1~2回			3~4回			2~3回			1~0.5回		

[凡例] 高中木剪定　◎:強剪定が可能、○:弱剪定とする。
[注] 高中木の剪定は他の作業との関連で2月に行うことが多い。

[表2] 芝生の維持管理年間スケジュール表(例)

作業項目		年間作業回数	4	5	6	7	8	9	10	11	12	1	2	3
芝生	芝刈り	5回／年		○	○	○	○	○						
	除草	3回／年		○		○		○						
	除草剤散布	適宜(2回／年)			△									△
	施肥	2~3回／年					○		○					○
	病虫害防除	適宜(2回／年)				△		△						
	潅水	適宜												
	目土かけ	1回／年												○
	エアレーション	1回／年												○

[表3] 花壇の維持管理年間スケジュール表(例)

作業項目		年間作業回数	4	5	6	7	8	9	10	11	12	1	2	3
草花類	施肥	3回／年		○			○						○	
	除草	3回／年		○		○		○						
	植替え・植え付け	6回／年	○		○			○		○		○		
	病虫害防除	適宜												
	潅水	適宜												

[表4] 屋上のセダム緑化・草原等の粗放型緑地の維持管理年間スケジュール表(例)

作業項目		年間作業回数	4	5	6	7	8	9	10	11	12	1	2	3
セダム・野草類	刈込み	1回／年			○									
	除草	2回／年			◎		◎							
	施肥	1回／年	○											
	病虫害防除	適宜												
	潅水	適宜												
	補植	1回／年	○											
	植栽基盤材の補給	1回／年	○											

参考図書　「新・緑空間デザイン 設計・施工マニュアル」(財)都市緑化技術開発機構・特殊緑化共同研究会編・誠文堂新光社／「庭木の剪定コツとタブー」日本造園組合連合会・講談社

M2　雑草との共生

1) 雑草とは
雑草とは、作物栽培の場に生える植物のことをいい、畦道など人の息のかかった場所で作物が栽培されていないところに生える植物を人里植物といい、そのほかのものを野草という。一般的には人里植物も含めて雑草として扱っており、過度の除草による管理費の増大や、不適切な除草剤の使用などでの環境汚染問題が生じている。

2) 雑草の害と雑草の効用

雑草の害	雑草の効用
・雑草により光がさえぎられる。 ・作物と雑草が競争して水分や養分をとる。 ・ナンバンギセルやネナシカズラなどのように作物に寄生して直接養分や水分を奪い取る。 ・悪臭のある植物を食べた牛から採った臭気のついた牛乳の原因となる。 ・毒成分のある雑草種子の穀物などへの混入の問題などが生じる。 ・景観上見苦しい。 ・コオロギ、バッタ、キリギリス、アオマツムシ、ウマオイ等の害虫(?)の発生源となる。	・雑草の強い根により、作物の根が入らないような固い土でも地中深く伸びていくような深耕の役割がある。 ・土壌の飛散防止や乾燥防止などのマルチングとしての役割がある。 ・ミネラル分の豊富な堆肥や家畜の餌になる。 ・薬草や健康茶、薬用酒などの原料となるものがある。 ・雑草を緑化植物と見なすと、ローメンテナンスの自然風の緑化となる。 ・都会では、屋上緑化と同様に、緑化植物としてヒートアイランド現象の緩和効果がある。 ・多様な生物の餌や住みかとなるなどの役割がある。

また、オカボと除草の実験(「無肥料・無農薬のMOA自然農法」農文協)によると、雑草を生えるにまかせておくと収量は全くダメで、完全に除草した場合と、はじめの一ヶ月は雑草を生やし、それ以後は完全に除草した場合(雑草の草丈が追い抜く前に)を比べると、完全に除草した場合より収量がアップしたことである。

以上のように、雑草の害はあるが、雑草をむやみに敵視せず、効用を考慮して雑草と共生しておくことが大事であると考える。

3) ランドスケープでの雑草対策と雑草との共生

- 雑草が生えてはいけない緑地なのか、自然との共生を図った緑地なのか、緑地の目的と利用を考慮し、雑草が問題となる場合がどうか検討して適切な対策をする。
- 植栽基盤に雑草の種子や根ができるだけ混入しないように、客土を雑草種子の混入の少ない土壌を使用する。場合によっては、人工軽量土壌や改良土壌を使用する。
- バークチップのマルチングなどにより、雑草の種子の飛来を防いだり、防草シートを敷設して防ぐ。苗木植栽では、苗木の根元に古紙を使用したペーパーマルチなどを敷いて防ぐ。
- グランドカバープランツ類の植物で地表面を被って雑草の種子の進入を防ぐ。
- 野菜や草花でもポット苗で栽培し、雑草より成長を優先させて雑草をおさえる。
- 芝生では、芝刈りの際に4〜5cmの高刈りとして、雑草の種子の進入を防ぐ。
- 芝刈りによって、雑草の芽の成長点を切り、雑草の生長を押える。
- 作物や草花、ハーブの成長を阻害させないように、初期の段階で雑草を除去する。また、雑草の種子が結実する前に除去し、除去した雑草はマルチングに使用したり、堆肥にする。
- 景観を考慮すると、刈込みをするとともに、セイタカアワダチソウやオオアレチノギクなどの背の高くなる雑草や繁殖力の旺盛なツル性のヤブガラシなどのに雑草は手抜きによる除草を行う。場合によっては外来種もできるだけ除草することが望ましい。

参考図書　「植物たちの生」沼田真著・岩波新書／「雑草の科学」沼田真編・研成社／「土と雑草」ジョセフー A—コカヌマ著・岡田隆一・戸川英胤共役・農文協／「無肥料・無農薬のMOA自然農法」(財)自然農法国際研究開発センター技術研究部編・農文協／「新ぐうたら農法のすすめ 省エネ有機農業実践論」西村和雄著・人類文化社

M2 雑草との共生

[表1] 主な雑草・野草の分類

あまり背が高くならない草		イヌガラシ、オオバコ、ヘラオオバコ、オランダミミナグサ、オオイヌノフグリ、タチイヌノフグリ、カキドオシ、カヤツリグサ、キュウリグサ、コニシキソウ、ジシバリ、スギナ、スベリヒユ、チドメグサ、ノビル、ミチヤナギ、ヤエムグラ、ヤハズソウ等
	(イネ科)	ギョウギシバ、コメヒシバ、スズメノカタビラ、チガヤ、メヒシバ等
	(花の美しい草)	アカツメクサ、シロツメクサ、オニタビラコ、オオイヌノフグリ、タチイヌノフグリ、カタバミ、ムラサキカタバミ、カラスノエンドウ、タネツケバナ、タンポポ、ツメクサ、ツユクサ、ツルボ、トキワハゼ、ドクダミ、ナズナ、ニワゼキショウ、ネジバナ、ノゲシ、ノボロギク、ハキダメギク、ハコベ、ハハコグサ、ヒメオドリコソウ、ブタナ、ホトケノザ等
背が高くなる草		アカザ、シロザ、アカネ、イタドリ、イヌタデ、エノキグサ、オオアレチノギク、オオイヌタデ、オナモミ、ギシギシ、クワクサ、コウゾリナ、コセンダングサ、アメリカセンダングサ、スイバ、セイタカアワダチソウ、ブタクサ、ホナガイヌビユ、ヒメムカシヨモギ、ヨウシュヤマゴボウ、ヨモギ、ヨメナ、ワルナスビ等
	(イネ科)	ススキ、オギ、チカラシバ、カモガヤ、イネムギ等
	(花の美しい草)	オオハンゴウソウ、オニノノゲシ、アキノノゲシ、キクイモ、キンミズヒキ、コマツヨイグサ、オオマツヨウグサ、ノコンギク、ハルジョン、ヒメジオン、ヒルザキツキミソウ、メドハギ等
繁殖力旺盛なツル性の草		クズ、ヤブガラシ、ヘクソカズラ、

[表2] 食べられる主な雑草・野草

主な雑草・野草	食用・薬効・その他
アカザ	葉、若葉:和え物、おひたし、天ぷら等。(茎葉:健胃、強壮、ビタミン補給等。)
イタドリ	若芽:和え物、酢の物、油炒め、天ぷら等。水がわり。(根・果実:膀胱炎、じんましん等。)
オオバコ	若葉:和え物、おひたし、天ぷら等。(全草・種子:健胃、整腸等)
カキドオシ	若い葉・茎:和え物、天ぷら等。(全草:子供の癇、強壮等)
カラスノエンドウ	若芽・若葉:和え物、おひたし、天ぷら等。若いさや:天ぷら等。
クズ	若芽・若葉:油炒め、天ぷら等。根:クズ粉の原料。(根・花:発汗、解熱、二日酔い等)
ツメクサ類	花・葉:酢の物、油炒め、天ぷら等。草花遊び:ツメクサの冠等。
ドクダミ	葉:お茶、天ぷら等。(全草:利尿、整腸、解毒等)
ヒメジョン	若苗:天ぷら等。(花・葉:糖尿病の予防、むくみ等)、
ヒルガオ	ツル先・若葉:和え物、おひたし、天ぷら等。(全草:利尿、強壮、糖尿病等)
レンゲソウ	若芽:和え物、おひたし、天ぷら等。
ヨシ	若芽:煮物、和え物、酢の物等。(根茎:むくみ、健胃等)。すだれなどの原料。
カラスウリ	若葉:和え物、炒め物、天ぷら等。(根・種子:利尿、咳止め、ぜんそく等)
スベリヒユ	若葉:和え物、おひたし、炒め物等。(全草:利尿、解毒、肝臓病等)
ツユクサ	新芽・わかい茎先:おひたし、和え物、煮物。(全草:利尿、腎臓病、アセモ等)
ユキノシタ	葉:和え物、炒め物、天ぷら等。(葉:火傷、しもやけ等)
タンポポ	若葉:サラダ、おひたし等。根:タンポポコヒー。(根・葉:胃腸病、強壮等)
スギナ	若葉・茎:おひたし、天ぷら等。ツクシ:おひたし等。(全草:解熱、咳止め等)
ヨモギ	若葉:ヨモギモチ、おひたし等。(葉・茎:止血、強壮等)
ノビル	鱗茎:おひたし、和え物、味噌つけ等。ネギの代用品として使われていた。
ハコベ	若葉:サラダ、おひたし、煮物等。(全草:胃腸病、歯槽膿漏等)。小鳥の餌。

＊注意:野草にはシュウ酸が多く含まれるのが多いので、食べる場合には十分注意する必要がある。

参考図書 「食べられる山野草12ヶ月」主婦と生活社／「身近にある薬草」畠山陽一著・パッチワーク通信社／「雑草で元気になる本」小崎順子・双葉社／「図解四季の薬草利用」小林正夫著・農文協／「「新ぐうたら農法のすすめ 省エネ有機農業実践論」西村和雄著・人類文化社

M3 刈込み・剪定と有効利用

1) 刈込み
刈込みとは、主として生垣や潅木の寄植えなどで、枝葉の先端を切りそろえて美観を保つために行う作業のこと。刈込みを花芽の分化後に行うと花つきが悪くなるので、花木の場合は必ず花芽の分化前、花が咲いた後、速やかに刈込むことが重要となる。春や秋に開花させる花木は7～8月頃に花芽を分化させるものが多い。
刈込みの時期と回数としては、5～6月頃に年1回行うのが一般的で、萌芽力の強いイヌツゲやキャラボクなどでは5～6月と9～10月の年2回行う。アベリアやハクチョウゲなどでは年3回行うこともある。

2) 剪定と目的と種類
剪定とは、美観上や生理上、実用・機能上、病虫害防除などの目的のために、樹木の枝葉を取除く作業のこと。

[表1] 剪定の目的

美観上	樹木の美しさや庭の美しさを保つように、不要な枝や幹を取除く剪定。庭園の維持管理。
生理上	移植時などで根を切られて水分吸収が抑えられた場合に、水分の蒸散を抑えてバランスをとるために枝や葉の量を少なくする剪定。また、台風などで折れた枝などは腐朽菌の進入を防止するためと美観のための剪定。移植時や災害時。
実用・機能上	果樹など場合に行う結実や開花を促すための剪定。生垣など枝葉が密生させるための剪定。街路樹などで台風対策や電線との接触防止のための剪定。果樹栽培、生垣や街路樹の維持管理。
病虫害防除	日照や風通しを良くするために剪定。

[表2] 主な剪定の種類

透かし剪定	枝をつけ根から切り取る。大透かし（主枝などの大枝を切ること）、中透かし（副枝などの枝を切ること）、小透かし（枝の先端部の込み合った部分を切ること）などがある。自然風仕立ての剪定に行われる。樹木の大きなストレスを与えることなく、樹形を保てる
切戻し剪	幹や太い枝の近くに小枝を出すために枝を切り取る。樹木が大きくなりすぎた場合や山取りの樹木の育成時などに行われる。樹木には大きなストレスを与え、樹形が大きく変化する
間引き剪定	株立ち上の低木などで行う剪定で、主な幹を3～5本残して、残りを根元から切り取る

3) 剪定の時期と回数
剪定の時期は、適期以外に行うと剪定により逆に木が弱ったり、枯れる場合があるので注意する。特に強剪定は行わない。春先や秋では大枝などの強剪定が可能、夏の時期は強剪定をせずに軽い剪定を行う。年2回が望ましい。最低、病虫害の発生した枝や枝折れしたものは剪定する。不用な枝が多い場合、一度に多くの枝を切らず、数回、3年かけて剪定して樹形を整えるのが望ましい。剪定は技術を要する作業で、樹木の特性、状況、目的を考慮して樹木の景観保持とダメージを与えないように剪定する。

[表3] 剪定の時期

針葉樹	真冬以外で、10～11月頃と春先。
常緑樹	春の新芽が固まった5～6月頃と、寒さの害の受けない9～10月頃。
落葉樹	葉が出揃い固まった7～8月頃と、休眠期の11～3月頃。

4) 不要な枝の種類
枯れ枝、病虫害に侵された枝、からみ枝、逆さ枝、徒長枝（トビ、著しく真上に伸びた枝）、懐枝（樹冠内部に多く集まった小枝）、車枝（1ヶ所から3本以上同じような枝を出している枝、1本残して剪定）などは剪定する。
胴吹き枝やひこばえ（ヤゴ）は樹勢が衰えると発生させるので、むやみに剪定せず、樹勢を回復させてから切る。

参考図書　「庭木の自然風の剪定」峰岸正樹著・農文協／「庭木の剪定のコツとタブー」日本造園組合連合会・講談社／「図解 樹木の診断と手当て」堀大才・岩谷美苗著・農文協／「新・緑空間デザイン 設計・施工マニュアル」(財)都市緑化技術開発機構・特殊緑化共同研究会編・誠文堂新光社／

5) 剪定枝等の造園への有効利用

多くの炭は、中国の森林の伐採木や東南アジアのマングローブ林の伐採木を炭にしたもので、中国や東南アジアから輸入されている。腐葉土も海外から輸入されている。輸出先では自然が荒廃する一方、日本でも間伐材や伐採木・剪定木が有効に利用されずにゴミとなっている。深刻な地球環境問題の解決、循環型社会の構築に向けて、自然素材である剪定枝や幹、伐採木の有効利用を図ることは重要である。

[表4] 刈込み・剪定枝等の有効利用例

葉	腐葉土、堆肥の素材、土壌改良材、保温等のマルチング材、燃料等
枝	ウッドチップ（マルチング材、ウッドチップ舗装等）、縁材、土留め材、柵、樹木に支柱、炭、燃料等
幹	建設資材、ベンチ、スツール、テーブル、炭、燃料等
樹皮	バーク堆肥、植栽基盤材、マルチング材等
根	オブジェ、プランター、炭、燃料等

6) 刈込み・剪定枝等の有効利用での留意点

- 野焼きは禁止されているので注意する。所定の場所で炭化して炭を作り、利用するのが望ましい。
- 育苗用の土壌を作る際に、土壌を焼いて殺菌する場合などの燃料として使用。灰は土壌改良材としても利用。
- 落葉堆積場、堆肥場などを設置する。
- 腐葉土を作る場合には、微生物が分解しずらい針葉樹や毒性のある樹木の葉は使用せず、最低でも半年以上、できれば2年経過したものを使用するのが望ましい。
- 落葉は表面にマルチング材として使用する。
- 枝を縁材や土留め材、柵などに使用する場合には、腐ることを前提に、安全に十分注意する。
- ウッドチップをマルチングとして使用する場合には、3cm以下とする。また、生木を枯らすナラタケ菌やナラタケモドキ菌などの腐朽菌が発生しないような場所に使用する。
- ウッドチップのマルチング材は木の幹の根元周辺20cm以内は敷かない。
- バーク堆肥は完熟させる。または、品質証明がされた完熟のものを使用する。
- 樹皮を植栽基盤に使用する場合には、土壌の沈下や窒素飢餓が生じる可能性があるので注意する。
- 土壌改良などに使用する炭は、消し炭、粉まで使える。
- 木酢液は半年以上、静かに寝かし、タール分を分離した透明感のある有害物質の含まないものを使用する。

伐採財を使用した土留め

縁材とウッドチップ舗装材に利用

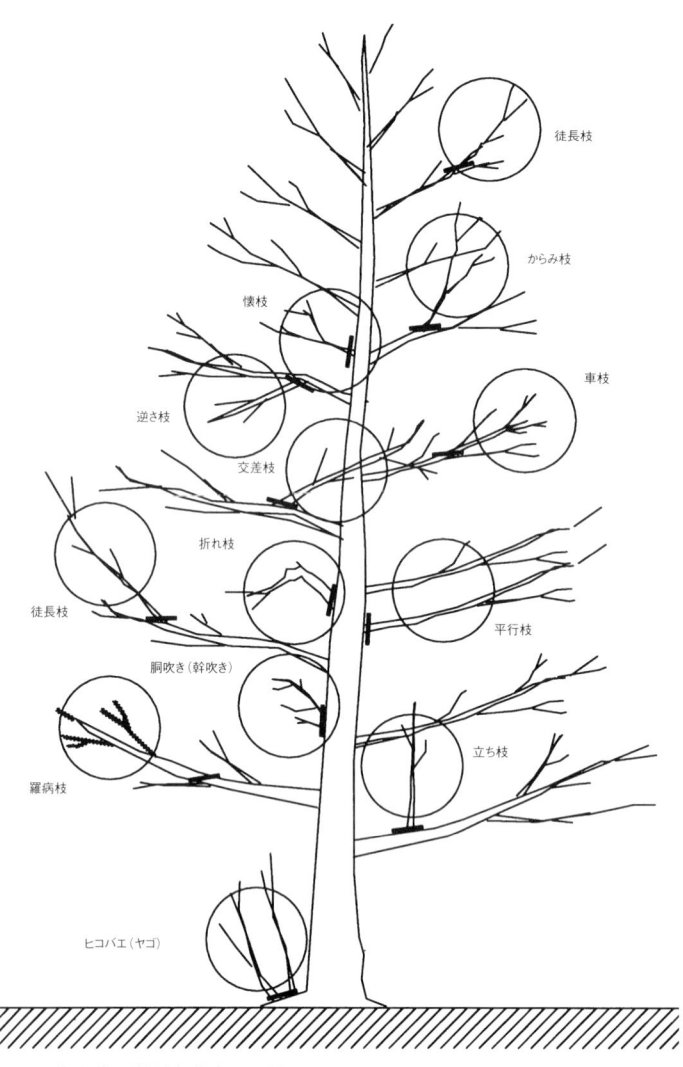

M3 刈込み・剪定と有効利用

図1 剪定する樹形を乱す忌み枝

ラベル: 徒長枝、からみ枝、懐枝、車枝、逆さ枝、交差枝、折れ枝、徒長枝、平行枝、胴吹き（幹吹き）、立ち枝、羅病枝、ヒコバエ（ヤゴ）

強剪定で樹勢が弱ったトチノキ 　　傷口がふさがっていく状況 　　完全にふさがった傷口

参考図書　「庭木の剪定のコツとタブー」日本造園組合連合会・講談社／「庭木の自然風の剪定」峰岸正樹著・農文協／「図解 樹木の診断と手当て」堀大才・岩谷美苗著・農文協／「図解 ガーデニング コツのコツ」小学館

M3　刈込み・剪定と有効利用

ブランチカラー（枝を支えるために枝のつけ根のまわりにできた幹の組織）を残すようにするとともに、先に余分な枝部部を残さないように剪定する。
また、幹を傷つけないために、①に切り口を入れてから、②部分で切断後、③部分を切る。

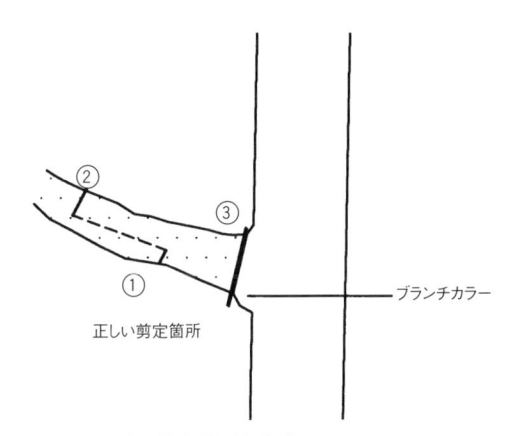

図2　太い枝の剪定場所と方法

透かし剪定で、大きくなった枝を剪定する場合には、枝の伸長方向を考えながら、切り落とす枝の代わりとなる枝の交差部で剪定する。枝を中途半端な場所で切らない。切ると1箇所から何本もの枝がでる車枝となり、樹形を乱すことになる。

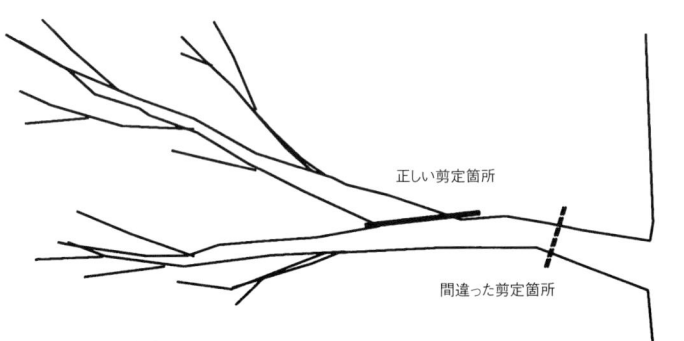

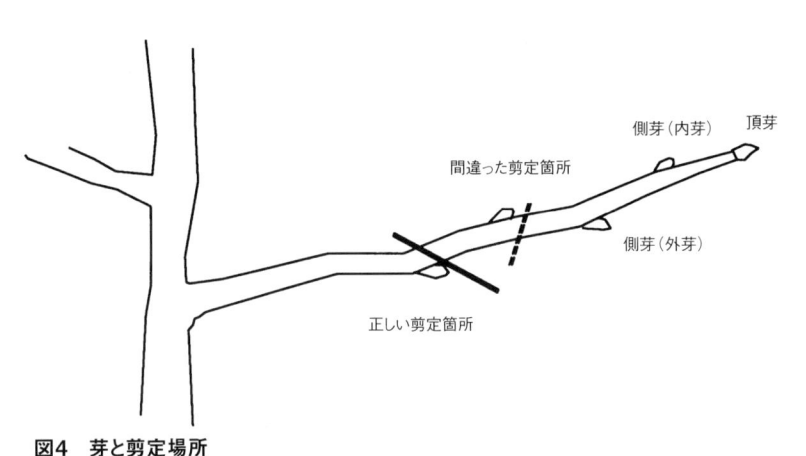

図3　透かし剪定

外芽を残すように剪定する。
一般的に元気の良い残す芽上2〜3mmのところを斜めに切る。中途半端に残すと枯れやすくなるので注意する。

図4　芽と剪定場所

M4　施肥・肥料・堆肥

194

1）施肥
施肥は肥料を施すことで、植物が健全に生育するための土壌づくり、病虫害に対する抵抗力の増進、開花や結実を促進する、樹木の美観保持などのために行う。

自然林の場合は、微生物・植物・動物・土壌により、土壌が植物に栄養を供給し、落葉・落枝が小生物・微生物の分解を通して土壌に還元され、それがまた植物に利用されるという物質循環が働いていて、土壌環境の改善と地力の維持増進を自ら行う自己施肥機能を備えており、基本的には施肥をする必要がない。

造成緑地の場合、植栽基盤造成のために当初の養分補給は必要である。また、樹木と草花、野菜では養分要求量が異なる。街路樹や屋上の樹木の場合、一般的にあまり大きくならないような抑制管理することが多い。植栽の目的、植物の特性にあった土壌への養分の供給と施肥管理をすることが必要となる。

2）肥料
植物に必要な必須元素は16元素で、酸素（O）、水素（H）、炭素（C）、窒素（N）、リン（P）、カリウム（K）、カルシウム（Ca）、マグネシウム（Mg）、イオウ（S）9元素が多量要素で、鉄（Fe）、マンガン（Mn）、ホウ素（B）、亜鉛（Zn）、モリブデン（Mo）、銅（Cu）、塩素（CL）7元素が微量要素である。肥料の3要素は窒素（N）、リン（P）、カリウム（K）をさす。

肥料は、原料の違いによって有機質肥料と化学肥料に、効果時間によって速効性、緩効性、遅効性に分けられる。

[表1]肥料要素の働き

肥料要素	働きと欠乏・過剰による障害
酸素・水素・炭素	重要な生体構成成分。大気中の二酸化炭素や水を根から吸収し、光合成で炭水化物変えて利用。
窒素	葉や茎の生長促進。たんぱく質、核酸など多くの生体構成成分、生体反応に関与。欠乏では生育不良、葉は小さく、葉の黄変・落葉。過剰では組織の軟弱化、病虫害の被害、落蕾・落果等。
リン	花や実の生長促進。核酸の構成元素で、光合成に重要な働きを。欠乏では生育不良。
カリウム（カリ）	根や球根の成長促進。浸透圧の調整、pHの安定化、酵素の活性化するなどの働きを。欠乏では葉の乾燥枯死がでる。過剰ではカルシウム、マグネシウムの吸収を抑制。
カルシウム	細胞壁成分の構成要素。細胞組織を丈夫にするなどの働きを。欠乏では奇形葉の発生等。
マグネシウム	クロロフィルの構成要素。酵素やたんぱく質の合成に関与。欠乏では葉の黄白化。
イオウ	有機化合物の構成要素。たんぱく質の合成や根の発達を助ける。欠乏では葉の黄変。
微量要素	酵素の活性化やたんぱく質の合成、呼吸や光合成への関与。欠乏・過剰では生育不良。

[表2]有機質肥料と化学肥料

項目	有機質肥料	化学肥料
原料・特徴	油粕、魚粕、骨粉、鶏糞、牛糞などの天然素材を原料にした肥料で、微生物の分解・発酵で無機化されて吸収される。微量要素を含む。	チッソガスやリン鉱石、カリウム鉱石などの無機物を原料として化学合成された肥料。単肥と複合化成肥料、液肥などがある。品質が一定。
肥料効果	速効性はないが、ゆっくりと効いてくる。肥料を多く施しても肥料あたりがしにくい。腐植が形成され、土壌の物理性・化学性が改善される。	本来水に溶けると速効性があるが、つくり方の工夫によって緩効性肥料もある。肥料を多く施すと障害が起きる。土壌の物理性が改善されない。
問題点	量が多く必要。価格が高い。供給に限度がある。安定供給のルートの確保が必要。	安価で安定供給されているが、鉱物は有限資源で枯渇が心配。土壌の劣化が問題となることが多い。
種類	草木灰、油かす、骨粉、魚かす、発酵油かす、発酵鶏糞、発酵牛糞、ボカシ肥等。	単肥（硫安、尿素、熔リン等）、複合化成肥料（普通化成、高度化成、緩効性肥料）、液体肥料。

M
エコ・ガーデニング

参考図書　「最新・樹木医の手引き」(財)日本緑化センター／「新版 土壌肥料用語辞典」藤原俊六郎、安西徹郎、小川吉雄、加藤哲郎編・農文協／「別冊NHK趣味の園芸 園芸入門」NHK出版／「別冊NHK趣味の園芸 家庭できる病気と害虫の予防」NHK出版／「別冊NHK趣味の園芸 ガーデニング上手になる土・肥料・鉢」NHK出版

M4　施肥・肥料・堆肥

[表3] 効果時間による肥料の分類

肥料の分類	特徴
速効性肥料	水に溶けやすい成分を使用した速効性のある肥料。肥ぎれと肥やけしやすい。化学肥料は肥料吸収量の多い野菜などで、元肥や追肥に使われ、小さなコンテナ栽培には適さない。液体肥料は固形肥料より速効性が高い。コンテナなどの追肥に使用される。化学肥料や液体肥料、発酵肥料等。
緩効性化成肥料	水にすぐに溶けない成分を使用したり、樹脂で覆ったりした肥料で、施したときから効きはじめ、ゆっくりと長く効果が持続する肥料。2～3か月から1～2年ぐらいまで各種ある。長いものは元肥に、短いものは追肥に使用。化学肥料等。
遅効性肥料	ゆっくりと長く効く肥料。元肥や追肥として使用。一般的な有機質肥料。

[表4] 化学肥料の特徴と成分量例

区別	化学肥料	特徴	窒素	リン	カリ
単肥	硫安	速効性。元肥・追肥に。酸性となるので石灰の施用が必要。	21%	—	—
	尿素	速効性。元肥・追肥に。液肥(100～200倍)で葉面散布。	46%	—	—
	石灰窒素	緩効性。元肥に。毒性あり取扱注意。病原菌の滅菌等の効果。	21%	—	—
	熔リン	緩効性。元肥に。苦土15%、アルカリ分50%。pH矯正。	—	20%	—
	過リンサン石灰	速効性。堆肥に混ぜて元肥に。熔リンとの組み合わせが良い。	—	17～20%	—
	硫酸カリ	速効性。主に追肥に。土を酸性にする。過剰施肥に注意。	—	—	50%
	塩化カリ	速効性。主に追肥に。土を酸性にする。過剰施肥に注意。	—	—	60%
化成肥料	普通化成肥料	速効性。元肥・追肥に。単肥料を混ぜ化学合成したもの。	5～10%	5～10%	5～10%
	高度化成肥料	速効性。元肥・追肥に。成分量が多い。過剰施肥に注意。	12～15%	12～15%	12～15%
	緩効性肥料	速効性+緩効性。主に元肥に。肥やけや肥ぎれの心配が少ない	10～12%	10～12%	10～12%
	液肥	速効性。追肥に。扱いやすく効果的であるが肥ぎれしやすい。	5%	10%	5%
配合肥料	BB肥料	速効性。元肥・追肥に。粒状の単肥を混ぜたもの。扱いやすい。	10～12%	10～12%	10～12%
	有機入配合肥料	速効性+緩効性。元肥に。有機質肥料に単肥を混ぜたもの。	5～10%	5～10%	5～10%

[表5] 有機質肥料の特徴と成分量例

区別	有機質肥料	特徴	窒素	リン	カリ
植物性	油カス	緩効性。元肥に。菜種やダイズの絞りカス。リンとカリが少ない。	5～7%	1～2%	1～2%
	草木灰	速効性。元肥・追肥に。石灰分11%を含む石灰肥料。	—	3～4%	7～8%
	米ヌカ	緩効性。元肥に。リン肥料。堆肥とボカシ肥の発酵剤に最適。	2～2.6%	4～6%	1～1.2%
動物性	魚カス	やや速効性。緩効性の骨粉と併用。味をよくする。	7～8%	5～6%	1%
	骨粉	緩効性。元肥に。草木灰や魚カス等を併用でリンを補う。	4%	17～24%	—
	乾燥鶏糞	速効性。元肥・追肥に。水にもどすと悪臭。3～4週間後に植え付ける。肥やけ・ガス害に注意。リンが多い。	3%	5～6%	3%
発酵肥料	発酵鶏糞	速効性。元肥・追肥に。施肥後1週間後に植え付ける可。	4%	7～9%	2.5%
	発酵油かす	速効性。元肥・追肥に。油かすに骨粉、魚かす、米ヌカなどを混ぜた3要素がほぼ同量の肥料。施しすぎに注意する。発酵していないものは発酵過程で有害ガスが発生するので注意する。	4%前後	6%前後	2%前後
	ボカシ肥	速効性。元肥・追肥に。油かすや米ヌカや乾燥鶏糞などの有機質肥料に土や燻炭を積み重ねて発酵させたもので微量要素も多い。肥やけの心配がすくなく、土壌改良効果も期待できる。追肥は早めに、株元に微生物の保護のため埋めるように施す。	2～5%前後	2～6%前後	1～2%前後

参考図書　「図解家庭園芸 用土と肥料の選び方・使い方」加藤哲郎著・農文協／「有機栽培の基礎知識」西尾道徳著・農文協／「ボカシ肥のつくり方使い方」農文協編・農文協／「堆肥のつくり方・使い方 原理から実際まで」藤原俊六郎著・農文協

M4 施肥・肥料・堆肥

3) 堆肥

一般的に、肥料は主に植物が育つのに必要な養分を供給する働きをするのに対して、堆肥は主に植物が育つ土壌環境を改善する働きをするとともに、養分の供給する働きをするものである。また、堆肥は微生物によって分解しやすい有機物を分解しているので有機質肥料と違い、肥料効果が出にくいが、効果が長く持続する。

[表6] 堆肥の効果

物理性の改善効果	団粒構造の形成による通気性、透水性、保水性の向上。
化学性の改善効果	多量要素と微量要素の供給、保肥力の向上、土壌の緩衝能力の向上。植物に吸収されやすいリン酸(可給態リン酸)の増加。
生物性の改善効果	多様な微生物を増加、微生物の活性化による土壌養分の供給力の向上。

4) 堆肥の種類と特徴

堆肥には原料から動物性堆肥と植物性堆肥に分けられる。動物性堆肥には、栄養効果の高いが土壌改良効果がやや低い堆肥で、牛糞堆肥や鶏糞堆肥、豚糞堆肥などがある。植物性堆肥には、土壌改良効果は高いが肥料効果が低い堆肥で、落葉堆肥やワラ堆肥、モミガラ堆肥、バーク堆肥などがある。一般に市販されている家畜糞尿堆肥は、動物性の牛糞や鶏糞に植物性のオガクズなどを混入して高温発酵させたもので、土壌改良効果と肥料効果を持たせてある。また、バーク堆肥にも粉砕した樹皮に鶏糞や尿素などの窒素分を添加してある。

そのほか、ミミズの糞や生ゴミの堆肥などの堆肥がある。ミミズの糞は腐植に近い性質の堆肥となっており、肥やけの心配がなく、安心して使える。生ゴミ堆肥は、窒素分が多く、堆肥と有機質肥料の中間で、肥料効果の高い堆肥になる。廃棄物の削減と資源の有効利用から生ごみの堆肥化は重要である。

5) 堆肥の留意点

- 一般に製造される完熟堆肥は、製造する時に70度の高温となり、一般的な病原菌や雑草の種子などは死滅する。また、植物性単独または混合では堆肥になるまでに、一般的に3ヶ月以上、木片では6ヶ月以上必要。
- 堆肥場の大きさは、床面積が1.5～4㎡、高さ1～1.5m前後。あまり小さいと発酵温度が上がらない。家庭でつくる生ごみ堆肥の場合、電気式生ごみ処理機による方法や、密閉容器での嫌気性発酵による方法などがある。電気式生ごみ処理機による方法や、密閉容器での嫌気性発酵による方法の場合、土壌に入れて二次発酵させる必要がある。
- 未熟な堆肥は使わない。未熟ものを使用する場合には、施用後耕うん機などで混和してから1ヶ月以上放置してから作物などを植えるか、土壌表面にマルチングとして使用する。深く施用しない。

[表7] 樹木植栽での複合肥料の標準肥料施肥量例

堆肥化促進材「堆肥の素一番」の特徴としては、短期間の6ヶ月で堆肥となる。条件付嫌気性発酵で好気性発酵に比べて切り返しの回数が2回と少ない。放熱を防ぐために、必要最低量は10㎡以上とする。堆積中に悪臭が発生した場合には切り返しをおこなう。

①散水して水分調整(60～65%、手にしっとりと感じる程度)した植物廃材10㎥に、粒状苦土石灰40kgと微生物資材の「堆肥の素一番」(立山エンジニアリング)400kgを混合撹拌する。
②1回の積み上げ高さの上限は30cmとする。1回ごとにブルーシートをかけておく。ただし、通気確保のてめ一部開けておく。
③通気確保のため、下部シートをかけずに少し開けておく。最終的な積み上げ高さの上限は1.5mとする。上部にはブラックシートを風で飛ばされないように布設する。
④6ヵ月後に堆肥となる。

参考図書 「図解家庭園芸 用土と肥料の選び方・使い方」加藤哲郎著・農文協／「堆肥のつくり方・使い方 原理から実際まで」藤原俊六郎著・農文協／「家庭でつくる生ごみ堆肥」藤原俊六郎監修・農文協編・農文協／「だれでもできるミミズで生ごみリサイクル」メアリー・アッペルホフ著・佐原みどり訳・(財)科学教育研究会監訳・合同出版

M4 施肥・肥料・堆肥

6）施肥の時期

一般の植栽地では、凍結している時期を除いた12～2月に施す元肥と、夏季で土壌が乾燥している時期を除いた6～9月に施す追肥がある。花木類は落花後花芽分化前に肥料をお礼肥として、肥料を施して翌年の開花を促す。草花や野菜などでは頻繁に追肥をする。

(1) 元肥（もとごえ）・寒肥（かんごえ）

元肥とは、植物を植えたり、種まきするときに前もって土に混ぜたり、埋めたりして施す肥料のこと。主として有機質系の遅効性肥料を施すほか、緩効性肥料を混合することが多い。有機栽培の野菜やハーブ栽培では、有機質系の遅効性肥料のみを施す。

寒肥とは、庭木や果樹などで樹木の休眠中の冬季に肥料を施すこと。元肥の一種。

(2) 追肥・お礼肥

追肥とは、生育旺盛な植物や生育期間の長い植物の肥料分補給、開花の促進のために施す肥料のこと。主として速効性肥料を植物の生長に合わせて数回に分けて施す。有機栽培の野菜やハーブ栽培では、発酵油かすやボカシ肥などを施す。コンテナでの草花栽培では、液肥や一定期間持続する緩効性肥料を定期的に使用することが多い。

お礼肥とは、植物が体力を消耗した開花後や結実後に施す肥料のこと。果樹など果実として持ち出された養分を補給する意味で重要。主として窒素肥料分の多い速効性肥料を少量施す。追肥の一種。

7）樹木植栽地の施肥の留意点と参考施肥量

- 樹木の場合、緩効性肥料や遅効性肥料を施すことを基本とする。初期の基盤造成段階では堆肥を施す。特に、保肥力の乏しいマサ土などの土壌では、土壌改良効果もある堆肥を施し、健全な植栽基盤づくりをする。
- 関西方面で使用される腐植含有量が少なく、養分の流失しやすい砂系のマサ土の場合、初期段階から有機質系の肥料を積極的に施す。
- 関東地域で使用されるリン酸吸収率が高い黒ボク土や赤土の場合、リン酸肥料を多く含む肥料や有機物を投入する。

[表8] 樹木植栽での複合肥料の標準肥料施肥量例*

高木		中低木	
幹周:15cm未満	施肥量:210g	樹高:50cm未満	施肥量:105g
幹周:15cm以上20cm未満	施肥量:270g	樹高:50cm以上100未満	施肥量:135g
幹周:20cm以上30cm未満	施肥量:330g	樹高:100cm以上200未満	施肥量:180g
幹周:30cm以上40cm未満	施肥量:450g	樹高:200cm以上300未満	施肥量:270g
幹周:40cm以上60cm未満	施肥量:600g		
幹周:60cm以上90cm未満	施肥量:1200g		

8）樹木植栽地の施肥の方法

元肥の場合では、植込み地の土壌に混ぜるように全面に施す。追肥の場合、壷肥（枝葉の地面に穴を掘り、肥料を施す方法）、車肥（枝葉の地面に溝を放射状に彫り、肥料を敷きこむ方法）、輪肥（枝葉の地面に溝を輪状に掘り、肥料を敷きこむ方法）などの方法がある。一般的には直径30cm程度、深さ30cm程度の穴を6箇所前後掘り、肥料を施す、根を痛めない壷肥とすることが多い。また、1m前後と深く掘り、通気管と完熟堆肥、炭などを施すと樹木の活性化にもなる。穴は毎年場所を変えて行うと効果は高い。

その他、生垣の場合では、両側に溝を掘って施す方法や、ツツジ類などの潅木類では根元にばらまく敷き肥、棒状に成形された緩行性肥料を打ち込む方法などがある。また、根が障害を受けていたり、移植時の活着を早める場合では、液肥の葉面散布などの方法もある。

*引用文献　「植栽基盤整備技術マニュアル（案）」監修建設省都市・(財)日本緑化センターより加筆して引用
参考図書　「別冊NHK趣味の園芸 ガーデニング上手になる土・肥料・鉢」NHK出版／「図解家庭園芸 用土と肥料の選び方・使い方」加藤哲郎著・農文協／「図解 ガーデニングのコツのコツ」小学館

M5　病虫害防除と自然農薬

1）病気の3つの原因
植物の病気を起こす原因には、主因、誘因、素因の3つの要因がある。主因とは、発病に最も大きな役割を果たしている要因で、①生物的病原（病原体とも呼ばれる）、②非生物的病原に分けられる。誘因とは発病を助長・誘発させる環境要因。素因とは植物自身がもつ病気にかかりやすい遺伝的な要因。病気の発生には、主因、誘因、素因の3つの要因が単独または複合的に関係する。また、寄生性が強くない病原体の場合には、病気の発生に環境要因の影響が大きい。

[表1] 主な樹木病害の誘因*

誘因となる事柄	病害例	誘因となる事柄	病害例
寒害・凍霜害	マツ葉ふるい病、胴枯性病害	強風	ペスタロチア病、緑化樹枯性病害、炭そ病
高温・少雨による土壌の乾燥	マツ材線虫病、胴枯性病害、スギ・ヒノキ暗色枝枯病、根腐病	高い空気湿度または多雨	緑化樹炭そ病、灰色かび病、針葉樹稚苗倒伏立枯病
土壌の過湿	針葉樹ならたけ病	融雪期の過湿	針葉樹雪腐病
土壌の固結	赤斑葉枯病、胴枯性病害、白紋羽病	カリ不足	緑化樹枯性病害
土壌の肥沃	ヒノキとっくり病	未分解有機物過多	紫紋羽病
陰湿な環境	緑化樹すす病、ヒノキ樹脂胴枯病	大気汚染	マツすす葉枯病
昆虫の食害	ペスタロチア病、胴枯性病害	昆虫による吸汁	こうやく病、すす病

[表2] 主な伝染性病害・病原体*

病原体の分類	主な伝染性病害・病原体
菌類	さび病菌、うどんこ病菌、べと病菌、すす病菌、葉枯性病原菌、枝枯性・胴枯性病菌等
細菌	根頭がんしゅ病、シラカシ枝枯細菌病、ヤマモモこぶ病、カエデ類首垂細菌病等
ファイトプラズマ	キリてんぐ巣病、クリ萎黄病等
ウィルス	マサキ、ジンチョウゲ、キリなどのモザイク病、アオキ輪紋病等
ウィロイド	リンゴさび巣病
藻類	白藻病
線虫	ネコブセンチュウ類、ネグサレセンチュウ類
ダニ	クフダニ類の吸汁（広葉樹のビロード病）等

2）腐朽病害
腐朽病害とは、生きている間に木部が腐朽分解される現象のことで、生立木腐朽あるいは材質腐朽とも呼ばれる。主として死んだ組織が普及分解されるために、一般的には樹木の衰弱や枯死に結びつくことは少ない。しかし、ベッコウタケやナラタケなどの一部の腐朽菌類は寄生性が強いため、樹木を枯らされることがある。また、樹齢が高い樹木や街路樹などでは倒木の危険があるで注意する必要がある。
木材の腐朽は腐朽型により、白色腐朽、褐色腐朽、軟腐朽に分類される。白色腐朽は針葉樹と広葉樹に見られる。褐色腐朽は針葉樹に多く広葉樹には少ない。軟腐朽は生きた樹木にはつかない。また、木材の腐朽は発生する部位により、根株心材腐朽、根株辺材腐朽、幹心材腐朽、幹辺材腐朽、枝腐朽に分けられる。

[表3] 腐朽病害を起こす主な木材腐朽菌

腐朽病害	木材腐朽菌	腐朽病害等
ならたけ病	ナラタケ	広葉樹やヒノキ、マツ類の根株を腐朽。衰弱、しおれ、枯らす。
べっこうたけ病	ベッコウタケ	広葉樹の幹地際部や根を腐朽。傷口から腐朽、早期の落葉が起こり、しだいに枯れる。
こふきたけ病	コフキタケ	広葉樹生立木の幹腐朽を起こす。葉の色が悪くなり、幹は空洞化し、幹折れが発生する。

*引用文献　「最新・樹木医の手引き」(財)日本緑化センターより加筆して引用
参考図書　「病害虫・雑草防除の基礎」大串龍一著・農文協

M5 病虫害防除と自然農薬

3）虫害と主な害虫

[表4] 虫害と主な害虫*

A 食葉性害虫	A1・単独で葉を食害	オオスカシバ（クチナシの葉）、オオミズアオ等
	A2・群生して葉を食害	チャゴクガ（ツバキ等）、ドクガ（サクラ等）、モンクロシャチホコ（バラ科）、ミノウスバ（マサキ等）、マイマイガ、イラガ、ヒロヘリアイラガ、マツカレハ、ルリチョウレンジ、サンゴジュハムシ等
	A3・絹糸で巣をつ作り、群生して葉を加害	アメリカシロヒトリ、ツガノメイガ、オビカレハ等
	A4・葉を重ねるか巻いて食害	チャハマキ（果樹）、モッコクハマキ（モッコク）、ワタノメイガ（ムクゲ・フヨウ等）、コスジオビハマキ（ニレ・カツラ等）等
	A5・ミノを作って食害	オオミノガ、チャノミガ等
	A6・葉に潜って食害	ヤノナミガタチビタムシ（ケヤキ）、チャノハモグリバエ、アカアシミノゾウムシ、テントウノミハムシ等
B 穿孔性害虫	B1・新梢に穿入して食害	マツツマアカシンムシ、マツズアカシンムシ、モンクキバチ等
	B2・幹・枝に穿入して虫糞の混じったヤニを出す	コスカシバ（サクラ・ウメ等）
	B3・幹・枝に穿入して木屑を出す	マツノマダラカミキリ、クワカミキリ、ゴマダラカミキリ、シロスジカミキリ、ルリカミキリ、ゴマフボクトウ等
	B4・樹皮下を食害	コウモリガ、ヒノキカワモグリガ、スギザイノタマバエ等
C 吸収（汁）性害虫	C1・葉に寄生して葉液を吸収、葉は黄色に変色する	ツツジグンバイ（ツツジ等）、トサカグンバイ、クロトンアザミウマ
	C2・葉にアブラムシが寄生してすす病を併発させる	マメアブラムシ（カンキツ類）、ワタアブラムシ（ボケ）等
	C3・葉にカイガラムシが寄生してすす病を併発させる	トビイロマルカイガラムシ、ツバキワタカイガラムシ等
	C4・葉や新梢に寄生して白色の綿状物を出す	トベラキジラミ（トベラ）、ネムニヒゲナガキジラミ等
	C5・幹・枝・新梢にアブラムシが寄生してすす病を併発	マツオオアブラムシ（アカマツ等）、ハネナガオオアブラムシ等
	C6・幹・枝にカイガラムシが寄生してすす病を併発	ツノロウムシ、ルビロウムシ、カシニセタマカイガラムシ等
	C7・幹・枝に白いアワ状物が付着する	シロオビアワフキ（ヤナギ・サクラ等）等
	C8・幹・枝に寄生して白色の綿状物を出す	アオバハゴロモ（アジサイ・マサキ等）等
	C9・幹・枝の皮下に寄生して樹皮が粗になる	マツモグリカイガラムシ、カシアカカイガラムシ等
D 虫こぶ（えい、ゴール）形成害虫	D1・葉に虫こぶをつくる	イスノキハタマムシ、ケヤキハフクロムシ、クヌギハケタマフシ等
	D2・芽に虫こぶをつくる	ヤナギシントメハナガタフシ、ナラメイガフシ等
	D3・枝に虫こぶをつくる	ヤナギエダマルズイフシ、キササゲエダクレフシ等
E 種子・球果害虫	E1・球果から虫糞を出す	モモノゴマダラノメイガ等
	E2・球果からヤニ（樹脂）を出す	チャバネアオカメムシ（カンキツ類等）、スギタネバチ等
F 食根性害虫（根切虫）	F1・地際部か根部を食べる	ヒメコガネ、ドウガネブイブイ、スジコガネ、カブラヤガ等
G 白蟻害虫	G1・材部を加害する	ヤマトシロアリ、イエシロアリ

*引用文献　「最新・樹木医の手引き」(財)日本緑化センターより加筆して引用
参考図書　「家庭菜園の病気と害虫 見分け方と防ぎ方」米山伸吾・木村裕著・農文協

M5　病虫害防除と自然農薬

4）病虫害防除での留意点

自然界では一切無用なものはなく、物質循環・エネルギー循環の中で何らかの役割をし、自然生態系を形成して共存している。細菌やウィルス、虫などが、植物に少しつくのは自然なことで、健全に生育している植物には抵抗力があり、病虫害を受けることは少ない。寿命の高い樹木や環境ストレスを受けている植物は抵抗力が少なく発病、虫害を受けることになる。物質循環・エネルギー循環の中で細菌や虫の役割を考えて病虫害防除をすることが大切で、植物ができるだけ健全に生育できるような植栽環境を整備し、病虫害を予防することが重要である。

- 多種多様な樹木・植物を植えることにより天敵が増え、病虫害の発生が抑えられる。
- 樹木の健全な生育のためには、計画地の自然環境条件に適した植物を選ぶ。
- 土壌や水はけ、風通し排水、潅水などの植栽環境を整備する。
- 抵抗力増強のために、窒素肥料を与えすぎないような施肥管理をする。
- 木片や樹皮などマルチングは環境条件によっては腐朽菌のナラタケを増殖させることになるので注意する。
- 寒冷紗をかけて虫や鳥を寄せ付けない。
- 病虫害防除はできるだけ手で取ったり、醸造酢や木酢液などの自然農薬の使用が望ましい。

5）自然農薬

自然農薬とは化学農薬と違い、身近にある自然の材料でつくった病虫害防除剤。効果は持続しないので、定期的な散布が必要。効き方はまちまちで工夫が必要。雨が降らなかった日の夕方の散布が効果的。

[表5] 化学農薬を使用しない病虫害防除

自然の材料・害虫	使用方法・効果
草木灰	夕方に葉面散布。アルカリ性で病原菌をよりつくにくくする。蝶・ウリバエ・アオムシ等。うどんこ病・モザイク病、タチガレ病等の防除。カリやリンサンの補給による地力の増強効果もある。
醸造の米酢	25～50倍に水で薄めたものを夕方葉面散布。甲虫類をよりつくにくくする。うどんこ病等の防除。水1リットルに対して展着剤としての石鹸を5gとかしていれる場合もある。
木酢液	透明感があり、色がきれい。刺激臭や異臭が強くない。pH3前後。半年以上放置し、ただしく精製された品質の良い木酢液使用する。200～1000倍に希釈して葉面散布。うどんこ病・ベト病・灰色かび病の防除。カイガラムシ・ハダニに害の軽減等。土壌改良には30～50倍の希釈を使用。
ニンニク・木酢液	800倍前後に希釈した木酢液1リットルに200gの薄皮剥いたニンニクを200g加えて3ヶ月寝かしたものを使用する。うどんこ病・ベト病、カイガラムシ・ハダニに害の軽減等。
ニンニク液	水2リットルに対して、ニンニク200gをすりつぶし、100ccの玄米酢、焼酎（35度）2合を加えた液。コナジラミ、アブラムシ等に効果が。
トウガラシ液	水2リットルに対して、トウガラシ100Gを約20分煮る。煮たトウガラシを5リットルの水の中ですりつぶす、それに水4リットルと焼酎（35度）1合を加えた液。アブラムシ等に効果が。
ニンニク・トウガラシ自然農薬	展着剤として黒糖蜜（または黒砂糖）を使用。ニンニク液（1リットル）とトウガラシ液（1リットル）に黒糖蜜（20ミリリットル）（または黒砂糖（20g））、水（20リットル）を加えたもの。虫に。
アセビ液	春の開花時のアセビの葉を陰干ししたもの100gを水15リットルに加熱・抽出した液。虫全般に。
アセビ団子	アセビ液に米ぬかと小麦粉入れて団子にし、3日天日干ししたもの。ネキリムシやコオロギに効果が。
ストチュウ	病害虫の予防剤。糖蜜10ccを50度の湯30ccに溶かした後、水70ccを加えて糖蜜液をつくる。糖蜜液100ccに米酢10ccと焼酎（35度）10ccを入れよくかき混ぜる。さめた液に微生物資材のEM-1を10cc加える。ポリ容器に入れ栓を締め15～30日置く。途中ガス抜きをする。芳香がしたら使用可。
カニガラ	土壌に施用。キチン質が放射菌を増殖させ、フザリウム菌を抑制する。

参考図書　「植物エキスで防ぐ病気と害虫・つくり方と使い方」八木昂編著・農文協／「自然農薬で防ぐ病気と害虫 家庭菜園・プロの手ほどき」古賀綱行著・農文協／「別冊・NHK趣味の園芸 家庭でできる病気と害虫の防除」NHK出版／「木酢・炭で減農薬 使い方とつくり方」岸本定吉著・農文協

M5 病虫害防除と自然農薬

6）樹木の主な病害虫と農薬による防除例

農薬は、日本の農薬の安全使用基準に合致したものを、病虫害の原因を究明し、適切な時期に適切な量を、使用上の注意書きに基づいて使用する。また、農薬による薬害が生じることもあるので使用には十分注意する。
農薬を散布するにあたって、薬剤散布を近隣等に知らせる。散布する場合には、子供近づけない。防護して風上から散布する。散布中の絶対に飲食はしない。使った器具・防護服などはよく洗う。保管には十分注意する。

[表6] 樹木の主な病害虫と農薬による防除例*

分類	病虫害	農薬による防除。その他
葉の病気	うどんこ病（葉に白・灰色のカビが発生）	トリフミン水和剤、バイコラール水和剤、バイレトン水和剤等。
	すす病（葉にすす状のカビが発生）	カイガラムシの防除。
	もち病（葉が肥大し、もち状となる）	薬剤による防除は困難。
	炭そ病	トップジンM水和剤、ベンレート水和剤等。
	さび病（黄色の病斑が生じる）	マンネブダイセン水和剤、バシタック水和剤等。
	斑点性病（斑点が生じる）	トップジンM水和剤、ベンレート水和剤等。
枝・幹の病気	てんぐ巣病（異常に小さく枝分かれする）	病患部の切除。
	こうやく病	カイガラムシの防除。陰湿な環境に多いので環境改善を図る。
	さび病（黄色の病斑が生じる）	薬剤による防除は困難。陰湿な環境に多いので環境改善を図る。
	胴枯病	外科的手術を行い、トップジンMペーストの塗布。
	材質腐朽病	土壌改良等による樹勢回復を図る。外科的手術を行う。
根の病気	白紋羽病	フジワン粒剤、フェリムゾン水和剤等。
	ならたけ病	薬剤による防除は困難。除去する。
	根頭がんしゅ病	薬剤による防除は困難。
食葉性害虫	ケムシ、イモムシ、アオムシ	スミチオン乳剤、カルホス乳剤等。
	イラガ、コガネムシ、ハバチ	スミチオン乳剤、カルホス乳剤等。
	ハマキガ	スミチオン乳剤、カルホス乳剤等。
	ハムシ	スミチオン乳剤、オルトラン水和剤等。
	ミノムシ	オルトラン水和剤、液剤等。
吸汁性害虫	カイガラムシ	幼虫期に防除。スプライド乳剤、スミチオン乳剤等。
	アブラムシ	マラソン乳剤、オルトラン水和剤、液剤等。
	コナジラミ	スプラサイド乳剤等。
	キジラミ、ハゴロモ	スミチオン乳剤等。
	グンバイムシ	オルトラン水和剤、液剤等。
	ハダニ	ケルセン乳剤、水和剤等。
穿孔性害虫	スカシバ	薬剤による防除は困難。加害部を切開して幼虫を駆除。
	ボクトウガ	加害部のトンネル内に農薬を注入。
	マツクイムシ	成虫発生時期に防除。スミパイン乳剤等。
	カミキリムシ	対象害虫ごとに農薬を決めて防除。
虫えい形成害虫	キジラミ、タマバエ、フシダニ等	薬剤による防除は困難。
食根性害虫	ヨトウムシ	カルホス乳剤等。
	ネキリムシ	ダイアジノン微粒剤、バイジット粒剤、粉剤等。
白蟻	イエシロアリ、ヤマトシロアリ	シロアリ用薬剤。

*引用文献　「最新・樹木医の手引き」(財)日本緑化センターより加筆して引用
参考図書　「緑化木の病害虫 見分け方と防除薬剤」(社)林業薬剤協会／「カラー解説 緑化木・林木の害虫」小林富士雄・滝沢幸雄編著・養賢堂／「ピシャッと効かせる農薬選びの便利帳」岩崎力男著・農文協

M6　ハーブの栽培

1）ハーブと草花、野菜と栽培の主な違い

項目	ハーブ	草花	野菜
栽培	容易～普通	普通～やや難しい	普通～難しい
病虫害	少ない	やや多い	多い
土壌	ややアルカリ性土壌を好むものが多い。排水・保水・通気性のよい用土。	中性土壌を好むものが多い。排水・保水・通気性のよい用土。	やや酸性土壌を好むものが多い。排水・保水・通気性のよい用土。
水やり	比較的少ない。多くのハーブはやや乾燥気味程度の状態にしておく。	やや頻繁	頻繁
利用	芳香や薬効、薬味、お茶、薬湯、染め、美容等豊富	主に観賞	主に食用、その他、薬味、観賞等
特徴	ハーブの種類によっては、他の草花と混植するとコンパニオンプランツ効果で、草花の生育が良好となる。2年目以降も地下茎やこぼれ種で増える種類も多い。管理作業が一環の収穫となる。	種類、色、高さが豊富。多年草の草花を使用して自然風な感じにデザインすると省力化になる。	連作障害が起きやすい。肥料要求量が多い。一般的には毎年植える。収穫の喜びがある。五感を刺激する。
管理	密植をさけ、株間をあけ、光や風通し水はけを良くする。混みすぎた枝葉は適度に枝抜き、剪定をする。	背丈、性質・特性を留意して配置する。水やり、施肥管理、除草などの手入れをする。	連作をしない。水やり、施肥管理、除草などこまめに手入れをする。

2）主なハーブの原産地

原産地	主なハーブ	注意点
地中海地方	ローズマリー類、ラベンダー類、セージ類、ミント、ジャーマンカモマイル、キャットミント、サントリナ、イタリアンパセリ、フィーバーフュー、ボリジ、マジョラム、マロウ、ラムズイヤー、ロケット等	土壌は弱アルカリから中性を好むものが多い。水はけのよくする。ムレに注意する。水やりを控えて乾燥気味に育てる。
ヨーロッパ中北部・アメリカ北部	レモンバーム、ヤロウ、ルバーブ、ワイルドストロベリー、ディル、ソープワート、リンデン等	風通しを良くし、夏は寒冷紗やマルチングなどをして地温上昇を防ぐ
熱帯地方	バジル、レモングラス等	鉢上げや寒冷紗で防寒する。
南アフリカ	センテンドゼラニウム等	水やりを控えて乾燥気味に育てる。
南米温帯地方・オセアニア	レモンバーベナ、ナスタチウム、アニスヒソップ等	風通しを良くし、ムレに注意する。
日本・中国地方	チャイブ、シソ、ジャスミン、ガーリック、ドクダミ等	土壌は弱酸性。育てやすい。

3）ハーブ苗の植栽密度

風通しを良くし、ムレを防いで丈夫に育てるために、株間を広くとる。収穫を重視したハーブ栽培では、株間を十分にとることにより、香りが強いハーブの収穫量が多くなる。

[表1]ハーブ苗の植栽密度例

- ローマンカモマイル、タイム、チャイブ、ミント、コリアンダー等：30cm前後。
- ジャマンカモマイル、キャットニップ、セージ、ディル、レモンバーム、ナスタチウム等：40～50cm前後
- フェンネル、ボリジ、ローズゼラニウム：50～60cm前後

参考図書　「フラワーポール管理の手引き4」(財)都市緑化技術開発機構／「ハーブ スパイス館」小学館／「やさしいガーデンシリーズ ハーブ・ハーブ」兎兎エセッ芽房編著・永岡書店／「ハーブガーデン」誠文堂新光社編・誠文堂新光社／「ポケットガイド6 ハーブ図鑑」横明美・中島隆著・小学館

M6　ハーブの栽培

4）ハーブ栽培のためのポイント

- 原産地を考慮して栽培管理する。また、できるだけ無農薬で化学肥料をしない栽培が望ましい。
- 一般的にハーブ栽培に適した土壌は、排水性がよく、pH7〜8の中性からややアルカリの土壌が適するため、苦土石灰などのアルカリ資材を施して中和する。
- 一般的なハーブの植え付け時期はヤエザクラが咲く頃が適する。耐寒性のないバジル、レモングラスなどのハーブは5月以降とする。
- 密植をさけ、株間をあけ、光や風通し水はけを良くする。
- 一般的なハーブは、日本の夏場の高温多湿でムレたりして株が弱ることが多いため、梅雨前に混みいった枝や葉などは剪定して風通しをよくして弱るのを防ぐ。秋初に痛んだ葉や枝などを整枝・剪定する。
- 多くのハーブはやや乾燥気味程度の状態にしておく。夏場はやや頻繁に、冬場はあまり雨が降らないよう時などに水よりをする。冬季は水が凍らなくなった時間にやる。
- 多くのハーブの挿し木・挿し芽の時期は、気温が20度前後になった初夏または秋が適する。
- 耐寒性のないハーブや夏から秋に開花するハーブの株分けの時期は芽が出る直前の早春に行い、耐寒性があって春から初夏に開花するハーブは9月下旬から11月の秋に行う。秋の株分け適したハーブの中で、冬に地上部が枯れるものは葉が黄変し始める晩秋が適する。
- 雨の後は成分が薄く、収穫後にカビが生える原因となるため、収穫は、2〜3日天気が続いた午前中に行うのが望ましい。

5）ハーブの土づくり例

pH調整	酸性土壌を中性ややアルカリ性にするために石灰資材である苦土石灰（くどせっかい）などを100g／㎡程度まく。できれば土壌のpH試験をする。（石灰資材をまいたら、空気中の炭酸ガスと反応して固まらない内にすき込む。また、消石灰と過燐酸石灰は化学反応をおこすのでいっしょにまかない。）
耕す	土壌水分が適湿の時に深さ25〜30cm程度耕す。雨の日や長い間雨が降らないような時は耕さない。雨の時に耕すと土がこねられて粘土状になり水はけが悪くなる。逆にカラカラの時に耕すと土壌の団粒構造が壊される槌が固くなってしまう。砂利やガラなどを取り除く。
堆肥の混入	1ヶ月後、腐葉土や完熟堆肥を15kg／㎡程度（バケツ2〜5杯）と過燐酸石灰を100g／㎡程度を全面にまき、耕す。2年度以降は、2月に、腐葉土や完熟堆肥を10kg／㎡程度施す。
施肥	有機質肥料を100〜200g／㎡程度施す。肥料の内容によって量は異なる。ハーブは野菜より肥料分を必要としないので多く与えすぎると、窒素過多になり、病虫害が出るので注意する。
追肥	植えたハーブの肥料要求量に合わせて追肥を行う。肥料のムダをなくすため壺掘りして施すことが多い。ただし、肥料焼けしないように植物の根から離して施す。ボカシ肥の使用が望ましい。

ボランティア手作りのハーブ園（日赤医療センター）　　　　　ラベンダー

参考図書　　「プロの手ほどき家庭菜園 コツのコツ」水口文夫著・農文協／「オーガニックで安心ガーデニング」加藤哲郎著・主婦と生活社／「ハーブ スパイス館」小学館／「やさしいガーデンシリーズ ハーブ・ハーブ」兎兎エ七ッ芽房編著・永岡書店／「こころと体に効く・ハーブ栽培78種」宮野監修・成美堂出

M6 ハーブの栽培

4) ハーブの栽培年間スケジュール例

月	作業内容
1月	植栽植物の検討
2月	土づくり(耕うん、堆肥・元肥の施用)
3月	オレガノ、チャイブ、ミントなどの株分け、カモミール、タイムなど寒さに強いハーブの種まき
4月	植え替え、株分け(芽が長く伸び出す前に済ませる)、苗の植え付け、種まき
5月	さし芽(サントリナ、タイム、ローズマリー、ラベンダーなど)、苗の植え付け、種まき、摘心
6月	種まき(バジル、ロケットなど)、挿し木、下葉取り、枝すかし(ラベンダーやタイムなど)、雨よけ
7月	切り戻し、枝すかし、挿し木、日除け、マルチング(地温上昇防止)、雨除け、刈込み・剪定
8月	日除け、マルチング、乾燥ハーブづくり
9月	挿し木、苗の植え付け、種まき
10月	苗の植え付け、植え替え、株分け、挿し木、鉢上げ(レモングラスなど)
11月	苗の植え付け、植え替え、株分け、防寒、マルチング
12月	霜除け、防寒、マルチング、剪定、整枝

[表2] ハーブティーに利用される主なハーブの特徴*

ハーブ	使用部位	特徴
ラベンダー	花	自立神経の安定、リラックス・鎮静効果。
ジャーマン・カモマイル	花	風邪、抗炎症作用、鎮静効果。(妊娠中の人は避ける)。
ローマン・カモマイル	花	不眠、精神安定、鎮静効果。(妊娠中の人は避ける)。
マロウ	花	(別名ウスベニアオイ)粘膜強化、消炎作用、抗アレルギー。
バラ(ガリカ)	花	(別名アポセカリーローズ)便秘の解消、病気の回復。
ヤグルマギク	花	(別名コーンフラワー)利尿作用、消炎作用、強壮作用。
レモンバーム	葉	精神安定、鎮静効果。
レモンバーベナ	葉	胃腸の働きを助ける効果。
レモングラス	葉	消化促進、自律神経バランス調整。
オレガノ	葉	(別名ワイルドマジョラム)リラックス・鎮静効果。
ヒソップ	葉	(別名ヤナギハッカ)気管支粘膜の消炎、強壮作用。
スペアミント	葉	胃液分泌促進、神経の安定。(妊娠中の人は避ける)。
ペパーミント	葉	消化器官の調整と安定。(妊娠中の人は避ける)。
コモンタイム	葉	(別名タチジャコウソウ)胃腸の働きを整える効果。
レモンタイム	葉	胃腸の働きを助ける効果、体力促進。
クリーピングタイム	葉	(別名ワイルドタイム)風邪、殺菌作用。
ローズマリー	葉	気力回復、体力促進。(高血圧の人の使用は控える)。
コモンセージ	葉	風邪、血行促進、ホルモン調整。
アーティチョーク	葉・茎	(別名チョウセンアザミ)胆汁分泌促進、肝臓の働きを助ける。
リンデン	花・葉	(別名ボダイジュ)精神安定。
エキナケア	花・葉・茎	(別名エキナセア)抗アレルギー、免疫抗体の強化。

注)ハーブティーは薬ではないが、薬効があるので注意して飲用する。ホルモンバランスや生理に関わるハーブティーは、妊娠中の人は特に避ける。また、アレルギー体質の人は、注意して飲用する。

*引用文献　株式会社日本フィトテラピー研究所・プロフィダイエ製品パンフレットより加筆して引用
参考図書　「ハーブ スパイス館」小学館／「ポケットガイド6 ハーブ図鑑」解説:横明美・写真:中島隆／「こころと体に効く ハーブ栽培78種」宮野弘司・宮野ちひろ監修・成美堂出版

M7 家庭果樹

1) 家庭果樹の植栽での留意点

- 造園樹木や草花との違いは、実を食べることができる。また、野菜と違い維持管理が比較的容易である。景観木であるとともに味覚を刺激する、食卓を飾るなど暮らしを豊かにするので、エディブル・ガーデン(食べられる庭)のほか、園芸療法の庭やヒーリングガーデンには導入することが望ましい。
- 家庭果樹では、育てやすく、背のあまり高くないわい性の果樹が望ましい。また、年平均気温や冬季の最低気温などの気象条件を考慮し、適したものを選ぶ。
- 果樹では、1本で実のなるもの、雄株と雌株があるもの、他種から受粉しなければ実を成らせないものなど種類によって異なるので注意する。また、実を成らせるまでには、モモやブドウで2〜3年、イチジクやクリ、ウメ、ナシで3〜4年、カキやビワ、温州ミカンで4〜5年、リンゴで5〜6年かかることを考慮する。
- 物理性・化学性・微生物性に優れた改良土壌を使用し、有効土層は50cm程度で、植え穴幅の150cm程度を改良する。また、ワラなどでマルチングすることが望ましい。果樹園では樹林下を耕うん・除草やビニールマルチし、樹間はクローバ等で覆う部分草生法で、土壌浸食防止、地力の増進、地温の緩和などを図っている。
- 果樹では、枝葉や根が成長する栄養成長と花や果実が成長する生殖成長をバランスをとって栽培することが重要となる。そのため、間引き剪定(混みあった枝や重なりあった枝の除去、残したい枝と太さが競合する太さの枝の除去等)や誘引、花摘み・摘果をしてバランスを保ち、実をならせる。葉や幹、枝に養分を蓄えるので必要以上に強剪定はしない。花芽の形成を注意しながら、一般的に年3回剪定する。
- 肥料は11〜3月に行う窒素主体の元肥、6〜7月にカリ主体の追肥、速効性の窒素を主体の肥料少量与える秋の秋肥(礼肥)の3回施す。潅水は発芽から果実肥大の時期は必要とするが、成熟期は乾燥気味が良い。

[表1] 育てやすい家庭果樹

分類	植物名	特徴
常緑高中木	温州ミカン	寒さに弱い。受粉しなくても実がなる。
	キンカン	寒さに弱い。自分の花粉で実をつける。
	ナツカン	寒さに弱い。自分の花粉で実をつける。
	ビワ	暖地向き。やや酸性土壌を好む。葉も民間薬に使う。自分の花粉で実をつける。
	ユズ	ハナユは実が大きい。ハナユ、ユズともやや寒さに強い。他家受粉。
落葉高中木	アンズ	北海道からミカン産地まで栽培可。梅などと一緒に植える。他家受粉。
	イチジク	寒さに弱い。受粉・受精が行われなくても(単為生殖)1本で実がなる。
	ウメ	青梅は毒があるので注意する。他家受粉。
	カキノキ	紅葉も美しい。干ばつに弱い。移植は難しい。「平核無」以外は他家受粉。
	カリン	幹が美しい。秋に実がなる。果肉が硬く生食は無理。自分の花粉で実をつける。
	グミ	全国で栽培可。8月前後に収穫。自分の花粉で実をつける。
	ザクロ	花も美しい。土質を問わない。洋風の庭にも適する。自分の花粉で実をつける。
	ジューンベリー	別名アメリカザイフリボク。花が美しい。半日陰地に適。自分の花粉で実をつける。
落葉低木	キイチゴ	寒地向きのラズベリー、やや暖地向きのブラックベリー。自分の花粉で実をつける。
	ブルーベリー	酸性を好む。種類の違うものを植えると実がよくなる。他家受粉。
常緑ツル植物	ムベ	寒さに弱い。棚仕立て、垣根仕立て。自分の花粉で実をつける。
落葉ツル植物	ブドウ	北海道から九州まで栽培可能。棚仕立て。自分の花粉で実をつける。
	キウイフルーツ	雌雄異株で雄株と雌株の混植が不可欠。棚仕立て。
	ミツバアケビ	寒さにやや弱い。棚仕立て、垣根仕立て。他家受粉。
その他、イチョウ(雌雄異株)、クリ、リンゴ、ナシ、モモ、ヤマモモ(雌雄異株)、オリーブ、サクランボなどの果樹がある。		

参考図書 「新版 果樹栽培の基礎」杉浦明著・農文協/「別冊NHK趣味の園芸 家庭で楽しむ果樹栽培」NHK出版/「別冊NHK趣味の園芸 園芸入門」NHK出版/「ベランダでつくるおいしい果物34種」岩松清四郎著・農文協

M8　野菜栽培とコンパニオンプランツ

1）エコロジカルな栽培の基本
はじめに、自然界には不要なものは一切なく、すべての生物は生態系の中で何らかの役割をし、健全な生態系を維持していることを認識することが大事である。

農薬や化学肥料をできるだけ使用しないエコロジカルな栽培の基本は土づくりにある。多様な生物が棲む土が良い土であり、多様な土壌微生物が生息できるような環境作りする。そのために、土壌微生物の餌となる堆肥や緑肥などの有機物を施し、棲みかとなる炭などを混入することが必要となる。また、連作をせずに栽培適期の輪作とするとともに、多品目・混植栽培とすることが重要となる。

2）連作と輪作
連作とは同じ作物を毎年同じ畑でつくることで、輪作とは異なる作物を順につくること。連作をすると生育の障害が出たり、病虫害の被害がでることが多い。そのため、連作障害で出やすい野菜は必要な期間同じ場所で栽培しない。また、ナス科、ウリ科、マメ科などは同じ科のものは連作しない。科を違えて、果菜類（ナス、トマト、ピーマン、シシトウ、エダマメ、サヤエンドウ、インゲン、キュウリ、カボチャ等）、葉菜類（コマツナ、キャベツ、ハクサイ、ホウレンソウ、フダンソウ等）、根菜類（カブ、ダイコン、ネギ、タマネギ、ニンジン等）を輪作する。

[表1] 連作障害の出やすい野菜

連作障害の出にくい野菜	フキ、セリ、エンサイ、シソ、コマツナ、ナノハナ、フダンソウ、ツルナ、サツマイモ、ダイコン、ニンジン、ミョウガ、ラッカセイ、オクラ、トウモロコシ、カボチャ
連作障害が出る野菜	（1年以上休栽する野菜）キョウナ、タイサイ、タカナ、カラシナ、ホウレンソウ、
	（2年以上休栽する野菜）キャベツ、ハクサイ、レタス、パセリ、ミツバ、タマネギ、キュウリ、ブロッコリー、イチゴ、ショウガ
	（3〜4年休栽する野菜）インゲン、ソラマメ、エダマメ、ジャガイモ、サトイモ
	（5〜6年休栽する野菜）ナス、トマト、エンドウ、トウガラシ、ゴボウ、スイカ

[表2] 主な同じ科の野菜

ナス科	ナス、トマト、ピーマン、トウガラシ、シシトウ、ジャガイモ
ウリ科	キュウリ、カボチャ、スイカ
マメ科	サヤエンドウ、エダマメ、インゲン、ササゲ、ラッカセイ

[表3] 輪作の例

キュウリ→ネギ→インゲン
ナス→カブ→ホウレンソウ
ダイコン→ホウレンソウ→キュウリ→ネギ
ジャガイモ→エダマメ→ホウレンソウ

3）日当たりと野菜

日当たりを好む野菜	ウリ科類、マメ科類、トウモロコシ、サツマイモ、ニガウリ、トマト、ナス、ピーマン、ダイコン、タマネギ、キャベツ等
半日陰地でも育つ野菜	サトイモ、アスパラガス、ワケギ、ホウレンソウ等
半日陰地を好む野菜	フキ、ミツバ、ミョウガ、コウライニンジン等

4）気温と野菜

高温を好む野菜（生育適温23〜27℃）	エダマメ、ササゲ、インゲンマメ、ニガウリ、ヘチマ、ナス、ピーマン、トウガラシ、トマト、オクラ、ショウガ、サツマイモ、サトイモ、シソ、ツルムラサキ、ニラ、カボチャ、キュウリ、スイカ、トウモロコシ、ゴボウ、アスパラガス、フキ等
低温を好む野菜（生育適温15〜20℃）	ハクサイ、キョウナ、コマツナ、ホウレンソウ、シュンギク、ミツバ、レタス、ブロッコリー、カリフラワー、エンドウ、ソラマメ、イチゴ、ダイコン、ワケギ、ネギ、ニンジン、ジャガイモ、カブ、ニンニク等

参考図書　「新ぐうたら農法のすすめ 省エネ有機農業実践論」西村和雄著・桜桃書房発売／「図解　家庭菜園ビックリ教室」井原豊著・農文協／「新版 農薬を使わないミニミニ菜園」湯浅浩史著・健友館／「絵とき 金子さんちの有機家庭菜園」金子美登著・家の光協会／タキイ種苗のホームページ

M8 野菜栽培とコンパニオンプランツ

5) 野菜づくりのポイント

土づくり	・雨後2〜3日後の適当な湿りけの状態（握ると固まり、湿り気を感じない程度）で耕す。雨後すぐに耕すと土中の空気が少なくなり排水不良になり、カラカラの状態では土壌が細かくなりすぎて硬くなるので注意する。初年度は深く耕して雑草の発生を抑制するが、翌年からは栽培する作物にあわせて部分的に耕すなど必要以上に耕さない。 ・土壌の酸性度を計り、苦土石灰や炭酸カルシウムなどの石灰資材で土壌酸性度を適正にする。散布したらすぐ耕し、土になじませる。窒素肥料や堆肥と一緒に施すと、アンモニアガスが発生するので、堆肥を施す1〜2週間前に施用する。ただし、過燐酸石灰（過石）は堆肥にくるませて施すと燐酸が有効に吸収しやすくなる。 ・腐葉土や牛糞堆肥などの植物性有機物の多い完熟堆肥を施し、土壌微生物を多様にし、土壌を改良する。年1回、完熟堆肥を冬から早春に2〜3kg／㎡前後を目安に施す。やり過ぎると窒素過剰になるのと、硝酸塩が環境を汚染するので注意する。 ・リン酸は流亡しにくく、肥料効果が持続するので元肥として施す。また、必要に応じて有機物系の肥料を元肥として施用する。 ・炭やくん炭などを3〜5％施す。また、薄い木酢液を撒くこともする。
播種・植付け・栽培	・作付け計画を立て、連作をせずに栽培適期の輪作とするとともに、多品目・混植栽培とする。 ・一般的に高温を好む野菜は5月上旬から11月上旬の無霜期間に栽培し、低温を好む野菜は初秋に種まきをする。早まき、早植えはしない。 ・苗を植付けする場合、前もってたっぷりと水をあげた植え穴に植付け、植付け直後は潅水しないほうが望ましい。根付きがよい。 ・種の厚さの2倍を標準の覆土の量とし、光があると発芽しやすいニンジン、コマツナ、レタス、セロリ、シソ、ゴボウなどは覆土の量を少なくする。反対に、光があると発芽しにくいナス、トマト、トウガラシ、ネギ、タマネギ、ダイコンなどは覆土の量を多くする。
施肥	・ボカシ肥や発酵肥料などを作物にあわせて追肥として、株元ではなく、根が伸びる先に土に混ぜながら施す。 ・葉の色が薄くなっている場合には、窒素肥料が不足していると思われるので、追肥する。 ・根が弱っている時、植付け直後や発芽初期、根腐れしている時などの場合追肥は施さない。
マルチング	・強い雨が直接土壌にあたると土壌の団粒構造が壊されるのを防止したり、乾燥防止、保温、土壌微生物や小生物の紫外線からの保護するために、ワラなどを使用してマルチングする。 ・マルチング材にはビニールマルチや紙マルチ、ワラなどのマルチング材があるが、ビニールマルチは廃棄の際に問題となる。マルチングには、ワラのほか、病気のない野菜の残渣、除草した雑草などの使用が望ましい。
除草	・雑草が生えるまえに野菜を大きくするか、密に植えて雑草の繁殖を防止する。 ・マルチング材の敷設で雑草の繁殖を防止する。 ・大変であるが、運動と思いこまめに小さい時に手や草刈鎌などで取ることが大事である。
病虫害防除・鳥害防除	・連作をせずに栽培適期の輪作とするとともに、多品目・混植栽培として防止する。 ・ハーブ類を混植栽培すると害虫や鳥の害が少なくなる。 ・物理的に被害部分を除去するほか、自然農薬を使用して予防する。 ・寒冷紗や鳥よけネットで害虫や鳥の害を防ぐ。

市民農園　　　カモマイルとネギ　　　寒冷紗

参考図書　「新ぐうたら農法のすすめ 省エネ有機農業実践論」西村和雄著・桜桃書房発売／「図解 家庭菜園ビックリ教室」井原豊著・農文協／「図解家庭園芸 用土と肥料の選び方・使い方」加藤哲郎著・農文協／「図解 60歳からの小力野菜つくり」水口文夫著・農文協／「誰でもできる野菜の自然流栽培」古賀綱行著・農文協

M8　野菜栽培とコンパニオンプランツ

6）コンパニオンプランツ

自然界では単一植物で覆われていることはなく、いろいろな動植物や微生物などが共生して、病虫害などによる壊滅的な破壊をまぬがれている。コンパニオンプランツとは、植物同士の助け合い、虫の嫌う性質やアレロパシーなどの他感作用による助け合いによる相性のよい共栄作物のことをいう。

[表4] コンパニオンプランツ

相互の生育が よくなる作物	ゴボウ	ホウレンソウ	
	レタス	ニンジン	
	トマト	パセリ、バジル、レモンバーム	
	ムギ	ウリ科、ナス科、サツマイモ	
	カモマイル、ディル	キャベツ、タマネギ	
	キュウリ（混作）	ショウガ、ミツバ	株元の半日陰地
病虫害を予防 または駆除	ネギ、ニラ、ニンニク（混作）	スイカ、メロン、カボチャ、キュウリ、トマト、ナス、ホウレンソウ、イチゴ	臭いによる土壌障害、防虫効果
	セロリ（混作）	トマト、キャベツ、ハクサイ	モンシロチョウの予防
	マリーゴールド（間作）	ナス、ウリ、葉菜類	臭いが線虫害に効果
	トマト、トウガラシ（間作）	キャベツ、ハクサイ	モンシロチョウの予防
	インゲン（間作）	トウモロコシ、ジャガイモ	虫がつかなくなる
	ラディシュ（混作）	ウリ科	臭いでウリハムシを予防
	ローズマリー（混作）	インゲンマメ、エンドウ、ニンジン	害虫を防除
	ミント類（混作）	キャベツ	害虫を防除

[表5] 相性の悪い作物の組合せ

- ネギはマメ類の生育を阻害する。
- ホウレンソウの後のキュウリは生育が悪い。
- ジャガイモの後のエンドウ、ショウガは生育が悪い。
- エンドウの後のホウレンソウは立ち枯れ病が出る
- ナスやオクラの後のゴボウは枝根が多い。

ドイツの家庭菜園

屋上の菜園

参考図書　「図解 家庭菜園ビックリ教室」井原豊著・農文協／「新版 農薬を使わないミニミニ菜園」湯浅浩史著・健友館／「絵とき 金子さんちの有機家庭菜園」金子美登著・家の光協会／「自然農法を始めました」村田知章著・東京書籍／ホンダのホームページ／「有機農業ハンドブック」日本有機農業研究会編・農文協

M9　土壌の酸性度と植物

1）土壌の酸性度と植物

一般の植物の生育に向くpH値は5.5～6.5である。一方、一般的にハーブ栽培に適した土壌は、排水性がよく、pH7～8の中性からややアルカリの土壌が適する。また、雨の多い日本の森林土壌では土壌の塩基が流されて酸性になりやすく、多くのpH値は4.5～5.5と酸性土壌である。
一般的なハーブを栽培するためには、初年度では苦土石灰や炭酸カルシウムなどの石灰資材を施して中和する必要がある。次年度以降はpH測定などをして施す必要があるかどうか、植えたハーブまたは植えようとするハーブの特性によって決める。また、ブルーベリーはアルカリ土壌では育たないのでハーブとは一緒に植えられない。

[表1] 土壌の酸性度と主な植物

酸性土壌	草花・ハーブ類	ラン
	果樹	ブルーベリー（4～5）、チャ（4.5～6.5）
	造園樹木	ツツジ（4.5～5）、シャクナゲ（4.5～6）、シラカバ（（4.5～6）
やや酸性土壌	野菜・穀物類	水稲（5～6.5）、ジャガイモ（5～6.5）、アズキ（6～6.5）、ラッカセイ（5.3～6.6）、インゲン（5.5～6.7）、ソバ（5～7）、カブ（5.5～6.5）、ハクサイ（6～6.5）、カボチャ（5.5～6.5）スイカ（5.5～6.5）、ナス（6～6.5）
	草花・ハーブ類	キキョウ、キンケイギク、コスモス、マリーゴールド
	果樹	イチゴ、クワ、リンゴ、オウトウ、クリ、モモ（5～6）、ミカン（5～6）
	造園樹木	アジサイ、エリカ、カルミア、ツガ、ツバキ、ボケ、一般的な緑化樹木
中性土壌	野菜・穀物類	コムギ（6～7.5）、トウモロコシ（5.5～7.5）、サトウキビ（6～8）、ダイズ（5.5～7）、カリフラワー（5.5～7）、タマネギ（5.5～7）、ニンジン（5.5～7）、トマト（6～7）、キュウリ（5.5～7）、エンドウ（6～7.5）、ダイコン（6～7.5）、ホウレンソウ（6～7.5）、キャベツ（6～7）、エンドウ、ソラマメ、セロリ、パセリ
	草花・ハーブ類	アリッサム、アイリス、アスター、オダマキ、カーネーション、カンナ、キク、キンギョソウ、クロッカス、クレマチス、グラジオラス、クローバー、コスモス、シクラメン、シャクヤク、スイセン、スミレ、セントポーリア、ダリア、タンポポ、チューリップ、テッポウユリ、パンジー、ヒマワリ、ヒヤシンス、ヒャクニチソウ、フリージア、ベゴニア、マリーゴールド
	果樹	ブドウ（6.5～7.5）、アンズ（6～7）、日本ナシ（6～7）、カキ（6～7）
	造園樹木	イチイ、サザンカ、ツバキ、ツゲ、サンゴジュ、ヒマラヤスギ、ヤマモモ、カイズカイブキ、オリーブ、コノテガシワ、カエデ類、サクラ類、ムクゲ、ライラック
ややアルカリ土壌	野菜・穀物類	オオムギ（6.5～8）、アスパラガス（6～8）、テンサイ（6.5～8）、ネギ、レタス、トウガラシ
	草花・ハーブ類	一般的なハーブ類、アサガオ、キンセンカ、ケシ、サボテン類、ジャーマンアイリス、スイトピー、ゼラニウム、ナデシコ、プリムラ、ペチュニア、ラナンキュラス

[表2] 石灰資材（石灰肥料）と酸性に弱い作物へ施す1回の量*

種類	アルカリ分	施肥量の目安	特徴
生石灰	80%以上	120～180g/㎡	反応が強く障害が起きやすい。2週間あけて植え付けする。堆肥やアンモニア系の肥料と一緒に施さない。やり過ぎに注意する。
消石灰	60%以上	150～220g/㎡	
炭酸カルシウム	53%以上	200～300g/㎡	消石灰のような障害は起こさず、じっくりと効く。カルシウムの供給。
苦土石灰	53%以上	200～300g/㎡	マグネシウムを供給する。じっくりと効く。
カキガラ	40%	240～360g/㎡	緩やかで障害が置きにくく、微生物に対して影響が少ない。

注）草花や花木の場合の炭酸カルシウムまたは苦土石灰の施肥量の目安は、ややアルカリ土壌を好む場合には200g／㎡前後、中性土壌を好む場合には、100g／㎡前後。また、砂質土壌では黒ボク土より少なく施す。

*引用文献　「図解家庭園芸 用土と肥料の選び方・使い方」加藤哲郎著・農文協より加筆して引用
参考図書　土壌肥料用語辞典」藤原俊六郎・安西徹郎・小川吉雄・加藤哲郎編・農文協／「土壌診断の方法と活用」藤原俊六郎・安西徹郎・加藤哲郎著、農文協、／「図解家庭園芸 用土と肥料の選び方・使い方」加藤哲郎著・農文協

N1　エコグリーン・コミュニティパーク

鹿島建設において、阪神大震災後に提案した「エコグリーン・コミュニティパーク（地域のコミュニティの核となる環境共生型防災緑地）」から一部加筆引用して、環境に配慮した計画を紹介したい。

1) 環境共生型のコミュニティづくりにむけて

地球の温暖化や酸性雨などの地球環境問題、エネルギー問題や都市の深刻な水不足などの資源の枯渇、水質の悪化、膨大なゴミ発生に対する処理問題と有効な資源としてのリサイクル、居住環境の快適性や自然との共生など、様々な環境問題を解消するための具体的な対応が迫られており、緑化の持つ役割が大きく見直されている。また一方において、都市防災における緑化の重要性は、地形・地質の不安定な空間を緑地化して、自然災害の防災、火災延焼防止、瓦礫倒壊防止のほか、大震災時の避難場所など公共公益的な機能としても有効であり、被災地の生存基盤の確保、普及の基となることは、これまでの長い歴史の中で十分知られている。

大震災の教訓から、近年都市緑地はややもすれば景観、快適性の向上、環境保全機能の強化に重点がおかれがちであった。しかしながら、循環型社会の構築に向けて、これからの都市緑地はビオトープの創出をはじめとした自然との共生、都市居住環境の向上のほか、防災機能の基盤、下水処理場などの地下型生活環境公益基盤、水の再生・循環利用の場を包括した立体的な緑化基盤の造成が求められる。さらにはこれらすべての環境諸問題に対する市民の教育・啓蒙の場の役割をもつ、集約的な総合的な緑化基盤を構築することが環境共生型都市機能の基本となる。

2) エコグリーン・コミュニティパークの概要

地域と自然と人々が協調して生きてゆく社会。すなわち、地域に密着した環境と共生するライフスタイルの実践が、将来に向けて持続的に豊かな社会と地球環境を保持してゆくための新しい方向性であると我々は考える。

「エコグリーン・コミュニティパーク」は、景観やアメニティの向上、ビオトープなどの生物生息空間の形成、大気や水、土などの環境保全、雨水や中水の有効利用、生ゴミのコンポスト化などの資源の循環、自然エネルギーの利用、環境教育やコミュニティ活動の場の形成、緑あふれる癒しの場、避難緑地などの防災機能等の施設や機能を有した地域のコミュニティの核となる環境共生型の防災緑地。

環境教育	・子供たちの屋外授業、課外活動のフィールド、家族や地域団体の自然体験を通じたコミュニケーションの場としての活用。 ・自然のしくみや生活との関わり方を身近な実体験を通して学べる活動メニューの充実。 ・学校教師、熟年経験者などの地域のリーダーが地域コミュニティ活動の一環として指導的立場で参加
高齢化対応	・シルバー人材を活用した環境教育指導、施設及び緑地の管理運営の導入。 ・高齢者の地域コミュニティ活動への参加による世代間交流、生きがいの実現。
住民参加	・住民が日常生活の延長線上での自由に利用、参加しながら自らで維持管理してゆく生活利便施設の提供。 ・地域住民の自然の営みと協調した生活関連活動が地域や自然との愛着を育む。
防災対応	・空間の有効利用による地域防災のためのスペース確保。 ・日常的施設や空間の複合利用による非常時の用途への転化 ・非常時利用の運用体制の準備と安全の確保。
行政支援	・施設整備財源の予算措置、用地及び関連機関との調整手続き等。 ・事業推進及び管理運営のシステム構築及び支援。 ・リーダーの育成、住民への普及、啓蒙等。

N1　エコグリーン・コミュニティパーク

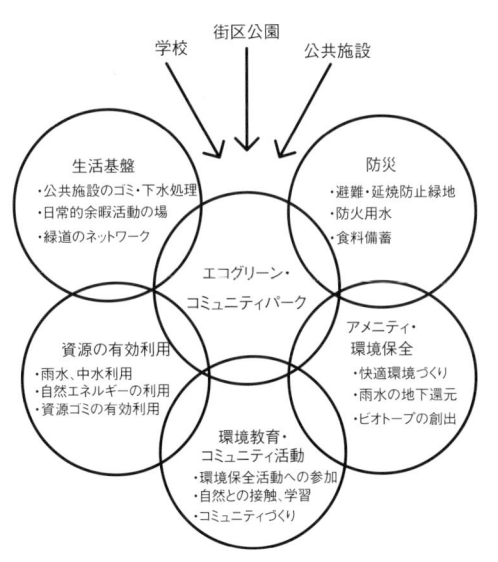

図1　エコグリーン・コミュニティパークの概念模式図

ビオトープのイメージ

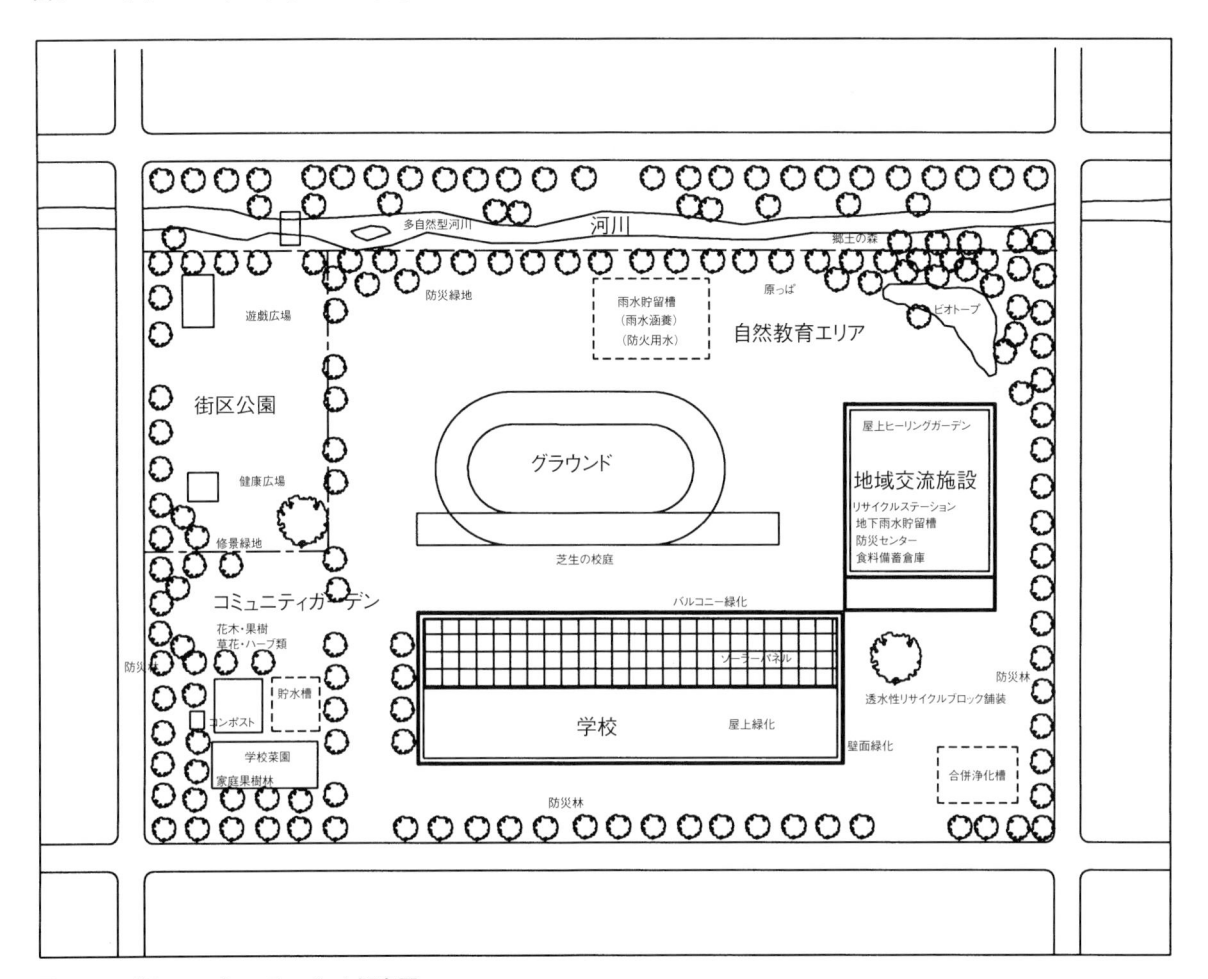

図2　エコグリーン・コミュニティパーク概念図

N2　ヒーリング・エコファーム

1）ヒーリング・エコファームの提案

地球規模の人口増加に伴う食料不足の不安と求められる自給率の向上、日本農業従事者の高齢化と過疎化と対策への課題、農業による環境汚染の問題と求められる環境保全型農業への移行、全国的な失業率問題と雇用の確保、高齢化に伴う医療費の増大に対する求められる予防医療など農村と都市では多くの社会問題が生じている。

地域の活性化と中高年の雇用の確保、医療費の削減、環境改善などが図れる対策の一例として、「ヒーリング・エコファーム」（農業施設とケア施設を融合した地域のコミュニティの核となる環境保全型農地）を提案したい。

[表1] 深刻な環境問題、高齢化社会への対応、リストラ、生きがい感の喪失

- 山の荒廃、里山の喪失と身近な生物の多様性の喪失、生態系への悪影響。
- 農薬や化学肥料の多用による健康被害と動植物の絶滅。
- 過疎化、高齢化による農地の荒廃。
- 地球規模での人口増加に伴う食料不足と日本の食料自給率の低下。
- 小子高齢化に伴う介護の問題と寝たきり老人の増加。
- リストラ、IT革命による失業者の増加。
- ストレス社会による精神障害、健康被害。
- 人や自然との関わり欠如による生きがい感の喪失、孤独、憂鬱感の増大。

[表2] 農業、環境、福祉、教育問題への関心と取り組み

- 新農業基本法の成立、農業への自由な参画への道が開ける。
- 環境保全型農業の推進、脱石油、自給率の向上、少量多品目栽培の奨励。
- 「定年帰農」、60歳以上の新規就農者の急増。
- 里山、雑木林の保全、ビオトープ（トンボ池等）の保全と創出。
- 地域の福祉、介護の場所としての農業の見直し、雇用の場、村おこし。
- 園芸療法への関心、アグリセラピーの模索。
- 農業や園芸を介在とした人と人とのコミュニティの形成。
- 環境教育、生涯学習の場、生きがい感の創出の場。
- 遊休地、荒廃地の有効活用。

2）ヒーリング・エコファームの概要

「ヒーリング・エコファーム」は、環境への配慮と自然と共生した、地域のコミュニティの核となる、農業・園芸施設と福祉施設、環境施設、教育施設の融合した施設。

- 福祉と農業を軸として、環境と教育問題を考慮した地域のコミュニティの核となる施設の整備（健常者のみならず、高齢者や障害者、心に傷を負った子供たちを受け入れる施設）。
- 簡易な宿泊施設を備えた、一般市民から高齢者、障害者、子供などが農作業や園芸作業、自然とのふれあいを楽しめる施設。
- 園芸セラピーとしての農作業を導入したケア施設の整備。
- 森林浴、薬湯療法、アロマセラピー、園芸療法、アニマルセラピー、乗馬セラピーなど癒しの場として整備。
- 自然との共生と環境に配慮した循環持続型の施設の整備（有機物のリサイクル、堆肥化、温泉などの廃熱を利用した温室、分別・リサイクル、地域の物の使用、ビオトープの創出等）。
- 自然に親しみ、物を作り、物を売り、人が集う施設で、健康で生きがいのある生活の実現。
- 自給率の向上を目指と環境保全を考慮し、周辺の農業施設の連携

参考図書　「スモール イズ ビューティフル」（人間中心の経済学）F・F・シューマッハー著、小島慶三・酒井懋訳・講談社学術文庫

N2 ヒーリング・エコファーム

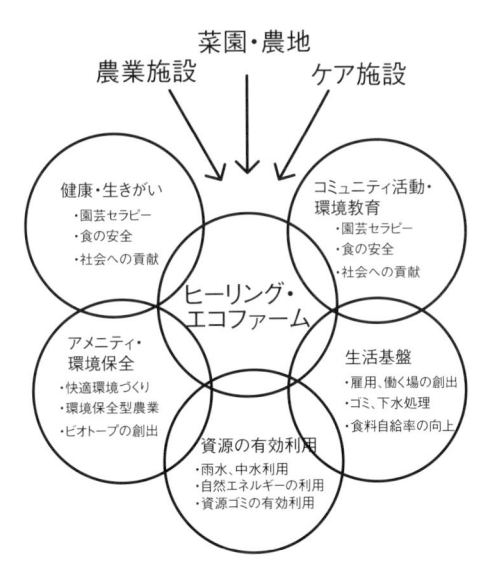

図1 ヒーリング・エコファーム概念模式図

ビオトープのイメージ

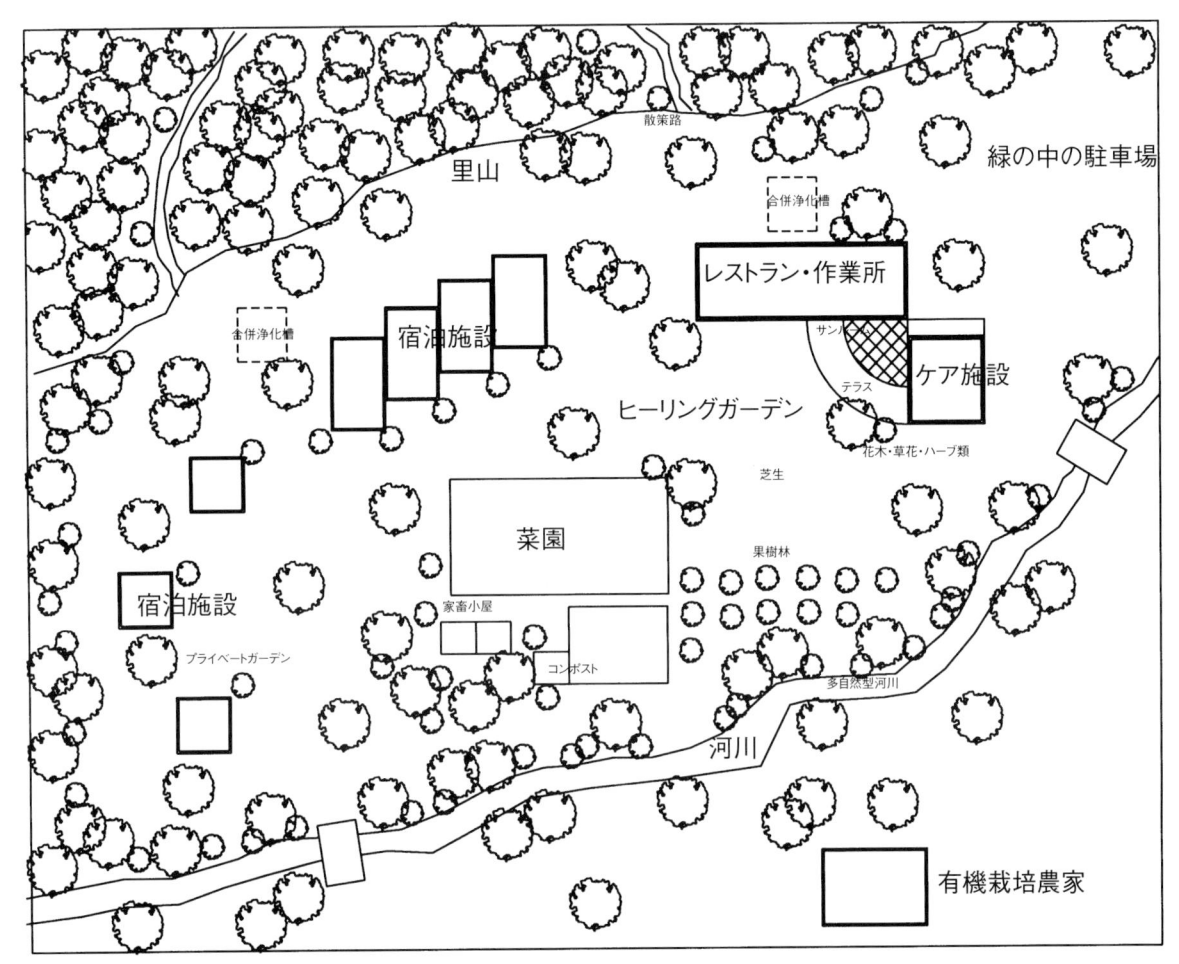

図2 ヒーリング・エコファーム概念図

01　植栽工事チェック項目

1）植栽基盤整備
a　植栽地の透水性及び土壌硬度、土壌酸度が植栽に適していることを確認する。
b　植栽地の透水性及び土壌硬度、土壌酸度が植栽に適していない場合には、植栽に適するように改善する。
c　工事中に土壌硬度、土壌酸度が植栽に適さないことのないようにする。
d　土壌硬度が硬い場合には、植え込み場所のみならず、周辺の土壌も耕うんする。深さは30cm以上とし、透水性によって深さは決定すること。
e　土壌調査をしてpHが8以上の場合にpH調整剤を使用し、堆肥などの有機物を混合させて土壌改良する。耕うんして物理性を良くするとともに、暗渠排水を敷設する。
f　地下水位が高い場所では、下層にパーライト等の排水層を設置するとともにパーライト入り通気管を敷設する。または暗渠排水を敷設する。
g　植栽基盤に浸透した雨水を排水するために、暗渠、開渠、縦穴排水等を設置する場合には、特記による。
h　植栽する樹木に適した有効土壌厚及びスペースを確保する。
i　建築物及び構造物の基礎の関連が調整されている。
j　設備の配管・配線、桝の位置など設備との関連が調整されていること。
k　植栽地はガラや小石、ごみなどのきょう雑物を含まないこと。

2）植栽用土壌
a　植栽用の土壌は、客土または現場発生良質土とする。
b　客土は植物の生育に適した土壌で、小石、ごみ、雑草などのきょう雑物を含まない良質土とする。
c　現場発生土を使用する場合には土壌検査を行い、植物の生育に適した土壌を使用する。検査結果により、土壌改良する必要が生じた場合には土壌改良すること。
d　黒ボク土または赤土を使用する場合には、雨天での造成はせず、重機でのこねかえしをしないように注意する。また、透水性・通気性を改善して、リン酸肥料を多く含む肥料や有機物を投入する。
e　マサ土を使用する場合には、真珠岩パーライトと完熟堆肥等を投入（20%前後）して保水性を向上させ、肥料（発酵鶏糞等）を混入して保肥力を高める。また、必要に応じて、団結した土壌を耕うんし、排水層と暗渠排水の設置して排水性を高め、土壌硬化防止のためにマルチングを施す。
f　有効土層厚が十分確保できない場合や、植栽不適期の夏季に植栽を行わなければならないような場合には、樹木の活着のために真珠岩系パーライトを主成分とした人工軽量土壌の使用も検討する。
g　土壌改良材は特記による。特記がなければ、有害なものが混入していない完熟堆肥または発酵下水汚泥コンポストとし、植栽基盤の面積1㎡当りの使用量は、バーク堆肥の場合は50リットル、発酵下水汚泥コンポストの場合は10リットルとする。なお、土壌改良材を適用する場合には、土壌との適合性を証明する資料を監督員に提出する。

3）樹木の保存・移植
a　既存樹木存在する場合には、樹木調査を行い出来るだけ保存または移植を検討する。
b　保存対象樹木は工事で、枝や幹、根に損傷を与えないようにする。
c　支持根を切断しなければならない場合には、樹木が倒れないように支柱を設置する。
d　保存樹木部分を盛土しなければならない場合には通気管の敷設するなど措置をする。特記による。
e　移植対象樹木は事前に根回しを行い、強剪定をせず、樹木が活着するように注意する。
f　移植に使用する客土は、客土は植物の生育に適した土壌を使用する。
g　移植時期は出来るだけ適期に行う。

01 植栽工事チェック項目

4）植物材料
a 植物材料は病虫害のない健全に育成しているものとする。マット栽培品は雑草の生えていないものとする。
b 樹種・形状寸法は特記による。変更しなければならない場合には監督員と協議し、承認を得ること。
c グランドカバープランツのコンテナ栽培品の場合、鉢の径のみならず、高さや葉張りが十分なものとする。
d 使用する樹木は現物の写真を提出する。メインの樹木や重要な樹木・植物は材料検査を行う。

5）樹木支柱
a 支柱は特記がない場合には、樹木の形状と配植に応じた適切な支柱を施す。景観にも注意する。
b ワイヤー掛の場合、歩行者の安全面に注意する。
c 地下支柱を使用する場合には、強度に適合したものを使用する。

6）配植
a 植栽の施工図を作成する。
b 樹木の配植は施工図によるが、最終的には植栽現場で全体の調和や周辺の状況を考慮して位置を決める。
c シンボルツリー等メインの樹木の位置決めは必要に応じて、関係者の立会いを行う。

7）養生
a 植栽後、引渡しまでは速やかに活着するように定期的に潅水などの養生を行う。
b 太い枝や根を剪定した場合には、傷口に殺菌剤や癒合剤を塗布する。
c 芝生は目土をかける。冬季に芝生を張らなければならない場合には保温のために目土を厚めにかける。
d 冬季に常緑樹を植えなければならない場合には、寒冷紗などで養生する。
e 夏季に樹木を植えなければならない場合には、必要以上に強剪定をせず、蒸散防止剤を散布し、葉を手でしごき落とす。

8）屋上緑化の施工
a 施工計画をたて、荷揚げ計画に基づく資材を搬入し、段取りよく施工する。設備関連の工事を先行する。
b 土壌目減りを考慮して土壌を購入する。
c 防水層を保護・養生する。パラペットなどの防水層の立ち上がりに注意しながら土壌を敷設する。
d 防風ネットなどの設置するなど施工中の風対策をする。
e 植栽基盤施工途中ではブルーシートなどで覆うなど施工中の土壌飛散防止を図る。
f パーライトや軽量土壌をできるだけ踏み固めないように施工する。
g 植栽後、潅水は十分に行う。特に軽量土壌使用の場合は余剰水が流れ出すのを確認する。
h 潅水設備の運転試験、ルーフドレイン等の清掃等。その他、一般の造園工事に順ずる。

8）枯補償・枯損処置
a 新植樹木の枯補償の期間は特記による。特記がなければ、引渡しの日から1年とする。
b aの期間内に樹木が枯死または枝損傷及び樹形が不良などになった場合は、同等のものを再植樹するとともに、取り除いた樹木の処分を行う。ただし、天災その他やむを得ないと認められる場合を除く。
c 移植樹木の枯損処置を行う期間は特記による。特記がなければ、引渡しの日から1年とする。
d cの期間内に樹木が枯死した場合は、直ちに伐採及び伐根を行い、良質土で埋め戻し整地する。

02 樹木の形状寸法表

1）形状寸法表の使用上の留意点

形状寸法及び参考単価は、「建設物価」「積算資料」「積算ポケット手帳　外廻り工事編」（建築資料研究社）などを参考として作成。表以外にも大きいものや太いものもあるので、造園施工会社などから情報を得るようにすることが大事である。

下表の参考単価は材料のみの単価で、植付けや枯れ保障、客土、支柱、軽費などは含まない設計参考価格。価格は流行や生産状況で変動し、地域によっても異なるので注意する。また、同じ形状寸法のものでも、形や枝ぶりなどの違いで価格が変わる。

材工共の価格は、一般的に、高中木類で参考単価の1.2～1.5倍、低木類やグランドカバープランツ類では1.5～2.0倍の価格となる。

2）樹木の形状寸法表

名称	高さ(m)	目通り(m)	葉張り(m)	参考単価(千円)
針葉樹・中高木				
アカマツ	2	—	0.6	5
	2.5	0.15	1.2	15
	3	0.18	1.5	21
	3.5	0.21	1.8	25
	4	0.25	2	55
	5	0.4	2.5	150
	4	仕立物	—	600
イタリアサイプレス	1.2	—	—	5
	1.5	—	—	9
	1.8	—	—	13
イチイ(オンコ)	1.2	—	0.4	4
	1.5	—	0.5	7
	1.8	—	0.6	13
	2	—	0.7	18
イヌマキ	1.5	—	0.3	3
	1.8	—	0.4	4
	2	—	0.5	5
	2.5	0.12	0.6	13
	3	0.15	0.7	20
ウラジロモミ	2	—	0.6	10
	2.5	—	0.8	16
	3	0.15	1	25
	3.5	0.21	1.2	42
エレガンティシマ	1.2	—	—	5
	1.5	—	—	7
	2	—	—	15
オウゴンコノテガシワ	0.5	—	—	1
	1	—	—	33
カイズカイブキ	1.5	—	0.2	3
	1.8	—	0.3	4
	2	—	0.3	5
	2.5	—	0.4	10
	3	—	0.5	20
	3.5	—	0.7	35
カヤ	1.5	—	0.3	4
	2	—	0.4	6
	2.5	—	0.5	12
キタヤマダイスギ	3.5	仕立物	—	300
	4	仕立物	—	400

名称	高さ(m)	目通り(m)	葉張り(m)	単価(千円)
グリーンコーン	1.2	—	—	5
	1.5	—	—	7
	2	—	—	15
クロマツ	1.5	—	0.4	3
	2	—	0.6	5
	2.5	0.12	1	1
	3	0.18	1.2	2
	3.5	0.25	1.8	35
	4	0.3	2	5
コウヤマキ	1.5	—	0.3	2
	2	—	0.5	35
	2.5	—	0.6	65
	3	—	0.8	9
ゴヨウマツ	1.5	仕立物	—	120
	1.8	仕立物	—	180
	2	仕立物	—	200
ゴールドクレスト	1	—	—	4
	1.2	—	—	7
	1.5	—	—	13
	1.8	—	—	18
	2	—	—	28
サワラ	2	—	0.4	4
	2.5	—	0.6	6
	3	—	0.7	10
	3.5	—	0.7	20
	4	—	0.8	35
スギ	1	—	0.2	2
	2	—	0.4	4
	3	—	0.6	8
	4	—	0.8	18
センペルセコイア	3	0.12	1	75
	3.5	0.15	1.2	130
	4	0.21	1.5	190
タギョウショウ	1.5	—	—	12
チャボヒバ	1.5	—	0.3	4
	1.8	—	0.3	7
	2	—	0.4	9
	2.5	—	0.5	14
	4	—	0.8	55

02 樹木の形状寸法表

名称	高さ(m)	目通り(m)	葉張り(m)	単価(千円)
ドイツトウヒ	3	0.12	1	20
	4	0.21	1.5	55
	5	0.3	2	120
	6	0.4	2.5	200
	7	0.5	2.5	330
ニオイヒバ	1.5	—	0.4	6.5
	1.8	—	0.5	9
	2	—	0.6	14
	2.5	—	0.7	20
	3	—	0.8	30
ニッコウヒバ	1.2	—	0.2	1.4
	1.5	—	0.3	2.5
	1.8	—	0.3	4.8
	2	—	0.4	6.5
	2.5	—	0.5	8
ヒノキ	1	—	0.2	1.2
	1.2	—	0.2	1.6
	1.5	—	0.3	2
	1.8	—	0.4	3.3
	2	—	0.4	4
	2.5	—	0.6	6.6
	3	—	0.7	12
ヒマラヤスギ	3	0.15	1.2	19
	3.5	0.18	1.5	25
	4	0.21	1.8	35
	4.5	0.25	1.8	55
	5.5	0.3	2	100
	6	0.4	2.5	170
	6	0.5	3	250
メタセコイア(アケボノスギ)	3	0.12	1	11
	3.5	0.15	1.2	15
	4	0.18	1.2	25
	4.5	0.21	1.5	30
	5	0.25	1.8	43
	5	0.3	2	60
	6	0.4	2.5	120
	7	0.5	3	160
	8	0.6	3	250
	9	0.8	4	500
	11	1	4.5	860
ヨーロッパゴールド	1.2	—	—	7
	1.5	—	—	10
	2	—	—	23
ラカンマキ	1.8	—	0.4	10
	2	—	0.5	18
	3	—	0.9	45
ラクウショウ	3	0.15	0.9	20
	3.5	0.21	1.2	34
	4	0.25	1.5	65
	4.5	0.3	1.5	80
	5	0.4	1.8	150
レイランディ	2	—	—	10
	2.5	—	—	18
	3	—	—	27
	3.5	—	—	45

名称	高さ(m)	目通り(m)	葉張り(m)	参考単価(千円)
常緑広葉樹・中高木				
アラカシ	0.8	—	0.2	0.9
	1	—	0.2	1
	1.2	—	0.3	1.5
	1.5	—	0.3	2.5
	1.8	—	0.4	3.5
	2	—	0.5	4
	2.5	—	0.7	7
	3	0.12	0.8	12.5
	3.5	0.15	0.8	16
	3.5	0.18	1	25
	4	0.21	1	35
	4.5	0.25	1.2	52
	5	0.3	1.5	75
	3	株立ち	—	25
	3.5	株立ち	—	35
	4	株立ち	—	110
イヌツゲ	1	—	0.4	1.5
	1.2	—	0.5	2
	1.5	—	0.6	3
	2	—	0.7	7
	2.5	—	1	15
	2.5	仕立物		100
	3	仕立物		200
ウバメガシ	1.2	—	0.3	1.5
	1.5	—	0.4	3
	1.8	—	0.5	4
	2	—	0.6	6
	2.5	—	0.8	10
	3	0.15	1	20
オガタマノキ	1.5	—	0.4	1
	1.8	—	0.6	16
	2	—	0.8	20
	3	0.15	1	40
オリーブ	1		0.2	7
	1.5		0.4	12
	2		0.7	30
	2.5		0.8	70
カクレミノ	1.5	—	0.5	4
	2	—	0.6	6
	2.5	—	0.7	1
	3	—	0.8	15
カナメモチ	1.5	—	0.4	4
	1.8	—	0.5	6
	2	—	0.6	15
	2.5	—	0.8	24
キンモクセイ	1.2	—	0.3	2
	1.5	—	0.4	3.5
	1.8	—	0.5	5
	2	—	0.6	8
	2.5	—	0.8	18
	3	—	1	30
	3	—	1.5	55
	3.5	—	2	85
	4	—	2.5	150

02 樹木の形状寸法表

名称	高さ(m)	目通り(m)	葉張り(m)	参考単価(千円)	名称	高さ(m)	目通り(m)	葉張り(m)	参考単価(千円)
クスノキ	1	—	0.2	1	シラカシ	1	—	0.2	1
	1.5	—	0.3	2.5		1.2	—	0.2	1.5
	2	—	0.5	5		1.5	—	0.3	2.5
	2.5	—	0.6	8		1.8	—	0.4	3
	3	0.15	0.8	15		2	—	0.5	4
	3.5	0.18	0.8	22		2.5	—	0.6	7
	3.5	0.21	1	30		3	0.12	0.7	10
	4	0.25	1.2	40		3	0.15	0.8	15
	4	0.3	1.5	60		3.5	0.18	1	21
	4	0.4	1.8	110		4	0.21	1.2	30
	5	0.5	1.8	200		4.5	0.25	1.2	45
	5	0.6	2	240		5	0.3	1.5	65
	6	0.7	2.5	380		5	0.4	1.8	110
	7	0.8	3	500		5.5	0.5	1.8	230
	7	0.9	3	600		6	0.6	2	300
	8	1	3.5	750		6.5	0.7	2.5	450
	10	1.2	4	1200		7.5	0.8	3	650
	11	1.5	4	2000		8	0.9	3.5	900
クロガネモチ	1	—	0.2	1.5		8.5	1	4	1200
	1.5	—	0.3	3		3	株立ち		40
	2	—	0.6	5		4	株立ち		80
	2.5	—	0.7	1		5	株立ち		160
	3	0.12	0.7	15	スダジイ	1	—	0.2	1
	3	0.15	0.8	18		1.5	—	0.3	3
	3	0.18	1	25		2	—	0.4	4
	3.5	0.21	1	35		2.5	—	0.5	6
	4	0.25	1.2	50		3	0.12	0.7	10
	4	0.3	1.5	70		3.5	0.18	1	22
	4.5	0.4	1.8	140		4	0.21	1.2	30
	5	0.5	1.8	250		4.5	0.25	1.2	40
	6	0.6	2	350		5	0.3	1.5	60
	6	0.7	2	600		5	0.4	1.8	120
	6.5	0.8	2.5	800	ソヨゴ	1.5	—	0.4	5
ゲッケイジュ	1	—	—	1.5		2	—	0.6	8
	1.5	—	0.2	4.5		2.5	—	0.7	16
	2	—	0.3	7		2.5	—	0.8	18
	2.5	—	0.5	10		3	0.12	1	28
サカキ	0.5	—	—	1		2.5	株立ち		30
	1.5	—	0.4	4		3	株立ち		60
	2	—	0.6	8		3.5	株立ち		85
サザンカ	1	—	0.2	1.5	タイサンボク	2	—	0.6	7
	1.2	—	0.2	2		2.5	—	0.8	12
	1.5	—	0.3	3		3	0.12	1	25
	1.8	—	0.4	4		3.5	0.15	1	35
	2	—	0.5	7		4	0.21	1.2	55
	2.5	—	0.7	13	タブノキ	1	—	0.2	1
サンゴジュ	1.5	—	0.4	3		1.5	—	0.3	2.5
	1.8	—	0.5	4		1.8	—	0.4	3
	2	—	0.6	6		2	—	0.5	5
	2.5	—	0.8	10		2.5	—	0.5	8
シマトネリコ	2.5	0.1	0.6	1		3	0.15	0.8	17
	3	0.12	0.8	15		3	0.18	1	24
	3.5	0.15	1	28		3.5	0.21	1	30
	4	0.21	1.5	40		4	0.25	1.2	45
	4.5	0.25	1.8	55		4	0.3	1.5	70
						4.5	0.4	1.5	130
						5	0.5	1.5	210
						6	0.6	2	280
						6.5	0.7	2.5	420
						7	0.8	2.5	600

02 樹木の形状寸法表

名称	高さ(m)	目通り(m)	葉張り(m)	参考単価(千円)
トウネズミモチ	1	—	0.2	0.8
	1.2	—	0.3	1.2
	1.5	—	0.5	2
	1.8	—	0.6	3
	2	—	0.7	4
	2.5	—	0.8	8
トキワマンサク(白)	1	—	0.2	2
	1.5	—	0.3	4
	2	—	0.4	8
ネズミモチ	1	—	0.2	1
	1.2	—	0.3	1.5
	1.5	—	0.4	2
	1.8	—	0.5	3
	2	—	0.6	4
ヒイラギ	1	—	0.2	1.5
	1.2	—	0.3	2
	1.5	—	0.4	3
	1.8	—	0.5	6
	2	—	0.6	8
ヒイラギモクセイ	1.2	—	0.4	2
	1.5	—	0.5	3
	1.8	—	0.6	4
	2	—	0.7	7
	2.5	—	0.8	15
フサアカシア	2.5	—	—	9
	3	—	—	16
	3.5	—	—	25
ベニカナメモチ	1.2	—	0.3	1.5
	1.5	—	0.4	3
	1.8	—	0.4	4.5
ホルトノキ	2.5	—	0.5	7
	3	0.15	0.8	17
	3.5	0.21	1	30
マサキ	1	—	0.2	1
	1.2	—	0.3	1.5
	1.5	—	0.4	2.5
	1.8	—	0.5	3.5
マテバシイ	1	—	0.2	1
	2	—	0.4	4
	3	0.12	0.8	11
	3.5	0.15	1	16
	4	0.21	1.2	30
	4.5	0.25	1.5	40
	5	0.3	1.5	62
	5	0.4	1.8	120
	5.5	0.5	2	220
	6	0.6	2.5	300
	3.5	株立ち		60
	4	株立ち		100
	4.5	株立ち		200
モチノキ	1	—	—	2
	2	—	0.5	6
	2.5	—	0.7	10
	3	0.15	0.8	20
	3.5	0.21	1.2	40
	4.5	0.3	1.5	100
	5	0.4	1.8	170
	5.5	0.5	2	300
	6	0.6	2.5	450

名称	高さ(m)	目通り(m)	葉張り(m)	参考単価(千円)
モッコク	1.2	—	0.3	4
	1.5	—	0.4	5
	1.8	—	0.5	7
	2	—	0.6	1
	2.5	—	0.8	2
	3	—	1	36
	3.5	0.21	1.2	60
	4	0.25	1.5	80
	4.5	0.3	1.8	130
ヤブツバキ	0.8	—	0.2	1
	1	—	0.2	2
	1.2	—	0.3	3.5
	1.5	—	0.4	5
	1.8	—	0.5	8
	2	—	0.6	11
	2.5	—	0.8	2
	3	—	0.9	35
	3.5	—	1.2	65
	4.5	—	1.5	120
ヤマモモ	1	—	0.2	1
	1.5	—	0.3	3
	2	—	0.5	6
	2.5	0.12	0.6	15
	3	0.15	0.8	25
	3	0.18	0.8	30
	3.5	0.25	1	50
	3.5	0.3	1.2	70
	4	0.35	1.2	90
	4	0.4	1.2	135
	5	0.5	1.5	220
	5	0.6	2	330
	5.5	0.7	2	450
	6	0.8	2.5	800
	3.5	株立ち		160
	4	株立ち		400
	4.5	株立ち		700
ユズリハ	1.5	—	0.6	4
	2	—	0.8	8
	2.5	0.12	1	15
	3	0.15	1.2	21
ユーカリ類	0.5	—	—	0.6
レッドロビン (セイヨウベニカネメモチ)	1	—	0.2	1.5
	1.2	—	0.3	2
	1.5	—	0.4	3.5
	1.8	—	0.4	4.5

02 樹木の形状寸法表

名称	高さ (m)	目通り (m)	葉張り (m)	参考単価 (千円)	名称	高さ (m)	目通り (m)	葉張り (m)	参考単価 (千円)
落葉広葉樹・中高木					ウメ(白)	2	0.1	1	6
アオギリ	3	0.12	0.6	15		2.5	0.15	1.2	12
	3.5	0.15	1	20		2.5	0.18	1.2	19
	4	0.2	1.2	35		3	0.21	1.2	24
	4.5	0.25	1.5	55		3.5	0.3	1.5	45
アカシデ	4.5	0.25	2	60		2.5	仕立物		80
	5	0.3	2.5	90		3	仕立物		
	4.5	株立ち		80	ウメ(紅)	2	0.1	1	8
アキニレ	3	0.12	1	11		2.5	0.15	1.2	15
	3.5	0.15	1	15		2.5	0.18	1.2	24
	3.5	0.18	1.2	20		3	0.21	1.2	30
	4	0.21	1.5	28		3.5	0.3	1.5	65
	4.5	0.25	1.8	45	ウメモドキ	1	−	0.4	1.8
	5	0.3	2	70	エゴノキ	1.5	−	−	1.6
	6	0.4	2.5	150		1.8	−	−	2.4
	7	0.5	3	260		2	−	0.4	4
イタヤカエデ	3	0.12	1	15		2.5	0.1	0.6	7
	3.5	0.15	1.2	22		3	0.12	0.8	10
	4	0.18	1.5	38		3.5	0.15	1.2	13
	4.5	0.21	1.8	45		4	0.21	1.5	27
イチョウ	3	0.12	0.8	10		4.5	0.25	2	50
	3	0.15	1	15		5	0.3	2.5	80
	3.5	0.18	1.2	21		3	株立ち		18
	4	0.21	1.5	26		3.5	株立ち		28
	4.5	0.25	1.8	40		4	株立ち		70
	5	0.3	1.8	55		5	株立ち		140
	5	0.35	2	60	エゴノキ(紅)	3	0.12	0.8	20
	6	0.4	2	120		3.5	0.15	1.2	28
	7	0.5	2.5	180		3.5	0.18	1.5	35
	7	0.6	3	300	エノキ	2.5	0.1	1	7
	8	0.7	3.5	420		3	0.12	1.2	12
	9	0.8	3.5	500		3.5	0.15	1.5	16
	10	1	4	900		4	0.21	1.5	30
イヌシデ	3	0.12	0.8	10		4	0.25	1.8	55
	3.5	0.15	1.2	15		4.5	0.3	2	80
	3.5	0.18	1.2	20		5.5	0.4	2.5	150
	4	0.21	1.5	25		6	0.5	3	250
	4.5	0.25	2	55		6.5	0.6	3	400
	5	0.3	2.5	85	エンジュ	2.5	0.1	0.8	6
	3	株立ち		20		3	0.12	1	10
	3.5	株立ち		30		3.5	0.15	1.2	15
	4	株立ち		40		3.5	0.18	1.5	20
	4.5	株立ち		85		4	0.21	1.5	30
イロハモミジ・ヤマモミジ	2.5	0.12	1	12	オオシマザクラ	2.5	0.1	0.8	5
	3	0.15	1.2	18		3	0.12	1	7
	3	0.18	1.5	26		3	0.15	1.2	10
	3.5	0.21	1.8	36		3.5	0.18	1.5	15
	4	0.25	2	55		4	0.21	1.5	23
	4.5	0.3	2	90		4.5	0.25	2	45
	5	0.4	2	180		4.5	0.3	2.5	65
	5	0.5	2.5	280		5	0.4	3	130
	6	0.6	3	450	カシワ	2.5	−	−	14
	2.5	株立ち		20		3	−	−	22
	3	株立ち		35					
	3.5	株立ち		60					

02 樹木の形状寸法表

名称	高さ(m)	目通り(m)	葉張り(m)	参考単価(千円)
カツラ	3	0.12	1	10
	3.5	0.15	1.2	14
	3.5	0.18	1.5	20
	4	0.21	1.5	28
	4.5	0.25	1.8	44
	5	0.3	2	65
	6	0.4	2.5	150
	7	0.5	2.5	250
	3.5	株立ち		38
	4.5	株立ち		80
カリン	2.5	0.1	0.6	10
	3	0.15	1	20
	4	0.21	1.2	50
	4.5	0.25	1.5	80
カロリナポプラ	3	0.12	0.8	7
	3.5	0.15	1.2	20
	4	0.18	1.2	30
	4.5	0.25	1.5	50
カンヒザクラ	2.5	0.1	0.8	10
	2.5	0.12	1	15
	3	0.15	1.2	18
	3	0.18	1.5	25
	3.5	0.21	1.8	34
クヌギ	2	—	0.4	4
	2.5	0.1	0.6	8
	3	0.12	0.8	10
	3.5	0.15	1.2	15
	4	0.21	1.5	28
ケヤキ	2	—	0.5	4
	3	0.1	1	7
	3.5	0.12	1	11
	4	0.15	1.2	16
	4.5	0.18	1.5	20
	5	0.21	1.5	30
	5	0.25	2	50
	6	0.3	2.5	70
	6	0.4	3	170
	6	0.45	3	220
	7	0.5	3.5	300
	7	0.6	4	400
	8	0.7	4	450
	9	0.8	4.5	700
	9	0.9	5	900
	10	1	5	1100
	12	1.2	6	1500
	14	1.5	8	2500
	3	株立ち		18
	3.5	株立ち		30
	4	株立ち		70
	5	株立ち		120
	6	株立ち		200
	8	株立ち		500
	10	株立ち		1200
ケヤキムサシノ	3.5	0.12	—	12
	4	0.15	—	19
	4.5	0.18	—	26
	5	0.21	—	32
	5.5	0.25	—	55
	6	0.3	—	70
コナラ	1	—	—	1
	1.5	—		1.8
	2	—	0.4	3.5
	2.5	0.1	0.6	7
	3	0.12	0.8	10
	3.5	0.15	1.2	14
	4	0.21	1.5	25
	4	0.25	1.8	45
	4.5	0.3	2	60
	3	株立ち		18
	3.5	株立ち		28
	4	株立ち		60
コブシ	2	—	0.4	4
	2.5	0.1	0.8	7
	3	0.12	1	9
	3	0.15	1.2	14
	3.5	0.18	1.2	20
	4	0.21	1.5	28
	4.5	0.25	1.5	48
	5	0.3	1.8	65
	6	0.4	2.5	150
	7	0.5	2.5	220
	7	0.6	3	360
	4	株立ち		100
	5	株立ち		180
サトザクラ・ヤエザクラ	3	0.12	0.8	7
	3.5	0.15	1	12
	3.5	0.18	1.2	18
	4	0.21	1.5	23
	4	0.25	1.8	40
	4.5	0.25	2	45
	4.5	0.3	2	75
サルスベリ	2.5	0.12	1	13
	3	0.15	1.2	20
	3	0.18	1.2	25
	3.5	0.21	1.5	33
	3.5	0.25	2	55
	5	0.4	2.5	250
サンシュユ	2	—	0.5	5
	2.5	—	0.8	10
	3	—	1	25
シダレウメ	2	仕立物		50
	2.5	仕立物		100
	3	仕立物		230
シダレザクラ	2.5	0.12	—	16
	3	0.15	—	21
	3.5	0.18	—	30
	4	0.21	—	45
	4	仕立物		110
	4.5	仕立物		250
	5	仕立物		550

02 樹木の形状寸法表

名称	高さ(m)	目通り(m)	葉張り(m)	参考単価(千円)
シダレヤナギ	2.5	0.12	—	8
	3	0.15	—	13
	3.5	0.18	—	18
	4.5	0.21	—	30
	5	0.25	—	40
シダレモミジ	2	仕立物		60
	2.5	仕立物		270
シナノキ	3	0.15	1	25
	3.5	0.18	1.2	32
	4	0.21	1.5	40
ショウジョウノムラ	2.5	—	0.8	12
	3	—	1.2	22
	3.5	—	1.5	60
	4	—	2	120
シモクレン	1.5	株立ち		4
	2	株立ち		7
シラカバ	2.5	—	0.7	4
	3	0.1	1	6
	3	0.12	1.2	9
	3.5	0.15	1.2	14
	4	0.18	1.5	17
	4.5	0.21	1.5	22
スズカケノキ(プラタナス)	3	0.1	0.8	6
	3	0.12	1	9
	3.5	0.15	1.2	15
	4	0.18	1.2	20
	4.5	0.21	1.5	28
	5	0.25	2	43
ソメイヨシノ	2.5	0.1	0.8	4.5
	3	0.12	1	6
	3.5	0.15	1.2	10
	3.5	0.18	1.5	15
	4	0.21	1.8	23
	4.5	0.25	2	38
	5	0.3	2	70
	6	0.4	2.5	140
トウカエデ	3	0.1	0.8	6
	3	0.12	1	9
	3.5	0.15	1.2	16
	3.5	0.18	1.5	22
	4	0.21	1.8	28
	4.5	0.25	2	42
	5	0.3	2.5	75
	6	0.4	2.5	140
トゲナシニセアカシア	2.5	0.1	0.8	7
	3	0.12	1	11
	3.5	0.15	1.2	15
	3.5	0.18	1.5	22
	4	0.21	1.5	25
トチノキ	2.5	0.1	0.6	10
	2.5	0.12	0.7	17
	3	0.15	0.8	24
	3.5	0.18	1	30
	3.5	0.21	1	43
	4.5	0.25	1	55
	4.5	0.3	1.5	100
	5	0.4	2	180
	6	0.5	2.5	280

名称	高さ(m)	目通り(m)	葉張り(m)	参考単価(千円)
ナツツバキ(シャラノキ)	2.5	0.1	0.6	9
	3	0.12	0.8	12
	3.5	0.15	1	20
	4	0.25	1.5	36
	3	株立ち		25
	3.5	株立ち		36
	4	株立ち		60
	4.5	株立ち		110
ナナカマド	2.5	0.1	0.6	9
	3	0.12	0.7	14
	3	0.15	0.8	22
ナンキンハゼ	2.5	0.1	0.8	6
	3	0.12	1	9
	3.5	0.15	1	15
	3.5	0.18	1.2	20
	4	0.21	1.2	26
	4.5	0.25	1.5	55
	4.5	0.3	1.8	80
ネムノキ	2.5	0.12	0.8	12
	3	0.15	1	22
ハクウンボク	3	0.12	0.7	13
	3.5	0.15	0.8	20
ハクモクレン	2	—	0.6	4
	2.5	—	0.8	7
	3	0.12	1	10
	3	0.15	1.2	18
	3.5	0.18	1.5	26
	4	0.21	1.8	36
	4.5	0.25	1.8	70
	5	0.3	2	90
ハナカイドウ	1.5	—	0.4	3
	2	—	0.6	7
ハナノキ	3	0.12	0.6	14
	3.5	0.15	0.8	20
	4	0.21	1.2	40
ハナミズキ(白)(アメリカヤマボウシ)	2	—	0.5	6
	2.5	0.1	0.6	17
	3	0.12	1	30
	3	0.15	1	55
	3.5	0.18	1	85
ハナミズキ(紅)(アメリカヤマボウシ)	2	—	0.5	8
	2.5	0.1	0.6	24
	3	0.12	1	45
	3	0.15	1	90
	3.5	0.18	1	120
ハルニレ	2.5	0.1	—	7
	3	0.12	0.7	10
	3.5	0.15	0.8	15
	3.5	0.18	0.9	20
	3.5	0.21	1	35
	4	0.25	1	55
	5	0.3	1.5	75
ヒメシャラ	2.5	0.1	0.5	10
	3	0.12	0.6	14
	3.5	0.15	0.8	28
	4	0.21	1	42
	3	株立ち		30
	3.5	株立ち		40

02 樹木の形状寸法表

名称	高さ(m)	目通り(m)	葉張り(m)	参考単価(千円)
ブナ	1	—	—	1.5
	1.5	—	—	2.5
	2	—	0.5	8
	2.5	0.1	0.6	13
	3	0.12	0.8	20
ポプラ(イタリアヤマナラシ)	3	0.1	—	6
	3	0.12	—	8
	4	0.15	—	15
	4.5	0.18	—	23
	5	0.21	—	35
マユミ	1	—	0.3	1.8
	1.2	—	0.4	2
マンサク	1	—	0.2	1.8
	1.5	—	0.4	4
	2	—	0.6	6
	2.5	—	0.8	9
ミズナラ	2.5	0.1	0.7	12
	3	0.12	0.8	18
ムクゲ	1.5	—	0.4	1.8
	1.8	—	0.5	3
	2	—	0.6	4
ムクノキ	3	0.12	1	12
	3.5	0.15	1.2	16
	4	0.21	1.5	30
モミジバフウ(アメリカフウ)	2.5	0.12	0.8	11
	3	0.15	1	15
	3.5	0.18	1.2	25
	4	0.21	1.5	36
	4.5	0.25	1.5	50
	5	0.3	1.8	80
	6	0.4	2	150
	7	0.5	2.5	270
ヤマザクラ	2.5	0.1	0.7	5
	3	0.12	0.8	7
	3.5	0.15	1	14
	4	0.18	1.2	21
	4	0.21	1.5	25
	4.5	0.25	1.8	50
	5	0.3	1.8	75
	5.5	0.4	2	140
	6.5	0.5	2.5	230
	7	0.6	3	350
	4	株立ち		70
	5	株立ち		120
	6	株立ち		210
ヤマハンノキ	1	—	—	0.8
	1.5	—	—	1.6
ヤマボウシ	2.5	0.12	1	13
	3	0.15	1.5	20
	3.5	0.18	1.5	27
	4	0.21	1.8	35
	4.5	0.25	1.8	70
	5	0.3	2	100
	3	株立ち		22
	3.5	株立ち		40
	4	株立ち		80
	4.5	株立ち		150

名称	高さ(m)	目通り(m)	葉張り(m)	参考単価(千円)
ユリノキ	3	0.12	1	12
	3.5	0.15	1.2	18
	4	0.18	1.2	28
	4.5	0.21	1.5	40
	5	0.25	1.5	60
	5	0.3	1.8	80
	6	0.4	2	160
	7	0.5	2.5	250
リョウブ	3	株立ち		40
	3.5	株立ち		60
	4	株立ち		80

02 樹木の形状寸法表

名称	高さ(m)	目通り(m)	葉張り(m)	コンテナ径(cm)	参考単価(千円)
常緑・低・潅木類					
アオキ	0.4	−	0.3	15	0.8
	0.5	−	0.3	15	1
	0.6	−	0.4		1.2
	0.8	−	0.6		1.8
	1	−	0.7		2.5
	1.2	−	0.9		3.5
	1.5	−	1		5.8
アセビ	0.3	−	0.2	12	0.7
	0.4	−	0.25	15	1.1
	0.5	−	0.3	15	1.5
	0.6	−	0.4		2.5
	0.8	−	0.5		3.5
アベリア(ハナゾノツクバネウツギ)	0.3	−	0.2	12	0.5
	0.4	−	0.3	15	0.6
	0.5	−	0.3	15	0.7
	0.6	−	0.4		0.8
	0.8	−	0.6		1.1
イヌツゲ	0.3	−	0.1	12	0.4
	0.5	−	0.2	15	0.7
	0.6	−	0.25	18	0.9
	0.8	−	0.25	18	1
	1	−	0.3	18	1.5
	1.2	−	0.4		2
	1.5	−	0.5		3.5
オオムラサキツツジ	0.3	−	0.3		0.6
	0.4	−	0.4		0.8
	0.5	−	0.5		1.1
	0.6	−	0.6		1.9
	0.7	−	0.7		2.5
	0.8	−	0.8		3.5
カルミア	0.3	−	0.25		1
	0.4	−	0.3		1.4
	0.5	−	0.4		1.8
カンツバキ	0.3	−	0.3		1
	0.4	−	0.4		1.6
	0.4	−	0.5		2.5
	0.5	−	0.6		3.8
キャラボク	0.3	−	−	10.5	1.4
キョウチクトウ	0.5	2本立ち		15	0.5
	0.8	2本立ち		18	0.8
	1	3本立ち		18	1.2
	1.2	3本立ち			1.5
キンシバイ	0.4	2本立ち		15	0.6
	0.5	3本立ち		15	0.8
キンメツゲ	0.4	−	0.1	12	0.6
	0.5	−	0.2	15	0.7
	0.6	−	0.25	15	0.9
	0.8	−	0.25	18	1
	1	−	0.3	18	1.5
	1.2	−	0.4		2.4
	1.5	−	0.5		3.5
クサツゲ	0.15	−	0.1	12	0.3
	0.2	−	0.15		0.5
クチナシ(一重)	0.5	−	0.3	15	0.8
	0.6	−	0.4	18	1
クチナシ(八重)	0.4	−	0.25	15	0.5
	0.5	−	0.3	15	0.7
	0.6	−	0.4	18	0.9
	0.8	−	0.5		1.4
クルメツツジ	0.3	−	0.25		0.6
	0.4	−	0.3		0.8
	0.5	−	0.4		1.3
	0.6	−	0.5		2.1
コクチナシ	0.1	−	0.15	10.5	0.3
	0.15	−	0.2	12	0.4
	0.2	−	0.2		0.5
	0.2	−	0.3		0.6
サツキツツジ	0.2	−	0.3		0.6
	0.3	−	0.4		0.8
	0.3	−	0.5		1.2
	0.4	−	0.5		1.4
シャクナゲ(洋種)	0.5	−	0.3		3
	0.6	−	0.5		4
	0.8	−	0.6		5
シャリンバイ	0.3	−	0.2	12	0.5
	0.4	−	0.3	15	0.8
	0.5	−	0.4	18	1.1
	0.6	−	0.5		1.3
ジンチョウゲ	0.3	−	0.2	12	0.7
	0.4	−	0.3	15	1.2
	0.5	−	0.4	18	1.7
	0.6	−	0.5		2.1
チャノキ	0.2	−	−	10.5	0.6
	0.3	−	−	10.5	0.8
	0.5	−	−	12	1.6
トベラ	0.3	−	0.2	12	0.5
	0.4	−	0.3	15	0.8
	0.5	−	0.4	18	1.1
	0.6	−	0.5		1.5
ナワシログミ	0.3	−	0.2	12	0.6
	0.4	−	0.3	15	0.8
	0.5	−	0.3	15	1.2
	0.8	−	0.4		1.5
	1	−	0.5		2
ナンテン	0.3	−	0.2	12	0.6
	0.4	−	0.3	15	0.7
	0.5	−	0.3	15	0.9
	0.8	−	0.5		1.3
	1.2	3本立ち			2.3
ハクチョウゲ	0.3	−	0.2	12	0.4
	0.4	−	0.2	15	0.6
	0.5	−	0.3	15	0.7
ハマヒサカキ	0.3	−	−	12	0.6
	0.4	−	0.3	15	0.8
	0.5	−	0.4	18	1.1
	0.6	−	0.5		1.6
	0.8	−	0.6		2.3
ヒイラギナンテン	0.3	2本立ち		15	0.8
	0.4	2本立ち		18	0.9
	0.5	2本立ち			1.3
	0.6	3本立ち			1.8
	0.8	3本立ち			2.2

02 樹木の形状寸法表

名称	高さ(m)	目通り(m)	葉張り(m)	コンテナ径(cm)	参考単価(千円)
ピラカンサ	0.5	—	—	10.5	0.5
	0.8	—	—	15	0.8
	1	—	0.2	15	1
ヒサカキ	0.3	—	0.2	12	0.6
	0.5	—	0.3	15	0.9
	0.6	—	0.4	18	1.2
ビョウヤナギ	0.3	—	0.2	12	0.6
	0.4	—	0.3	15	0.8
	0.5	—	0.4	15	1.1
ヒラドツツジ	0.3	—	0.3	15	0.6
	0.4	—	0.4	18	0.8
	0.5	—	0.5		1.2
	0.6	—	0.6		1.7
	0.8	—	0.8		3.2
プリベット(セイヨウイボタ)	0.5	—	—	10.5	0.6
	0.8	—	—	15	0.8
ボックスウッド	0.3	—	0.15	12	0.5
	0.4	—	0.2	15	0.7
	0.5	—	0.25	15	0.8
	0.6	—	0.3		1
マメツゲ	0.3	—	0.2		0.7
	0.4	—	0.3		0.8
	0.5	—	0.4		1
ミヤマシキミ	0.3	—	—	15	1.2
ヤツデ	0.5	—			1.8
	0.8	2本立ち			3
	1.2	3本立ち			6
ヤマツツジ(半落葉)	0.3	—	—	10.5	0.5
	0.4	—	—	12	0.7
	0.5	—	0.25	15	0.9
	0.6	—	0.3		1.2
	0.8	—	0.4		1.6
	1	—	0.5		2.3
リュウキュウツツジ	0.3	—	0.2		0.6
	0.5	—	0.3		0.8
	0.4	—	0.4		1
	0.6	—	0.5		1.8
落葉・低・潅木類					
アキグミ	0.5	—	—	15	0.6
アジサイ	0.3	2本立		12	0.5
	0.4	2本立		15	0.6
	0.5	3本立		15	0.8
	0.8	3本立			1.1
ウツギ	0.3	2本立			0.5
	0.5	3本立			0.8
エニシダ	0.5	—	—	10.5	0.5
	0.8	—	—	12	0.7
オオデマリ	0.8	—	—	15	1.5
	1	—	—	18	1.8
	1.2	—	—		2.6
ガクアジサイ	0.3	2本立			0.6
	0.4	2本立			0.7
	0.5	3本立			0.9
	0.8	3本立			1.3
ガマズミ	0.5	—	—	15	0.7
	0.8	—	—		1.2
	1	—	—		1.6

名称	高さ(m)	目通り(m)	葉張り(m)	コンテナ径(cm)	参考単価(千円)
コデマリ	0.4	2本立		15	0.6
	0.5	3本立		15	0.7
	0.8	3本立			1
	1	3本立			1.3
コムラサキシキブ	0.5	—	0.3		
	0.8	—	0.4		
サラサドウダン	0.5	—	0.2		2.4
	0.8	—	0.3		4
	1	—	0.4		6
サンシュユ	0.5	—	0.3		1.5
	0.6	—	0.35		2.5
	0.8	—	0.4		3.5
シモツケ	0.4	2本立		15	0.7
	0.5	3本立		15	0.8
	0.8	3本立			1.2
セイヨウアジサイ	0.3	2本立			0.6
	0.5	3本立			0.9
	0.8	3本立			1.2
タニウツギ	0.4	2本立		15	0.5
	0.5	3本立			0.7
	1	3本立			1.3
ドウダンツツジ	0.3	—	—	10.5	0.5
	0.4	—	0.2	12	0.8
	0.5	—	0.25	15	1.1
	0.6	—	0.3		1.5
	0.8	—	0.4		2.5
	1	—	0.5		3.8
トサミズキ	0.5	—	0.3		0.7
	0.8	—	0.4		1.2
ニシキギ	0.5	—	0.3		0.9
	0.6	—	0.4		1.1
	0.8	—	0.5		1.5
	1	—	0.6		2
	1.2	—	0.7		2.8
ネコヤナギ	0.5	—	—	15	0.7
ハコネウツギ	0.4	2本立		15	0.6
	0.5	3本立		15	0.7
	1	3本立			1.1
ハナズオウ	0.5	—	0.2		0.7
	0.8	—	0.2		0.8
	1	—	0.3		1
	1.2	—	0.4		1.6
	1.5	—	0.6		2.2
ハマナス(ハマナシ)	0.4	—	0.25	15	0.8
	0.5	—	0.3	15	1
	0.6	—	0.3		1.4
ヒュウガミズキ	0.4	—	—		0.5
	0.5	—	0.3		0.8
	0.8	—	0.4		1.2
	1	—	0.5		1.6
フヨウ	—	3芽立		10.5	0.9
ボケ	0.5	—	0.3		0.8
	0.8	—	0.5		1.3
ミツバツツジ	0.5	—	0.25		1.2
	0.8	—	0.3		1.8
	1	—	0.35		2.4
ミツマタ	0.3	—	—		0.8
	0.5	—	—		1.4

02 樹木の形状寸法表

名称	高さ(m)	目通り(m)	葉張り(m)	コンテナ径(cm)	参考単価(千円)
ヤマハギ	−	3芽立	−		0.5
	−	5芽立	−		0.7
ヤマブキ	0.4	2本立		15	0.5
	0.5	3本立		15	0.6
	0.8	3本立			0.9
	1	3本立			1.3
ユキヤナギ	0.4	2本立		15	0.5
	0.5	3本立		15	0.6
	0.8	3本立			0.9
	1	3本立			1.3
ライラック(ムラサキハシドイ)	0.5	−	0.2		0.7
	0.8	−	0.2		1
	1	−	0.3		1.3
	1.2	−	0.4		2
	1.5	−	0.5		3
	1.8	−	0.6		4.2
レンギョウ	0.4	2本立		15	0.5
	0.5	2本立		15	0.6
	0.8	3本立			0.8
	1	3本立			1.1
レンゲツツジ	0.3	−	0.2		8
	0.4	−	0.2		1.1
	0.5	−	0.3		1.5
	0.8	−	0.5		3
特殊樹木					
カナリーヤシ(フェニックス・カナリエンシス)	1.5	−	−		330
	2				350
	2.5				370
	3				600
ソテツ	1	−	−		20
	1.5				31
	2				48
	2.5				68
	1.5	2株立物	−		75
	2	3株立物	−		160
	2.5	3株立物	−		380
	3	4株立物	−		450
トウジュロ	2	−	−		18
	3	−	−		30
フジ	−	0.12	−		13
	−	0.15	−		20
	−	0.21	−		33
ワシントンヤシ	3	−	−		180
	4	−	−		240
竹					
カンチク	1				3.2
クロチク	2	2本立			4
トウチク	2	2本立			4.2
ホテイチク	2	2本立			4
モウソウチク	3.5				9.5

名称	高さ(m)	目通り(m)	葉張り(m)	コンテナ径(cm)	参考単価(円)
グラウンドカバープランツ類					
〈ササ類〉					
オカメザサ	−	3芽立		12	250
オロシマチク	−	3芽立		10.5	290
クマザサ	−	3芽立		12	440
	−	大鉢仕立て		21	2000
コグマザサ	−	3芽立		10.5	190
チゴザサ	−	3芽立		10.5	300
ミヤコザサ	−	3芽立		12	350
〈コニファー類〉					
ハイネズ	L:0.3	−	−	15	1200
ハイビャクシン	L:0.3	−	−	15	850
	L:0.5	−	−	15	1500
フィリフェラオーレア	0.2			10.5	550
ブルーカーペット	0.3			15	1100
ブルースター			0.1	10.5	1100
			0.2	18	2900
ラインゴールド			0.1	10.5	850
			0.2	15	1800
木本類					
アカバメギ	0.3	−	−	10.5	800
アベリア・エドワードゴーチャー	0.2			12	450
	0.3			12	800
アベリア・フランシスメイソン	0.2			10.5	600
	0.3			10.5	850
イヌツゲ・ゴールデンジャム	−		0.15	10.5	800
イヌツゲ・ヒレリー	−		0.15	10.5	900
イブキジャコウソウ	−	3芽立		9	400
ウンナンオウバイ	L:0.3	−	−	10.5	400
エリカ類	−			9	700
オウバイ	L:0.3	−	−	10.5	470
オタフクナンテン	0.15			10.5	800
	0.2			12	900
	0.25				1000
	0.3				1300
カルーナ類	−			9	700
クサボケ	0.2	3本立		10.5	700
サルココッカ	0.15	−	−	10.5	450
セイヨウイワナンテン・アキシラリス	0.2	−	−	10.5	550
セイヨウイワナンテン・レインボー	0.3	−	0.2	12	600
	0.4	−	0.3	15	900
	0.5	−	0.4	18	1500
センリョウ	0.3	−	−	12	600
	0.4	−	−	12	800
	0.5	−	−	15	1500
ナギイカダ	−	3芽立		10.5	600
ヒペリカム・カリシナム	−	3芽立		10.5	240
ヒペリカム・ヒデコート	−	3芽立		10.5	260
	0.3	−	0.2	12	550
	0.4	−	0.3	15	700
	0.5	−	0.3	15	900
ヒメウツギ	0.3	−	−	12	400
	0.5	−	−	15	1000
フェイジョア	0.5	−	−	10.5	1700
	0.8	−	−	15	2500
ブルーベリー	0.5	−	−	10.5	1400
	0.8	−	−	15	3500

02 樹木の形状寸法表

名称	高さ(m)	目通り(m)	葉張り(m)	コンテナ径(cm)	参考単価(円)
マンリョウ	0.2	—	—	12	700
	0.3	—	0.2	15	1000
ミヤギノハギ	—	3芽立		10.5	460
メギ・アトロパープレアナナ	—	—	0.15	15	1800
メギ・オーレア	0.2	—	—	10.5	900
メギ・ローズグロー	0.2	—	—	10.5	900
	0.4	—	—	15	1800
ロニセラ・ニティダ	0.2	—	—	10.5	350
草本・ハーブ類					
アガパンサス		球根		10.5	500
アークトセカ				10.5	420
アジュガ・レプタンス				9	200
アスチルベ				10.5	500
アヤメ				10.5	400
アルメリア				9	380
イカリソウ				10.5	390
イソギク				10.5	450
イチハツ				10.5	500
エビネ				10.5	450
オオキンケイギク		株		10.5	250
オオバジャノヒゲ		3芽立		10.5	250
オオベンケイソウ				10.5	800
オニヤブソテツ				10.5	500
オモト				10.5	550
カキツバタ				10.5	460
ガザニア				10.5	400
カンアオイ				10.5	750
カンナ		球根		15	750
キキョウ				10.5	400
キショウブ				10.5	450
キチジョウソウ		3芽立		10.5	250
ギボウシ				10.5	340
クサソテツ		1本立		12	340
クリスマスローズ				10.5	700
クリスマスローズ・オリエンタル		大鉢仕立て		18	2500
クリスマスローズ・ニガー		大鉢仕立て		18	2600
クロッカス		3球入り		9	400
ゴシキドクダミ(別名カメレオン)				10.5	450
コルチカム(別名イヌサフラン)				10.5	500
サフランモドキ		球根		10.5	450
シバザクラ		3芽立		9	150
シマカンスゲ		3芽立		10.5	470
シャガ		3芽立		10.5	240
ジャーマンアイリス		球根		10.5	550
シュウカイドウ				10.5	480
シュウメイギク				10.5	550
宿根バーベナ		3芽立		9	220
宿根フロックス				10.5	390
シュンラン				10.5	450
シロタエギク				10.5	400
セイヨウオダマキ				9	500
セイヨウノコギリソウ				10.5	450
セキショウ		3芽立		10.5	270
セダム類				9	380
ダイアンサス		3芽立		9	380
タマスダレ		3球入り		10.5	260
タマリュウ		5芽立		7.5	110
ツワブキ		3枚葉		10.5	280
	大鉢仕立て			18	1500
ドイツスズラン		3芽立		10.5	430
トクサ		5本立		10.5	340
ノシラン		3本立		12	400
	大鉢仕立て			24	2500
ハナショウブ		株		10.5	400
ハナニラ		3球入り		9	250
ハラン		3枚葉		12	440
	大鉢仕立て			18	1500
パンパスグラス				10.5	600
	大鉢仕立て			18	2600
	大鉢仕立て			30	6000
ヒガンバナ		球根		10.5	260
ヒマラヤユキノシタ		3枚葉		10.5	550
ヒメシャガ		3芽立		10.5	360
フイリアマドコロ				10.5	500
フイリヤブラン		3芽立		10.5	360
フッキソウ		3芽立		9	180
フヨウ				10.5	380
ヘメロカリス				10.5	260
ポテンティラ				9	240
ホトトギス				10.5	350
マツバギク		3芽立		9	190
ミソハギ				10.5	480
ミント				9	370
ムスカリ		3球入り		9	400
ムラサキカタバミ				10.5	400
モンテブレチア				10.5	450
ヤブカンゾウ				10.5	450
ヤブコウジ				9	250
ヤブラン				10.5	240
ヤマユリ		球根		10.5	1300
ユキノシタ		株		9	250
ユリオプスデージー				10.5	470
ラベンダー				9	450
ラミューム		3芽立		10.5	260
リシマキヤ		3芽立		9	220
リュウノヒゲ		5芽立		9	130
ローズマリー		1本立		9	450
つる植物類					
アケビ	L:0.3			9	370
アメリカヅルマサキ		3芽立		10.5	340
イタビカズラ	L:0.1			9	270
カロライナジャスミン	L:0.2			9	280
	L:2.5			15	8000
キウイ	L:0.3			10.5	490
	L:2.5			15	9000
キヅタ	L:0.2			9	200
コトネアスター類	L:0.3			10.5	240
スイカズラ	L:0.3			9	280
	L:2.5			15	8000
ツキヌキニンドウ	L:0.3			10.5	320
	L:2.5			15	8500

02 樹木の形状寸法表

名称	高さ(m)	目通り(m)	葉張り(m)	コンテナ径(cm)	参考単価(円)
ツルウメモドキ	L:0.3			9	600
ツルバラ	L:0.3			10.5	1500
ツルマサキ類	L:0.3			10.5	300
テイカカズラ	L:0.3			10.5	290
	L:2.5			15	8000
テリハノイバラ	L:0.3				700
トケイソウ	L:0.2				600
ナツヅタ		根元径2mm		9	210
ナツユキカズラ	L:0.2			10.5	650
ニシキテイカ	L:0.3			9	290
ノウゼンカズラ		根元径3mm		10.5	800
ビグノニア	L:0.2			9	330
ビナンカズラ	L:0.3			10.5	300
	L:2.5			15	8000
ビンカマジョール		3芽立		9	400
ビンカマジョール(斑入り)		3芽立		9	400
ビンカミノール		3芽立		9	220
ビンカミノール(斑入り)		3芽立		9	400
ヘデラ・カナリエンシス	L:0.3	3本立		10.5	260
	L:0.6			10.5	700
	L:1.0			10.5	1200
ヘデラ・コルシカ	L:0.2	1本立		9	330
ヘデラ・ヘリックス	L:0.3	3本立		9	200
	L:0.6			10.5	650
	L:1.0			10.5	1200
ヘデラ・ヘリックス・グレーシャー	L:0.3	3本立		9	340
ヘデラ・ヘリックス・ゴールドハート	L:0.3	3本立		9	350
ヘデラ・ヘリックス・ピッツバーグ	L:0.3	1本立		9	280
ムベ	L:0.3			10.5	400
	L:2.5			15	8000
モッコウバラ	L:0.2			10.5	850

03 メーカーリスト

分類	メーカー名	取り扱い製品等	電話番号
舗装	アドバーン	テラコッタタイル、磁器タイル、石材等	03-3475-0281
	アルディ	各種レンガブロック、擬石ブロック等	03-5423-3735
	INAX	各種タイル、透水性ブロック、リサイクル材のタイル、石材等 焼成せず高圧による水熱反応で固めたソイルセラミックス、 土系舗装のソイルバーン等	03-5541-7111
	内山アドバンス	ILB、スプリットンブロック等	047-398-8866
	エンテック	紙のリサイクル資材使用の保水透水性レンガブロック・フジ、	03-5304-1815
	ABC商会	各種輸入タイル、石材等	03-3507-7132
	エスビック	各種透水性ブロック、リサイクルブロック、バリアフリーペイブ等 ILB、レンガ、ブロック等	027-371-2321
	オリオン商事	リサイクル製品のタイル、ブロック等	03-3576-0566
	鹿島道路	脱色アスファルト舗装のクリーン・グラベル工法、 クレイ系自然色舗装のアズミック等	03-3262-6141
	共和コンクリート工業	各種レンガブロック、ブロック、ILB、透水性自然石、木製品、 コンクリート2次製品、緑化ブロック、多自然型ブロック等	011-251-0181
	グローリー	各種透水性ブロック、ILB、レンガブロック、石材等	042-557-1471
	国策ブロック	各種ブロック、ILB、植生ブロック、スリット側溝等	0427-62-0211
	佐藤道路	透水性コンクリート舗装のパーミヤコン、 間伐材チップ利用のひじきwood舗装、植生ブロックのエコブロック等 コンクリート植生ブロックのエコブロック等	03-3662-5656
	サンエス	各種平板、コンクリート2次製品等	042-564-1021
	三和グランド	鉄鋼副産物を利用した透水性高炉スラグ舗装材・カラーサンド等	03-3839-8501
	大成ロテック	間伐材のウッドファイバー舗装、脱色アスファルト舗装等	03-3561-7831
	太陽セメント工業	各種透水性平板、擬石平板、ILB、レンガブロック、 植生ブロック、化粧コンクリートブロック等	06-6466-6751
	太陽プレコン工業	各種透水性平板、洗い出し平板、擬石平板等	03-3352-3743
	テーチ"ーエム東京	各種割れ肌自然石材・フラメット、ジュラストーン等	03-3465-1919
	ナベシマ	擬木製品	093-617-3099
	日本パーカライジング	保水透水性のセラミックブロック、リサイクルレンガ等	03-3278-4409
	日本興業	各種透水性ブロック、バリアフリーペイブ、縁材等	087-894-8130
	日亜交易	アルゼンチン斑岩等	03-3553-5561
	ハチヤ建材工業	化粧型押しコンクリート舗装・スタンプコンクリート	03-3427-9111
	マチダコーポレーション	各種平板、ブロック、レンガブロック、石材、 乾式工法の擁壁ブロック、石のデザインボード等	027-266-1211
	ヤブ原産業	水洗いの不要な豆砂利洗い出し舗装のペイブストーン 天然石樹脂舗装のアーバンロック等	048-297-4111
	YKK	リサイクルブロック、各種のブロック、レンガ等	03-3201-0821
	ユニソン	各種のリサイクルレンガ、ブロック、ガーデニングの外溝資材	052-533-5262
誘導ブロック	クリヤマ	各種点字ブロック、誘導ブロック等	06-6305-2871
土系舗装	東京福幸	マサ土主成分の土系舗装・エコグローブ	0556-22-3121
	日本硝子工業	マサ土・山砂主成分の土系舗装・透塊ソイル、ブロック	028-660-7249
	廣田産業	マサ土主成分の土系舗装・瀬戸のかたまる土	0568-83-8551
樹脂系舗装	住友ゴム工業	砂入り人工芝のオムニコート、 全天候ゴムチップウレタン複合弾性舗装等	03-5546-0133
	林物産	透水性芝生舗装用の樹脂ブロックのグリーンブロック、 芝生の保護材のグリーンテクター、	0294-35-2345
	三菱樹脂	合成樹脂製の芝保護材の芝想い、砂利舗装材の砂利想い、 合成樹脂製のエッジ材の縁想い、	03-3834-8806
ゴム系舗装	つちやゴム	再生ゴムを使用したゴムブロックのエコロックやとゴム平板等	096-237-0138
	日東化工	透水性ゴムマットやリサイクルゴムマット等	0467-74-3111
ウッドデッキ	岩崎産業	杉などの国産材の加圧式保存処理材、枕木等	099-269-3369
	創研	再生木材(M-WOODⅡ)、各種木製品設計施工	03-5336-3771
	ユアサ商事	高耐久性木材バラウ、再生木材の製品等	03-3665-6470
浮き床工法	アイエス興産	浮き床ブロック・カメハチ束立て浮き床ブロック、PC側溝等	03-3307-5151
	シバタ工業	二重床システム・プロズーム等	078-946-1515
	日新工業	浮き床工法・PFシステム等	03-3882-2571
縁材	住友林業緑化	合成樹脂のエッジ材・ランドスケープエッジ	03-6832-2200

03 メーカーリスト

分類	メーカー名	取り扱い製品等	電話番号
側溝	アコステック	ドイツ製の狭い幅の排水溝やスリット側溝・アコドレン	06-282-4951
	石田鉄工	鉄製の小型の排水溝・ドレンゲッターや各種側溝蓋等	0567-65-1155
	オカグレート	木製のカバーの側溝・エコウッドや各種側溝蓋等	0567-68-3111
	カネソウ	各種グレーチング、金属製のエッジ材・ガーデンエッジ等 ステンレス製ルーフドレインカバー、雨水貯水タンク等	0593-77-3232
	第一機材	各種グレーチング、樹木保護材等	03-3902-9841
化粧型枠	積水化成品工業	発泡ポリスチレン製化粧型枠・エス連TYKフォーム、浸透着色工法の化粧型枠、軽量盛土工法・EPS土木工法等	06-6365-3045
	ビュープランニング	特殊樹脂化粧型枠・モールドスター	052-951-6673
擁壁	環境工学	各種多自然型護岸等	042-525-7151
	日建工学	各種緑化用擁壁ブロック、多自然型護岸等	03-3344-6811
	日本ナチュロック	天然石をコンクリートブロックにはめ込んだブロック・ナチュロック等	0555-22-6815
	丸栄コンクリート工業	各種L型擁壁等	058-393-0700
フェンス	朝日スチール	各種フェンス、目かくしフェンス等	087-833-5151
	アサヒネット工業	各種防球ネット、スポーツネット、防風ネット、落下防止ネット等	06-6468-3231
	伊藤鉄工	各種鋳物製品等	048-258-3332
	岡本	鋳物のボラード、照明、フェンス等	058-271-7251
	四国化成工業	各種塗り壁、各種フェンス、門扉、カーポート、ガーデン製品等	03-3451-4110
	JFE建材フェンス	各種フェンス等	03-5858-5055
	積水樹脂	廃プラスチック再生品のベンチや擬木製品等・オレンジウッド	03-5400-1840
	東京フェンス工業	各種フェンス、柵、門扉等	03-3806-7421
	東洋エクステリア	各種フェンス、門扉、カーポート、ガーデン製品等	03-3290-8560
	東洋樹脂	各種柵、車止め、リサイクルベンチ等	0568-79-6123
	日鐵建材フェンスエンジニアリング	各種フェンス、柵等	03-3630-2483
	ユニオン	各種車止め、ボラード、柵等	03-3630-2811
	YKK APエクステリア	各種フェンス、門扉、ガーデング製品等	0729-93-8333
ワイヤー	ヤコブジャパン	スイスのステンレス製のワイヤロープ製品等	047-395-1421
プラ竹	グローベン	各種プラ竹製品、ガーデニング製品、自動潅水システム等	052-381-8000
	タカショー	各種プラ竹製品、ガーデニング製品等	073-487-0165
	能登高分子	擬岩、プラ竹、人工樹木等	03-5454-0651
合成樹脂系	日本板硝子(株)	ポリカーボネート板・NSGポリカエース等	03-5443-0127
ガラス系	日本電気硝子	ガラスブロック、ベランダ用ハウスパネル等	03-3456-3511
透水管	大同コンクリート工業	雨水浸透性のコンクリート製品等	03-5600-3311
	大日本プラスチック	各種合成樹脂透水管・ダイプラネトロンパイプ等	06-6267-1333
	タキロン	各種合成樹脂透水管、プラU字溝、面状排水材・グリシート等	03-3278-5530
	東拓工業	各種合成樹脂透水管等	06-6308-6656
面状排水材	エンテック	リサイクル製品の耐圧透水板等	03-5304-1815
	新光ナイロン	プラスチックの面状排水材・ヘチマロン等	072-721-2391
	日本ゼオン	面状排水材・エンカドレーン等	03-3216-1695
	ダイセルファインケム	スーパードレン、ディンプルシート、セルエバシート等	03-3567-1871
不織布	三井石化産資	ポリプロピレン製不織布・タフネルEX	03-3837-1581
止水シート	豊順洋行	ベントナイト+高密度ポリエチレン製の止水シート・パラシール	03-3503-4866
	ボルクレイ・ジャパン	ベントナイトとポリプロピレン製の3層構造のシート・ボルクレイマット	03-3434-1971
	丸紅テツゲツ	ドイツで開発された製品・ベントフィックス	03-3239-6104
雨水貯留	エスアールエスディービー社	リサイクル製品の目詰まりを低減したリフト工法の貯留浸透ユニット	0296-77-5801
	林物産	リサイクル製品の雨水貯留浸透施設のシンシンブロック	0294-35-2345
	三菱樹脂	リサイクル製品の雨水貯留浸透施設のアクアスペース	03-3834-8806
雨水利用	シップス	雨水利用システム、浄水器付手押しポンプ等	042-701-1660
	東西商事	雨水利用システム、タンク等	03-3585-3351
ポンプ	おかもとポンプ	深井戸用水中モーターポンプ等	03-3803-4511
噴水	ウォーターデザイン	各種噴水の設計・施工	03-3431-8070
	水興社	各種噴水の設計・施工	03-3630-7121
	タカラ工業	家庭用の池と噴水システム等	03-3764-3557
バリアフリー	稲荷体育用品	車椅子対応のガーデニングテーブル、各種遊具、体育用品等 階段などに適したバリアフリーの階段状の手すり・クネット	011-682-2351
	共和企画	ユニバーサルデザインのベンチ、各種ウッド製品、レンガ、ブロック等	011-708-8186
	コトブキ	各種バリアフリーベンチ等	03-5280-5600
	リス興業	大型コンテナとウッドカバーを使用した簡易なレイズドベッド等	058-279-3250

03 メーカーリスト

分類	メーカー名	取り扱い製品等	電話番号
潅水設備	カクダイ	各種の自動潅水システム、潅水ホース等	03-3552-0981
	キッツ	自動潅水システム、雨水フィルター集水器等	043-299-1743
	住化農業資材	各種の自動潅水システム、潅水ホース等	03-5643-8112
	三井物産アグロビジネス	各種の自動潅水システム、潅水ホース等	03-5200-3803
	マップ	底面自動潅水装置・マップ式新潅水法	03-3938-0880
	松尾貿易商会	底面潅水システム・モナシステム	042-964-2612
システムコンテナ・土留め材	トーシンコーポレーション	各種GRCのシステムコンテナ・TLC、各種のコンテナ	03-3715-5566
	ネオジャグラス	リサイクル資材を使用した軽量コンクリートパネル・LPパネル	03-5444-3363
	日比谷アメニス	発泡スチロールに天然石材シート張りの軽量ウォール・ラピュタウォール	03-3453-2416
	平成アルミニウム	穴開きアルミプレートを利用したアルミパネルコンテナ等	03-3431-1735
	ユアサ商事	高耐久性木材を使用したウッドコンテナによるシステム	03-3665-6470
	リス興業	各種リサイクルの大型緑化コンテナ、FRPコンテナ、底面給水システム等	058-279-3250
コンテナ	松尾貿易商会	ポリエチレン製の大型コンテナ、各種輸入ポット等	042-964-2612
樹木地下支柱	東邦レオ	生分解性のベルト抵抗板使用の支柱・エコスーパーグランドサポート等	03-5907-5500
	日本地工	根鉢全体をブロックして固定・サイドブロック型地下支柱等	048-283-2066
	ノムラ	根鉢底固定金具のアタッチメント付の支柱・ツリーアシストサポート等	072-871-8232
ドレインカバー	カネソウ	ステンレス製のカバー等・ドレインカバーBXA、BXL	03-3433-6855
	積水化成品工業	樹脂製の軽量な集水マス等。	03-3347-9659
嵩上げ材	積水化成品工業	発泡スチロール製・ソイレンブロック、リサイクル製品のニューソイレン等	03-3347-9659
	テクノウェーブ	廃ガラスを溶融発泡させた比重0.4の砕石・スーパーソル等	03-3479-5796
マルチング材	三宝緑化	樹皮繊維のランドアルファー、樹皮チップのバーセントパーク等	03-5638-5540
	東邦レオ	樹皮を粉砕後、選別した小粒のマルチング材・ちびまるち等	03-5907-5500
	日本メサライト工業	石炭灰のリサイクル材で褐色・メサマルチ等	047-431-8138
緑化防水工法	田島ルーフィング	Gウェーブ工法	03-5821-7712
	テクネット	グリーンルーフ工法	03-5484-4511
	日新工業	カナート工法	03-5644-7211
軽量土壌	イケガミ	真珠岩系パーライトを主成分とした無機質系の土壌	03-3418-5840
	グンゼグリーン	各種の有機質天然素材を混入した多孔質土壌・グンゼグラミック等	03-3276-8714
	三宝緑化	有機物を混合した園芸培養土に近い土壌・フリーガーデンソイルP等	03-5638-5540
	西武造園	発泡コンクリートと食品系の廃棄物などを使用した土壌・エルデ	042-926-3621
	積水化成品工業	リサイクルの団粒土壌に堆肥などを混入した土壌・ソイレンG等	03-3347-9659
	住友林業緑化	浄水場の発生土にバーク堆肥などを混入した土壌・エコキングソイル等	03-6832-2205
	東邦レオ	火山性軽石に有機質など混入した土壌・ビバソイル等	03-5907-5500
	テクノウェーブ	真珠岩系パーライトに有機質改良材などを混入させた土壌・ケイソイル、草花用の草花名人、リサイクル資材を使用したエコエコK等	03-3479-5796
	日本地工	天然の団粒土に天然原料を混入した土壌等	048-283-2066
	東武緑地建設	天然固形ピートモスの特殊培養土	03-5619-6355
	日比谷アメニス	製紙カスのリサイクル材を主成分とした土壌・ラピュタソイルエコラ等	03-3453-2416
薄層緑化工法	朝霧の里	完熟させた国産樹皮を成形加工したもの厚さ70mm・ユニットグリーン	0966-28-6050
	共同カイテック	潅水トレーのある75mmのユニット式工法・底水型スクエアターフ	03-3409-2388
	クレアテラネットワーク	ヤシ繊維で包んだ特殊培養土・ガーデンマット等	03-5300-2722
	興人	高分子吸収剤混入の再生ウレタンを基盤としたもの厚さ50mm・ドムターフ	03-3242-3022
	トヨタルーフガーデン	泥炭を培養土として、ユニットコンテナを使用・TRG屋上緑化ユニット工法	0561-33-0757
	日鐵建材工業	発泡スチロールのコンテナを使用した工法・ニッツグリーンエース	03-3630-2794
	日本地工	保水マットとパレットと育成カバー厚さ87mm・マジカルグリー等	048-283-2066
セダム緑化	田島ルーフィング	植栽と基盤一体型のユニット型で下地に機械的固定・G-WAVEエコム	03-5821-7712
	テクノウェーブ	バーミュキライトを基盤を固めたブロック状のもの・グリーンスエアー	03-3479-5796
	ヤハギ緑化	排水層と植栽基盤、セダム植生マット一体型・グリーンベール	052-937-6551
コケ緑化	モスキャッチシステム山形	天然不燃性基盤とコケが一体となったもの・NTハビタット・モスキーパー	023-642-2202
薄型栽培樹木	内山緑地建設	軽量土壌で育てた薄型軽量な樹木・カルボック等	03-3523-1140
	グンゼグリーン	軽量土壌でコンパクトに育てた生垣・完成型生垣グリーンスクリーン等	03-3276-8714
	住友林業緑化	緑化植物をあまり含まない野草が生育するマット・ウッディーマット等	03-6832-2205
人工樹木	イエンテリアスケープ	人工樹木、大型観葉植物等	03-3451-5487
壁面緑化資材	小岩金網	各種金網製品、メッシュカゴ、壁面緑化資材等	03-5828-8878
	ダイトウ テクノグリーン	ヤシマットを使用した壁面緑化システム、古紙再生ペパーマルチ等	042-721-1703
法面緑化	バイオ緑化開発協会	木質廃材を用いた法面緑化工法・バイテクソイル工法	011-836-1846
防草シート	グリーンフィールド	デュポン社製の各種の防草シート・ザバーン、防根シート、リサイクルエッジ等	04-7165-9900

著者
豊田幸夫
とよだゆきお

1950年 東京生まれ
1974年 千葉大学園芸学部造園学科卒、鹿島建設(株)入社
1977年 桑沢デザイン研究所・基礎造形科修了
1997年 鹿島建設(株)・ランドスケープデザイン部・兼務・技術研究所
1999年 (株)ランドスケープデザイン・設計部・技術部長

主要著書
「建築家のための造園設計資料集」誠文堂新光社(1990年)、「建築家のためのランドスケープ設計資料集」鹿島出版会(1997年)・中国語翻訳本、「建築設計資料集成 地域・都市Ⅱ 設計データー編」共著・丸善(2004年)、「住居設計論」共著・理工学社(1994年)、「新・緑空間デザイン 技術マニュアル」共著・誠文堂新光社(1996年)、「新・緑空間デザイン 設計・施工マニュアル」共著・誠文堂新光社(2004年)、「知っておきたい屋上緑化のQ&A」共著・鹿島出版会(2003年)、「環境・景観デザイン百科」共著・彰国社(2001年)、「デザイナーのための内外装チェックリスト」共著・彰国社(2001年)、その他

委員──(財)都市緑化技術開発機構・特殊緑化共同研究会・運営委員、(社)日本病院協会・(社)日本経営協会主催「国際モダンホスピタルショウ」元企画部会委員、その他
講師──(財)全国建設研修センター・講師、英国王立園芸協会日本支部内・RHSJコンテナガーデニング協会・講師、その他
資格──樹木医、技術士(建設環境)、一級造園施工管理技士、英国園芸療法指導者(2級)

エコ & ヒーリング・ランドスケープ
環境配慮と癒しの環境づくり

発行　2005年11月20日©

著者─────豊田幸夫
発行者────鹿島光一

デザイン───しまうまデザイン
印刷─────壮光舎印刷
製本─────アトラス製本
発行所────鹿島出版会
　　　　　　〒106-6006 東京都千代田区霞が関3-2-5 霞が関ビル6階
　　　　　　電話03-5510-5400　振替00160-2-180883

無断転載を禁じます。落丁・乱丁本はお取り替えいたします。
ISBN4-306-03332-5　C3052　Printed in Japan

本書の内容に関するご意見・ご感想は下記までお寄せください。
URL:http://www.kajima-publishing.co.jp
e-mail:info@kajima-publishing.co.jp